4° G
604

BIBLIOTHÈQUE ANECDOTIQUE
ET LITTÉRAIRE

LES
GRANDES INFORTUNES

Série in-4°.

COULOMMIERS. — IMPRIMERIE PAUL BRODARD.

BIBLIOTHÈQUE ANECDOTIQUE ET LITTÉRAIRE

LES
GRANDES INFORTUNES

PAR MM.

P.-A. CHANGEUR

ET

A. SPONT
Ancien élève de l'école des Chartes

AVEC UNE PRÉFACE DE M. EUG. MULLER

ÉDITION ILLUSTRÉE DE 52 GRAVURES
DONT 25 HORS TEXTE

PARIS
LIBRAIRIE D'ÉDUCATION
A. HATIER, Éditeur
33, QUAI DES GRANDS-AUGUSTINS

Tous droits réservés

A MM. P.-A. CHANGEUR ET A. SPONT

AUTEURS DES

« GRANDES INFORTUNES »

Merci, mes chers confrères, de l'honneur et du plaisir que vous avez bien voulu me faire, en me choisissant comme premier lecteur du beau livre qui va paraître à la librairie Hatier.

Étant donné que, depuis tantôt vingt-cinq ou trente ans, j'ai signé un certain nombre de volumes destinés à la jeunesse, vous avez cru devoir me demander mon avis sur un ouvrage qui s'adresse au même public.

Je vais vous dire bien franchement, bien sympathiquement, ce que je pense de ce travail.

Je ne saurais vous dissimuler qu'en voyant le titre, et, par conséquent, en croyant saisir l'idée fondamentale qui avait dû vous inspirer, je me suis tout d'abord quelque peu mépris sur le sens de votre publication.

C'est que, par le temps de littérature si généralement décevante, désespérante où nous vivons, j'ai pu supposer que vous aviez, malgré vous peut-être, suivi le courant à la mode — ce qui, avec un tel sujet, risquait presque tout naturellement de vous arriver.

Mais j'aurais dû me dire que, jeunes tous deux dans la meilleure acception du mot, c'est-à-dire animés d'idées généreuses et fortes, vous n'aviez pu, en écrivant pour les jeunes, songer à faire une démonstration pessimiste, étayée de nombreux exemples célèbres.

Au reste, il m'a suffi d'un simple coup d'œil d'ensemble jeté sur votre livre pour revenir de ma méprise, et pour prendre une notion juste du but, à la fois très original et très louable, que vous vous êtes proposé.

Placés devant cette incontestable et universelle vérité que la douleur, sous toutes ses formes physiques et morales, est en quelque sorte une des premières et plus formelles conséquences de la vie; vous étant dit que nul ne saurait échapper entièrement à cette loi, vous n'avez pas voulu admettre la très banale et très affligeante conclusion d'une fatale inertie en face d'une force suprême. Tout au contraire, vous vous êtes attachés à mettre en évidence, à l'aide des plus fameux souvenirs historiques, le bénéfice spirituel qui doit revenir à chacun du spectacle de ces grandes épreuves.

Vous avez compris que le magnifique symbolisme du Dieu se faisant homme pour enseigner à l'humanité la gloire de vaincre la souffrance ne saurait être une vaine formule. Et, en réalité, quand vous avez rapporté tant d'événements douloureux, vous n'avez rien fait moins qu'écrire indirectement l'histoire d'une sorte de courage, dont chacun dans sa sphère, si humble ou si élevée soit-elle, devra s'armer un jour ou l'autre.

D'une part, en montrant que le malheur profond, les misères infinies peuvent s'attacher, d'autant plus terribles, à toutes les plus hautes, plus brillantes et plus enviées situations sociales, vous avez conduit le lecteur à en tirer un puissant enseignement.

Par là même, en effet, se trouve indiquée la comparaison à faire entre la commune condition, dont si souvent l'on oublie d'apprécier les avantages, et ces destinées que l'on est trop porté à considérer comme résumant l'idéal des terrestres félicités.

D'autre part, vous avez rappelé d'illustres adversités, coups injustes du sort, qui se sont changées en véritables triomphes pour les grandes âmes, dont elles ont exalté l'héroïque vertu.

Et ce sont là pour tous de nobles, de fortifiantes leçons.

En maints autres cas aussi frappants, vous avez fait voir combien de fois les plus cruels revirements de destinées ont eu pour artisans, non moins coupables qu'inconscients, ceux-là même qui en ont été les victimes : notamment quand les favoris d'une fortune imméritée, d'une élévation sans titres réels ou avouables, ont précipité la catastrophe, en s'aveuglant sur la fragilité de leur condition anormale, et en ne sachant mettre aucune limite à leurs visées.

De tels exemples, dont l'application est facile à tous les degrés de l'échelle sociale, ne sauraient être perdus pour le lecteur intelligent.

En somme, votre œuvre — d'ailleurs d'une grande variété de composition, d'une agréable forme littéraire, et très instructive au point de vue purement historique — me semble essentiellement bonne et recommandable comme œuvre d'éducation, de moralisation.

J'aime à lui prédire un beau, un durable succès; et c'est de tout cœur que je vous complimente de l'avoir pensée, de l'avoir écrite.

Eugène MULLER.

PREMIÈRE PARTIE

HOMMES D'ACTION

CHAPITRE PREMIER

SOUVERAINS

La famille de Darius aux pieds d'Alexandre. (Tableau de Lebrun.)

CHAPITRE PREMIER

SOUVERAINS

> Dieu m'a confié un dépôt, Dieu m'a transmis
> un mandat. Je ne les violerai ni ne les trahirai.
> CHARLES Ier.

Antiquité grecque.

Les grands conquérants forcent l'admiration : la légende poétise leur figure et cache leurs défauts. Mais s'il faut s'intéresser à ceux qui ont rempli le monde du bruit de leurs exploits, ne doit-on pas s'apitoyer sur leurs victimes, coupables de faiblesse ou simplement d'infériorité ?

Le fameux Alexandre a soumis une partie de l'Asie à ses lois et il y a connu les épreuves, qu'il a supportées avec un bel entrain : son armée était décimée par la soif, en traversant les régions inhospitalières du Béloutchistan, lorsqu'un de ses soldats lui offrit dans le creux de son casque la dernière goutte d'eau jalousement recueillie plusieurs semaines auparavant; le roi, ému de ce sacrifice, vida l'eau sur le sable brûlant pour partager les souffrances de ses hommes.

Un général capable d'une telle abnégation mérite assurément sa gloire, mais ce trait ne doit point faire oublier l'infortuné Darius ni le chevaleresque Porus.

Darius avait une grande valeur personnelle et, avant de monter sur le trône, il s'était distingué contre les Cadusiens, poignardant en combat singulier un de leurs chefs qui s'était permis de défier les Perses. Mais que pouvait cette bravoure dans l'état de décomposition où croupissait son empire à l'arrivée d'Alexandre le Macédonien? que pouvaient les troupeaux de brebis effarouchées auxquels il commandait contre les bandes disciplinées des montagnards envahisseurs, accoutumées aux duretés d'un climat rigoureux, infatigables et enthousiastes de leur chef? Deux rencontres peu sanglantes suffirent pour détruire le colosse aux pieds d'argile : vaincu, Darius regagnait tristement un canton reculé de ses États où il pût opposer encore une résistance désespérée aux intrus, lorsqu'il fut fait prisonnier par des satrapes envieux de sa tiare. Ils le traînèrent à leur suite en otage, mais harassé des longueurs de la fuite, le roi gênait leur marche; ils le piquèrent alors de flèches et l'abandonnèrent aux fureurs d'Alexandre.

Des heures de souffrances atroces s'écoulèrent jusqu'à ce que les avant-coureurs de l'armée macédonienne le trouvèrent respirant encore; il eut le temps de pardonner à son ennemi et de le remercier des soins qu'il avait prodigués à sa famille prisonnière.

*
* *

Porus règne sur les bords du Sind et il croit que l'éloignement le met à l'abri des attaques des Macédoniens. Mais Alexandre approche malgré tout, et Porus réunit une armée formidable. Sa taille herculéenne le désigne aux traits des archers ennemis; mais il leur résiste si courageusement qu'Alexandre s'écrie : « O Athéniens! qu'il m'en coûte pour obtenir vos éloges! » Porus, criblé de blessures, succombe à la fin. Son éléphant, à ce que raconte Amyot, « montra en ce combat une merveilleuse prudence naturelle et un grand soin de sauver le roi son maître; car tant qu'il se sentit encore fort, il repoussa toujours courageusement et rebouta ceux qui lui couroient sus; mais quand il aperçut que pour les coups de trait et autres blessures qu'il avoit reçues sur son corps le cœur lui commençoit à faillir, alors craignant qu'il ne tombât en terre, il se baissa tout bellement à genoux, et prenant doucement avec sa trompe les

« O VILLE VÉNALE! » S'ÉCRIE LE NUMIDE...

dards et les traits qu'il avoit dedans le corps, les luy tira tous l'un après l'autre dehors. » Un prince de son entourage s'approche du maître tombé à terre et lui conseille de se soumettre; Porus, indigné, saisit un trait, le dernier qui lui restât, et de sa main enfiévrée, en traverse le traître. Porté devant Alexandre, il s'évanouit de faiblesse, et le vainqueur, le croyant mort, ordonne de le dépouiller. Porus se réveille alors de son engourdissement : — Quel délire vous entraînait à me résister? Dites-moi ce que je dois ordonner de votre sort.

— Ce que vous conseille, répond le vaincu, cette journée même où vous venez de voir à quoi tient la fortune d'un monarque aussi puissant que moi...

> Comment prétendez-vous que je vous traite? — En Roi.
> (RACINE.)

Prédiction profonde, qui devait se vérifier rapidement : l'empire fondé par Alexandre au prix de telles fatigues ne lui survécut guère ; les discordes de ses généraux démembrèrent cet amas éphémère de nations, et Porus fut vengé. Ces retours de la fortune sont la consolation de l'humanité : Alexandre troubla dans leur repos des peuples amollis, mais pacifiques ; il bâtit sur le sable et ne laissa dans l'histoire que le sillon fugitif du météore.

MORT DE MITHRIDATE.

Antiquité romaine.

Rome est en fête, une foule recueillie se presse sur la voie principale, les tuniques resplendissent au soleil de mai, et les figures respirent la joie. Un nuage de poussière s'approche : c'est le triomphateur, le fier Sylla, qui vient mendier l'applaudissement de ses concitoyens. Il apparaît, superbe, au pas alourdi de son équipage : un frisson d'admiration secoue les spectateurs, Sylla est satisfait. Mais aussitôt cette joie se mêle d'amertume, car il traîne à sa suite l'infortuné Jugurtha, sa victime, et Jugurtha, fou de désespoir, arrache des larmes aux Romains insensibles. Cette pitié eût pu sauver le roi numide, mais la justice est inexorable. Jugurtha jeté dans une fosse humide n'eut qu'un mot de plainte : « Par Hercule, que vos étuves sont froides! » La raison l'avait abandonné; pendant dix longs jours, affamé, il maudit ses persécuteurs et périt étouffé de rage.

Cette agonie raffinée, atroce, reste comme une tache sur le nom romain.

Il est triste à dire qu'elle était peut-être méritée, car Jugurtha était lâche et perfide. Son éducation première avait gâté ses qualités natives : élevé dans les délices de la cour de son oncle Micipsa, il partagea son royaume avec ses cousins Adherbal et Hiempsal. Il assassina l'un et chassa l'autre : Adherbal alla vainement implorer le Sénat romain; évincé, il retourna dans sa patrie pour tomber aux mains de Jugurtha, qui lui fit subir le même sort qu'à son frère, malgré la parole donnée de la vie sauve. Le désir de se justifier entraîna l'usurpateur à Rome et, enhardi par l'impunité, il égorgea son compétiteur Massiva sous les yeux de ses juges, qui l'expulsèrent aussitôt : « O ville vénale! s'écrie le Numide, tu n'attends pour te vendre qu'un acheteur, et tu périras s'il s'en trouve un! »

Le cours de sa fortune s'arrêta cependant, et, battu par Lucius Métellus, trahi par ses propres frères, traqué jour et nuit, il se réfugia chez son beau-père Bocchus, qui le livra à ses bourreaux.

La fin lamentable de Jugurtha fut un des principaux griefs de Mithridate contre les Romains.

Mithridate, roi de Pont, a été immortalisé par Racine, et la grandeur de sa catastrophe lave sa mémoire de toutes les souillures de ses crimes.

Profondément égoïste, il n'a d'autre souci que la sûreté de son pouvoir. Sa jeunesse, au lieu d'être entourée d'affection, n'a connu que les complots et les intrigues; défiant, il étudie avec ardeur la botanique et se familiarise avec les poisons les plus violents, pour se prémunir contre les ennemis possibles. C'est un homme robuste, dont les médailles nous ont conservé la mâle physionomie : le regard est dur, mais énergique; la stature est d'un athlète. Rompu à tous les exercices du corps, il résiste à la fatigue, parcourant en quelques heures d'énormes étapes sur des chevaux de relais, et accomplit des tours de force comme celui de conduire un attelage de trente-deux bêtes. Le bruit de la bataille l'enivre : il perd la notion du danger et, mêlé aux derniers de ses soldats, il combat jusqu'au soir et rentre dans sa tente couvert de blessures. Au moral, il n'est pas moins doué : il se passionne pour les beaux-arts et réunit une admirable collection de camées; il en remontrerait à Hippocrate et Aristote pour la médecine et l'histoire naturelle; sa mémoire prodigieuse lui permet de parler couramment vingt-deux langues et de s'entretenir sans difficulté avec les Barbares de Scythie et du Caucase.

Il se familiarise ainsi avec tous ses sujets et jouit d'une popularité sans égale, qui le soutient pendant sa lutte contre l'omnipotence romaine.

Cette lutte, qui a rempli sa vie entière, est déshonorée, sans doute, par des meurtres inutiles, comme le massacre de cent mille Romains, égorgés, le même jour et à la même heure, dans les différentes cités d'Asie ; à Éphèse, les monuments même n'échappent pas à la fureur imbécile des exécuteurs. Mais il faut remarquer, à la décharge de Mithridate, que ses adversaires rivalisaient de cruauté avec lui et que Sylla, le général implacable et froid, laissait brûler Athènes, la capitale des arts, la patrie de Phidias et de Sophocle, et en faisait tuer en détail la population suppliante.

L'agonie de Mithridate commande d'ailleurs l'indulgence, car rarement glorieuse journée a été suivie d'un aussi triste crépuscule.

ZÉNOBIE DEVANT AURÉLIEN.

Acculé dans une gorge sans issue, il ne peut se résigner à la défaite ; les Romains n'auront que son cadavre. Il s'échappe, dans les montagnes, suivi de ses derniers fidèles, et erre plusieurs jours en quête d'un gîte ; Hypsicratia et Dripetine l'accompagnent. Il implore vainement le roi d'Arménie Tigrane, qui lui intime l'ordre de fuir au plus vite. Il va se cacher en Colchide et y prépare dans une retraite mystérieuse une vengeance éclatante. Les Romains, le croyant mort, ont quitté le royaume de Pont, après y avoir laissé de solides garnisons. L'exilé reparaît un soir d'été, plus vigoureux et plus jeune que jamais. La grandeur de ses projets effraye ses amis ; ne leur parle-t-il pas d'envahir l'Italie et d'étouffer l'aiglon romain dans son aire? Ses meilleurs officiers le quittent, son fils chéri

Pharnace complote sa perte. Une première fois, Mithridate pardonne à l'infâme, qui continue son commerce avec l'ennemi. L'armée de terre est corrompue, la flotte commence à murmurer. Mithridate ne peut survivre à son malheur : il monte sur les murs d'enceinte de son palais, que des flots d'assiégeants viendront battre, et, après un dernier regard d'orgueil humilié sur ce qui fut sien, il se retire dans ses appartements et demande du poison. Ses deux filles Mythridatis et Nyssa le supplient à genoux de leur faire partager son sort. Il y consent avec peine et prépare trois coupes; ses deux filles meurent aussitôt, mais le père ne peut les suivre; victime de sa précaution et de sa science, il s'est trop habitué aux poisons, devenus impuissants. Il saisit l'épée qui lui a valu tant d'heures triomphales, mais sa main tremble de douleur et il dut s'adresser à Bituitus, son dernier fidèle : « Ton bras m'a souvent et bien servi dans les combats ; en m'immolant aujourd'hui, tu me prouveras ton inviolable attachement. »

Sa femme Monime était morte quelques années plus tôt avec un égal courage : fidèle à l'ordre du maître, elle voulut s'étrangler avec son diadème, mais il se rompit : « Fatal diadème, gémit-elle, tu m'as toujours été inutile; que ne me sers-tu aujourd'hui en m'aidant à mourir? »

∴

Deux autres reines se disputent avec Monime notre sympathie.

Boadicée, veuve de Prasutagus, régnait sur les côtes orientales de l'Angleterre : son mari avait légué ses États aux Romains dans l'espoir d'en assurer l'héritage paisible à ses filles. La foi romaine, aussi malhonnête que la loi punique, trahit son vœu suprême, et les officiers de Néron s'installèrent en maîtres dans le palais du défunt. Boadicée s'étant permis de protester timidement fut fouettée en public. Un âpre besoin de venger l'outrage s'empara d'elle; 120 000 Bretons se soulevèrent à sa voix et massacrèrent les intrus massés autour de Colchester. Mais le gouverneur Suétonius Paulinus eut aisément raison de cette horde vaillante mais indisciplinée, et Boadicée mourut de chagrin.

Deux siècles plus tard, une autre reine succombait pareillement devant la marée montante des légions romaines.

Zénobie, reine de Palmyre, commandait à un vaste empire composé d'éléments hérétoclites étendu de l'Euphrate à la Méditerranée : gouvernante habile, elle avait su se faire bien venir de tous les siens. Aux Arabes, elle montra une sobriété et une avarice digne de louanges; aux Perses, un faste et une savante débauche. Elle étudia Homère avec le rhéteur Longin et fit donner à ses fils une éducation toute romaine; elle se fit adorer, comme Darius. Elle harangua ses troupes, coiffée du casque, et les bras nus.

Sa capitale est une seconde Athènes : des commerçants enrichis l'ont

DESTRUCTION DE POMPÉI, ET MORT DE PLINE.

embellie de monuments qui font encore aujourd'hui l'admiration des archéologues; le porphyre y est répandu à profusion; quatre cents colonnes ornent le temple du soleil, et une magnifique avenue, colonnade ininterrompue de quinze cents piliers, circule entre les palais des négociants, plus somptueux que les « palazzi » dont s'enorgueillit Gênes. Un puissant cours d'eau arrose la ville, qui est d'une salubrité à l'épreuve des épidémies. La nature a tout fait pour ce paradis, elle a voulu l'isoler du reste du monde, la noble et riche cité voit ses champs féconds et ses belles eaux enfermées par l'immensité du désert. Cette oasis, encadrée de solitudes désolées, semble pouvoir braver l'ennemi.

L'imprévoyante Zénobie se laisse investir par les légions de l'empereur Aurélien sans avoir amassé des vivres en quantité suffisante : les Romains mourront de soif, pensait-elle, avant que je meure de faim. Et les Palmyréniens manquent de pain sous leurs lambris dorés et troqueraient volontiers leurs manteaux constellés de pierreries contre un boisseau de fèves. Une première fois, Zénobie envoie une fière réponse à la sommation des assiégeants. Mais ceux-ci tiennent bon, et la reine, déchue de toute espérance, monte sur le plus rapide de ses dromadaires pour gagner l'Euphrate; elle est rejointe au moment de s'embarquer, et, conduite au tribunal du vainqueur, tient d'abord un langage hautain : « Je vous reconnais pour empereur, vous qui savez vaincre, mais je ne pouvais me soumettre à un Gallien ni à un Aurèle (prédécesseur d'Aurélien). » L'empereur est touché, mais ses assesseurs restent farouches et réclament la tête de la proscrite. Celle-ci ne peut soutenir plus longtemps le rôle surhumain qu'elle jouait, elle fond en larmes et demande grâce pour une faible femme, perdue par des conseillers téméraires.

Elle meurt de chagrin sur la route de Rome, et Aurélien écrit au Sénat : « Ceux qui me blâment d'avoir triomphé d'une femme ne savent point quelle femme est Zénobie... »

Palmyre survécut pendant quelques siècles à sa gentille reine, mais elle ne fit que végéter, et ne fut bientôt plus qu'un souvenir. En 1691, des savants la retrouvèrent, après treize ans de recherches, enfouie dans le sol : le cours d'eau qui fertilisait l'oasis s'était desséché, les colonnes étaient veuves de leurs chapiteaux, la voix de Zénobie n'animait plus cette nécropole. Les tremblements de terre et le simoun avaient achevé l'œuvre détestable de la guerre.

N'est-ce pas avec émotion que l'on voit ainsi disparaître une nation florissante sous l'effort combiné de l'homme et de la nature inclémente? Palmyre n'est plus qu'un hameau anonyme caché dans les ruines d'un temple qui était jadis un de ses moindres édifices et dont on barre la porte au crépuscule pour se garder des Bédouins pillards.

Infinie tristesse que celle de ces catastrophes collectives dont il nous reste des témoins : les cadavres crispés des Pompéiens surpris dans leur sommeil par les laves du Vésuve, qui ont puni le naturaliste Pline de sa curiosité; les admirables édifices retrouvés en Bactriane par M. Dieulafoy et que l'on peut contempler au Louvre, et les débris des cités romaines de l'Algérie ou de la Tunisie, ensevelis à tout jamais dans leur sarcophage de sables.

ADIEUX DE LOUIS XVI A SA FAMILLE.

France.

La France carolingienne a souffert un deuil cruel que les chants des poètes ont perpétué, et nous frissonnons encore aujourd'hui au souvenir de la fin lamentable de Roland.

Écoutez la confession de Ganelon traduite dans la noble langue de M. de Bornier :

> J'étais là seul, mon âme en mon crime absorbée,
> Frissonnant, à genoux, la poitrine courbée ;
> Je priais, je pleurais ; la nuit autour de moi
> Descendait, pénétrant mon cœur d'un vague effroi.

> Tout à coup retentit le tonnerre et la rage
> De l'ouragan me vint rappeler cet orage
> Dont Charlemagne, au bruit du tonnerre roulant,
> Disait : c'est le grand deuil pour la mort de Roland.
> A tous ces souvenirs la force m'abandonne,
> Et j'embrasse la terre en m'écriant : Pardonne !
> Avant la mort, grande ombre, accorde-moi la paix,
> Suis-je condamné pour jamais ?... Pour jamais,
> Répondit une voix. Je relevai la tête,
> Et je crus voir, je vis, dans l'horrible tempête,
> Parmi les rocs fumants qui m'entouraient partout,
> Un homme, un chevalier, immobile et debout.
> Un blanc linceul couvrait jusqu'aux pieds le fantôme,
> Mais laissait deviner la cuirasse et le heaume ;
> Et la voix même avait cet accent souverain
> Et rude qu'elle prend dans le casque d'airain.
> Eh quoi ! Roland, criai-je, ô martyr que j'implore,
> Pas de pardon, jamais ? — Jamais ! répond encore
> La voix sinistre. Au loin, de sommets en sommets,
> La montagne redit le mot fatal : Jamais !

Et le propre fils du traître Ganelon, Gérald, admire Roland, symbole du patriotisme :

> Roland fut mon héros, mon idéal suprême,
> Il me semblait — je sais mon orgueil aujourd'hui —
> Que quelque chose en moi me rapprochait de lui ;
> Dans mes rêves d'enfant, en lui je croyais vivre.

**

Jean II, roi de France, a eu la gloire d'être appelé le Bon, plus pour ses malheurs que pour ses qualités personnelles. Fait prisonnier à la défaite de Poitiers, il fut emmené à Londres, laissant son royaume en proie à la guerre civile ; pour prix de sa liberté, il céda la moitié de ses États à ses vainqueurs ; mais son fils le duc d'Anjou, qu'il leur remit en otage, prit la fuite, et le roi, chevalier scrupuleux, revint mourir dans sa prison. — François Ier vaincu à Pavie a connu les prisons de Madrid ; mais cette captivité n'est qu'un épisode dans une vie constamment heureuse.

CHARLES ET ODETTE, par Zier.

Berce, berce, gentille Odette,
Ton vieil enfant.

Charles VI est fou, et le duc d'Orléans gouverne :

... Ce roi, dont le cortège approche,
A son palais pour tombe et semble un revenant.
... Ah! malheur sur les têtes
Et sur les compagnons de monseigneur Louis,
Indévôt envers Dieu, prince faux, mauvais fils!
Et pendant qu'il s'amuse, et se gorge et se vautre,
Et conspire,... à Saint-Paul, spectacle, hélas! bien autre,
Le roi, le père, est seul, loin de toute amitié!
Personne pour l'aimer et pour prendre pitié!
Il est là, délaissé, triste, baissant la tête,
Et mangeant, gloutement, buvant comme une bête.

L'infortuné a cependant des intervalles de lucidité, et se souvient :

Ils m'ont mis en prison,... en prison! Tout est triste!
Pourtant il me souvient d'un grand château vermeil
Autrefois, rayonnant de joie et de soleil,
Et les gais carrousels, les fières chevauchées,
Dans les villes, d'un lit de fleurs toutes jonchées,
Où la foule courait devant avec amour ;
Et criait, et chantait, et s'empressait autour
De ma reine,... de ma belle reine! lointaines
Images, aux reflets perdus! Et les fontaines
D'hydromel et de lait coulant sur les parvis,
Ces places où buvaient les pauvres gens ravis,
Ce bon peuple ravi... Sœur, dis, tu te rappelles
Cette fête de nuit, là-bas, dans les chapelles
A Saint-Denis? . . . .
Je vois dans les clartés la cathédrale pleine
De fleurs, de femmes... Oh! sur nos fronts éblouis,
Comme brillait l'église. . . . .
Nous faisions tressaillir les voûtes stupéfaites
Qui nous croyaient surgis de nos chevets spectraux ;
Aux musiques d'amour vibraient les hauts vitraux.
La rosace tremblait au vent des sonneries,
Comme un brasier vivant flambaient ses pierreries...
Oh! le bal effréné sur la tête des morts!
. . . .
Est-ce qu'il est au monde encore du ciel bleu?
Des plaines? de l'eau vive? et des arbres un peu?
Je n'en vois plus, j'en ai tant vu! Plus une touffe
D'herbe! plus un oiseau! Tout est mort. Sœur, j'étouffe [1].

Charles VI ne trouvait de consolation que dans le commerce de sa belle-sœur Valentine de Milan, cette fleur mignonne qui sut conserver ses fraîches cou-

---

1. Tiré du drame de M. Alfred Gassier : *Nicolas Flamel*, acte III, sc. 1re, et acte IV, sc. 3 et 4.

leurs durant une guerre fratricide. La haine de l'intrigante Isabeau de Bavière, et le meurtre de son époux Louis d'Orléans par la faction bourguignonne abrégèrent ses jours : « On me l'a volé », dit-elle à ses enfants à qui elle légua le soin de venger l'assassinat. Qui ne connaît sa naïve devise de veuve :

> Rien ne m'est plus,
> Plus ne m'est rien.

Charles VI eut un autre ange gardien immortalisé par la légende : Odette de Champdivers, fille d'un écuyer d'écurie (et non point marchand de chevaux, comme on l'a parfois écrit). Sa douce voix fredonnait des airs mélancoliques qui calmaient le délire du pauvre fou, et réussissait là où les plus illustres médecins du temps avaient échoué. Le roi, vieilli avant l'âge, bercé par cette musique, sommeillait sous le regard tutélaire d'Odette, la gracieuse petite reine, si préférable à l'antipathique et altière Isabeau de Bavière.

Dans l'opéra d'Halévy, le jeune dauphin, héritier de la couronne, est fasciné par la beauté de la jeune fille :

> En respect mon amour se change :
> Reste pure, Odette, et sois l'ange
> De tes rois et de ton pays.
> Pour eux, c'est en toi que j'espère ;
> L'ange qui va sauver le père
> Sera respecté par le fils.

Et quand des persécuteurs rentrent lui arracher son acte d'abdication, le pauvre roi se lamente :

> Avec la douce chansonnette
> Qu'il aime tant,
> Berce, berce, gentille Odette,
> Ton vieil enfant.

*
* *

Une destinée qui rappelle celle de Charles VI, c'est la déchéance intellectuelle de Jeanne, reine de Castille, dont la raison ne put survivre à la perte de son époux, Philippe, archiduc d'Autriche. Elle fit déterrer le cadavre bien-aimé, et le plaça embaumé sur un lit de parade, épiant l'heure où il ressusci-

Jeanne la Folle. (Tableau de Pradilla.)

terait; elle le promena ensuite dans tout son royaume, la nuit, à la lueur des torches, le découvrant de temps à autre pour guetter le miracle. Incapable de gouverner, elle refusa de perdre le simulacre de l'autorité; pendant un demi-siècle, elle ne se réveilla qu'une fois de sa léthargie pour accueillir une doléance de ses sujets, mais elle retomba aussitôt dans sa morne apathie, et fut l'inconscient jouet des ambitions qui se disputaient son riche héritage.

M. Alexandre Parodi vient de faire représenter à la Comédie-Française un drame sombre, mais d'une grande envolée, sur ce thème tragique.

*
* *

La fin de Louis XVI rappelle, à s'y méprendre, celle de Charles Stuart; la même auréole de sympathie nimbe le front des victimes, coupables d'honnêteté rigide en des temps troublés; les plus minces détails se répètent, et, connaissant un épisode, on connaît l'autre : cette préoccupation, par exemple, d'aller au supplice, élégamment vêtu, malgré la rigueur du froid, pour ôter aux persécuteurs la joie de crier au désespoir, le sang-froid de la toilette suprême, les dernières paroles et l'assistance dévouée de l'aumônier, ici, l'abbé Edgeworth de Firmont, là, l'évêque Sexton.

Trente mille personnes sont massées sur la place de la Concorde, ci-devant place Louis XV. Une voiture approche lentement, encadrée de soldats et précédée de tambours vêtus de noir. Le roi en descend, et après quelques secondes d'entretien avec l'abbé, se dépouille lui-même de ses habits et enlève le peigne qui retient sa chevelure soyeuse.

Il monte d'un pas assuré et veut lancer quelques paroles de protestation solennelle; Santerre fait blanc de son épée, et le roulement du tambour couvre la voix du martyr.

La tête tombe, et inonde de sang les badauds blottis jusque sous l'échafaud. Le bourreau la présente à l'admiration universelle; des sans-culottes imbibent leurs mouchoirs de sang; les cheveux du mort sont vendus à l'enchère.

Tous les siens le suivent de près : Marie-Antoinette, d'abord, puis son jeune enfant.

Charles-Louis, dauphin de France, était un modèle de grâce physique et morale; il avait des réflexions d'une gentillesse adorable. Interrogé sur la différence du comparatif et du superlatif : « Le comparatif, répliqua-t-il, est quand je dis : mon abbé est meilleur qu'un autre abbé; le superlatif est quand je dis : maman est la plus aimable et la plus aimée de toutes les mamans. » Son valet de chambre le détournait un jour d'un sentier encombré de ronces : « Les chemins épineux, déclara-t-il, mènent à la gloire ! » C'est de ce doux enfant que la folie démagogique fit une victime, après lui avoir dépravé le cœur.

Devenu orphelin, Charles-Louis tomba entre les mains du cordonnier Simon, une brute abjecte indigne du nom d'homme, qui s'efforça de le tuer lentement, de « museler le louveteau ». Il lui coupa les cheveux, le coiffa du bonnet rouge, l'affubla du deuil de Marat; il l'abreuva d'avanies, l'enivrant et lui arrachant des propos inconscients contre sa mère. « Sale vipère, lui disait-il, il me prend envie de t'écraser contre le mur. » L'ayant surpris un soir, agenouillé et les mains jointes : « Je t'apprendrai à faire tes patenôtres et à te lever la nuit comme un trappiste », et, après l'avoir inondé d'eau glacée, il se déchaussa pour le frapper de son soulier ferré. On le réveillait souvent en sursaut : « Capet ! Capet ! dors-tu ? » Et quand l'enfant paraissait au guichet : « C'est bien, va te coucher ! »

L'incurie abrutit le malheureux et l'étiola, et lorsqu'une âme compatissante voulut suspendre son agonie, il était trop tard. Dans une chambre ténébreuse, sur un lit défait et sale, un enfant de neuf ans, à demi enveloppé d'un linge crasseux et d'un pantalon en guenilles, gisait immobile, le dos voûté, le visage hâve et ravagé par la misère. Ses lèvres décolorées et ses joues creuses avaient dans leur pâleur quelque chose de vert et de blafard; ses yeux bleus, agrandis par la maigreur du visage, semblaient avoir pris dans leur terne immobilité une teinte grise et verdâtre. Ses jambes, ses cuisses et ses bras grêles et anguleux s'étaient démesurément allongés aux dépens du buste; ses pieds et ses mains étaient armés d'ongles excessivement longs, et ayant la dureté de la corne.

Il mourut scrofuleux.

*
* *

« Aujourd'hui 20 mars 1811, raconte le *Journal officiel*, à neuf heures vingt minutes du matin, l'espoir de la France a été rempli : un prince est heureusement né à S. M. l'Impératrice; le roi de Rome et sa mère sont en parfaite

Louis XVII au Temple. (Dessin de Wappers, d'après son tableau.)

santé. Toute la nuit qui a précédé l'heureuse délivrance, les églises de Paris étaient remplies d'une foule immense de peuple qui élevait ses vœux au ciel pour le bonheur de LL. MM. Dès que les salves se firent entendre on vit de toutes

Mort du duc de Reichstadt.

parts les habitants de Paris se mettre à leurs fenêtres, descendre à leurs portes, remplir les rues et compter les coups de canon avec une vive sollicitude; ils se communiquaient leurs émotions, et ont laissé enfin éclater une joie unanime, lorsqu'ils ont vu que toutes leurs espérances étaient remplies, et qu'ils avaient un gage de la perpétuité de leur bonheur. »

Vingt et un ans plus tard, mourait en terre autrichienne un pâle jeune homme phtisique, émacié, et sur sa tombe l'on écrivait : « A l'éternelle mémoire de Joseph-François-Claude, duc de Reichstadt, *fils de Napoléon*, empereur des Français, et de Marie-Louise, archiduchesse d'Autriche, né à Paris le 20 mars 1811. Salué dans son berceau du nom de roi de Rome. A la fleur de son âge, doué de toutes les qualités de l'esprit et du corps, d'une imposante stature, de nobles et agréables traits, d'une grâce exquise de langage, remarquable par son instruction et son aptitude militaire, il fut attaqué d'une cruelle phtisie, et la mort la plus triste l'enleva dans le château des empereurs, à Schœnbrünn, près de Vienne, le 27 juillet 1832. »

A Schœnbrünn, au lieu même où Napoléon avait dicté des lois au monde. Naissance glorieuse suivie d'une mort obscure, la destinée du duc de Reichstadt est pitoyable ; à peine âgé de trois ans, il fut chassé de sa patrie par la guerre étrangère et grandit sans secousse, sans émotion, tenu en captivité et soigneusement éloigné de tout ce qui pouvait lui rappeler son illustre origine. Il disait un jour à M. de Metternich : « Nul ne rentre dans son berceau quand il l'a quitté, jusqu'ici c'est l'unique monument de mon histoire » ; et il ajoutait avec le pressentiment des malades : « Ma tombe et mon berceau seront bien rapprochés l'un de l'autre. »

Angleterre.

La lutte de l'indépendance anglo-saxonne contre les dominateurs étrangers fournit de beaux noms à notre galerie.

Les Anglo-Saxons combattirent près de quatre siècles contre les Danois, puis contre les Normands, et finirent par succomber, laissant le souvenir d'un héroïsme pur et malheureux.

Au IXe siècle, Ragnar-Lodbrog, roi d'une île de l'archipel danois, arma une bande de pirates et se fit « roi de mer ». Après trente ans de succès obtenus avec de simples barques, le « viking » eut l'idée de construire deux vaisseaux qui devaient dépasser en dimension tout ce que l'on avait vu jusqu'alors. Vainement sa femme Aslanga lui prédit-elle une catastrophe pour le punir de sa témérité. Un beau jour les écumeurs de mer coupèrent les câbles qui retenaient les deux vaisseaux, lâchant la bride à leurs grands chevaux marins. Aslanga avait deviné juste : les vaisseaux, lourds et gauches, se brisèrent sur les récifs du Northumberland d'où les sveltes pirogues d'antan fussent aisément sorties. Les Danois abordèrent et, sans se préoccuper de leur retraite coupée, commencèrent à piller. Le roi saxon Aella réunit quelques soldats à la hâte et eut bientôt raison de cette poignée de brigands. Lodbrog, enfermé dans un cachot rempli de vipères, exhala ses souffrances en vers d'un lyrisme sauvage :

« Nous avons frappé de nos épées le jour où j'ai vu des centaines d'hommes couchés sur le sable près d'un promontoire d'Angleterre; une rosée de sang dégouttait des épées; les flèches sifflaient en allant chercher des casques. Nous avons frappé de nos épées dans cinquante et un combats; je doute qu'il y ait au monde un roi plus fameux que moi. Dès ma jeunesse, j'ai appris à ensanglanter le fer; les heures de ma vie s'écoulent; c'est en riant que je mourrai... »

D'autres rois de mer, plus heureux que Lodbrog, vengèrent sa mort et occupèrent le Northumberland. — Un autre royaume saxon, l'Est-Anglie, fut également conquis par eux, et il ne resta plus que le West-Sex qui conservât son indépendance.

Ce West-Sex avait pour chef un jeune homme de vingt-deux ans, nourri des lettres grecques et latines, plein de bonnes intentions et juge impeccable, mais dédaigneux des petites gens qui ne savaient point lire. Aussi, après sept années d'un gouvernement austère, cet homme de cabinet était-il, sans le savoir, impopulaire, odieux. A l'approche des Danois, il eut beau envoyer par villes et hameaux son messager de guerre, porteur d'une flèche et d'une épée nue : « Que quiconque n'est pas un homme de rien sorte de sa maison et vienne ! » personne ne sortit, personne ne vint. Le Danois trouva le pays sans maître. Alfred avait fui, se cachant par les buissons jusqu'aux confins de la Cornouaille, et s'était réfugié, sous un faux nom, dans une presqu'île marécageuse, chez un pêcheur, où il fut obligé de cuire le pain qu'on voulut bien lui jeter pour prix de ses services. Ses anciens sujets le crurent mort et ils se mirent à le regretter : l'indifférence du savant leur parut un moindre mal que le despotisme d'intrus barbares et rapaces. Alfred préparait sa vengeance, menant la vie ingrate de l' « outlaw », et pendant six mois il harcela l'ennemi à la tête d'une bande de partisans ignorant son nom. A la fin, il résolut de se faire connaître; mais auparavant il voulut voir le camp danois et y pénétra sous le déguisement d'un joueur de harpe. Il fit alors un secret appel au pays : trois jours durant, des hommes armés arrivèrent à la Pierre d'Egbert, sur la lisière du grand bois, un à un, et se voyaient salués, à leur arrivée, du nom de frère. Alfred jeta le masque, et le Danois fut emporté par le torrent de l'enthousiasme saxon.

Deux siècles plus tard, le Normand a remplacé le Danois et menace comme lui la liberté nationale. Le roi Edward vit entouré d'étrangers et le chef du parti saxon est l'illustre Godwin, qui meurt tragiquement, étouffé par un morceau de pain. Mais il laisse un fils, Harold, qui a hérité de ses vertus et acquiert rapidement un tel prestige que les Normands perdent leur influence sur le roi. Un jour, Harold demanda la permission d'aller délivrer son frère et son neveu, retenus depuis dix ans comme otages par Guillaume, duc de Normandie, fils de Robert le Diable. « Je ne veux pas te contraindre, dit Edward, mais si tu pars, ce sera sans mon aveu, car certainement ton voyage doit attirer quelque malheur sur toi et sur notre pays. Je connais le duc Guillaume et son esprit astucieux, il te hait et ne t'accordera rien à moins d'y voir un grand profit. » Harold sourit de cette prophétie funèbre et, confiant comme tout homme droit, partit gaiement, son faucon sur le poing, précédé de ses lévriers.

La tempête sépara ses deux vaisseaux et le jeta sur les côtes du Ponthieu

ALFRED LE GRAND PRÉPARAIT SA VENGEANCE.

où le comte Guy l'enferma dans la citadelle de Beaurain. Il fut délivré à la requête de Guillaume, qui comptait abuser de la naïveté de son hôte pour en tirer quelque avantage éclatant. Harold se grisa de luxe et de bravoure : il fut reçu à Rouen avec les honneurs souverains, et s'acquitta en contraignant, au cours d'une razzia, le duc de Bretagne Conan à venir présenter lui-même les clefs de Dinan. Au retour de la campagne, Harold témoignait une confiance absolue à son rusé compère qui lui joua un tour de sa façon. Il lui fit des ouvertures que le Saxon parut accepter et lui fit prêter un serment terrible sur une cuve recouverte d'un drap d'or, qui cachait les reliques les plus vénérées du pays. Le drap ôté, Harold tressaillit à la vue de ce qu'il avait fait.

Ce serment, arraché par l'artifice, ne lui liait pas les mains ; et, revenu parmi les siens, il ne songea qu'à contrecarrer l'ambition du duc de Normandie. Il parut réussir et remplaça sur le trône Edward, rongé par la maladie. Huit mois après son avènement au trône, il apprit que Guillaume débarquait dans le Sussex. Le 14 octobre 1066, jour qui allait décider du sort d'une nation, les deux armées se trouvèrent en présence : les Saxons, sûrs de la bonté de leur cause, étaient dans la joie ; les Normands, dans le recueillement. La valeur d'Harold échoua contre la tactique habile de l'ennemi : percé au cœur d'une flèche, il tomba, noyé dans la foule anonyme de ses fidèles, et il fallut la tendresse de sa chère Edith, Edith au cou de cygne, pour le reconnaître et lui rendre le dernier hommage.

On montre encore aujourd'hui la place où il tomba, « the spot where Harold fell », près de l'abbaye de la Bataille, que Guillaume fit bâtir près de Hastings pour perpétuer sa gloire.

Les Normands avaient réussi où avaient échoué Romains et Danois, et une fois solidement établis dans leur île, ils débordèrent au dehors.

∴

Richard Ier, roi d'Angleterre, a mérité le surnom de Cœur de Lion pour son incomparable bravoure ; les Musulmans le redoutent en Terre Sainte à l'égal du diable. Les mères disent à leurs enfants pour les faire taire : « Paix là, voici le roi Richard » ; et lorsqu'un cavalier sent son cheval trébucher, il s'écrie : « As-tu peur que le roi Richard soit caché dans ce buisson ? » Il tombe dans un combat, tout couvert de flèches qui le font ressembler, d'après un témoin oculaire, à une pelote remplie d'aiguilles.

Mais ce preux chevalier est affligé d'une mauvaise humeur qui vient de lui aliéner tous les princes de la chrétienté. Forcé de fuir le camp des Sarrasins, il se déguise pour traverser les contrées qui le séparent de son royaume; il est reconnu en route par le duc d'Autriche, qui, pour se venger d'un affront reçu quelques années plus tôt, l'enferme dans une prison obscure. Le trouvère Blondel vient le délivrer.

Sa mort est aussi tragique que sa vie. Grièvement blessé à l'assaut d'une for-

Les enfants d'Édouard. (D'après le tableau de Delaroche.)

teresse où il croyait un trésor caché, il se permet des sarcasmes sur son lit de douleur : — Mettez ordre à vos affaires, seigneur, lui dit son aumônier, car vous mourrez. — Est-ce une menace ou une plaisanterie? — Non, votre mort est inévitable. — Que voulez-vous donc que je fasse? — Pensez à vos filles, et faites pénitence. — Je n'ai point de filles. — Seigneur, vous avez trois filles, et depuis longtemps : l'ambition, l'avarice, la luxure. — Que me faut-il faire? — Pénitence, et vous confier à la merci de Dieu...

Philippe-Auguste apprit sa mort, celle d'un ennemi pourtant, les larmes aux yeux : « Il ne faut pas se réjouir, mais s'affliger, car la chrétienté vient de perdre un grand prince et le plus vaillant de ses défenseurs. »

Jean sans Terre, successeur de Richard, commit bien des crimes; il fit ainsi un jour emprisonner l'archidiacre Geoffroy qui s'était permis de le critiquer, et après lui avoir dit en souriant qu'il veillerait à ce qu'il n'eût pas froid dans sa cellule, il lui envoya une chape de plomb sous laquelle il le laissa mourir de faim. Malgré tout, il a droit à la pitié, car il fut dépouillé de tous ses États et de son autorité. Il perdit la Normandie en vertu d'un arrêt rendu par les pairs de France : « Attendu que Jean, duc de Normandie, en violation de son serment à Philippe son suzerain, a assassiné le fils de son frère aîné, vassal de la couronne de France et proche parent du roi, et qu'il a commis ce crime dans la seigneurie de France, il est déclaré coupable de félonie et de trahison... » Puis son peuple lui imposa la Grande Charte qui le déposséda de son pouvoir, et il offrit la couronne à Louis, fils aîné de Philippe-Auguste. Jean mourut misérablement, abandonné, après avoir perdu ses équipages, ses joyaux et son trésor au passage d'une rivière.

∴

La longue guerre civile qui a désolé l'Angleterre au xve siècle a causé bien des deuils et taché de sang la rose rouge des Lancastre comme la rose blanche des York. Édouard IV et Henri VI ont tour à tour été vainqueurs, exilés, emprisonnés : le premier, général habile et politicien consommé; le second, nul et imbécile, dominé par ses courtisans et par sa femme, l'astucieuse Marguerite d'Anjou. Jouet des révolutionnaires, Henri n'a jamais eu conscience de son rôle et ne doit pas s'être rendu compte s'il était sur le trône ou dans les fers. Son rival lui fit des obsèques solennelles et il a droit, pour cet acte de généreux oubli, à notre admiration.

Ses enfants n'en ont pas moins été odieusement assassinés sur l'ordre de leur oncle, le duc de Glocester. Brakenbury, gouverneur de la Tour de Londres, les fit étouffer sous un édredon, au milieu de leur sommeil, et enterrer au pied d'un escalier.

Le duc de Glocester, devenu Richard III, expia son crime deux ans après, en tombant sous les coups de Henri Tudor, voleur de trône, sans un regret, sans une larme de condoléance.

Henri VIII est un atroce Barbe-Bleue qui a fait tour à tour le malheur de six femmes. Deux d'entre elles sont mortes sur l'échafaud. Une troisième ne l'a évité que par miracle : elle avait eu l'imprudence de contredire son terrible

Supplice d'Anne Boleyn.

maître dans une discussion théologique; avertie que l'ordre est donné secrètement de lui instruire son procès, elle court le lendemain chez Henri et reprenant sans émotion apparente l'entretien de la veille au point où il avait été laissé, elle s'embrouille volontairement, balbutie, puis se confond en excuses devant « le plus grand docteur de la chrétienté ».

Sa victime la plus intéressante est Anne Boleyn. Ses derniers moments rachètent les fautes passées. Elle songe avec remords à l'épouse qu'elle a détrônée, Catherine d'Aragon, et faisant appeler la femme du lieutenant de la Tour, elle s'agenouille et dit : « Allez de ma part, et dans la même posture où vous me voyez, demander pardon à la princesse Marie pour tous les maux que j'ai attirés sur elle et sur sa mère. » La légende lui prête une lettre curieuse adressée au roi : « Vous êtes un prince doux et clément, vous m'avez traitée avec plus de bonté que je n'en méritais; vos bienfaits ont toujours été en croissant pour moi; de simple particulière, vous m'avez faite dame; de dame, marquise; de marquise, reine; et ne pouvant plus m'élever ici-bas, de reine en ce monde, vous allez me faire sainte dans l'autre. »

*
* *

La mort de Henri VIII fut suivie d'un pitoyable chaos politique. La couronne, portée par un enfant de dix ans, n'avait aucun prestige, et les ambitieux se donnèrent libre carrière pour mettre le royaume au pillage. Edmond et Thomas Seymour se disputaient le protectorat suprême : un troisième larron, Jean Dudley, vicomte de Lisle, mit d'accord ces frères ennemis en les détruisant l'un par l'autre.

Ces discordes, fruit du despotisme intolérant du monarque défunt, n'ont rien pour nous surprendre : Henri VIII a ruiné la liberté, sans imposer le respect; les passions et les rancunes comprimées, mais non étouffées, se déchaînent, le tyran disparu.

Mais, par malheur, cette guerre civile coûte la vie à une innocente princesse de seize ans, Jeanne Grey, si pure, qu'elle apparaît dans le lointain de l'histoire comme une image de vitrail décolorée.

Elle est, paisible et studieuse, dans sa retraite de Sion-House, adorée de son époux, nourrie de la forte moelle des classiques, sage autant qu'instruite. Quel n'est pas son effarement de voir un jour pénétrer dans son oratoire un cortège de grands seigneurs conduits par le duc de Northumberland, grand maître d'Angleterre! Le chef s'arrête et, s'inclinant jusqu'à terre, lui annonce qu'elle est reine... Jeanne résiste et décline son indignité : la flatterie restant inutile, on fait appel à son patriotisme.

Après neuf jours d'un règne sombre, confinée dans une cellule de la Tour de Londres, Jeanne Grey est précipitée du haut de ce trône aussi facilement qu'elle y est montée : une intrigue de cour lui coûte le pouvoir, et la vie. Elle subit le

JEANNE GREY, DANS SA PRISON, REGARDE PASSER SON MARI MARCHANT AU SUPPLICE.

supplice atroce de survivre à son mari et de voir passer son corps ensanglanté. Mais son courage n'est point abattu, et ne s'accuse en mourant que de n'avoir point assez résisté aux suggestions de ses tentateurs.

*
* *

Marie Stuart, en dépit de ses défauts, a une auréole de détresse qui ne permet point de la passer sous silence.

Elle avait une qualité qui fait oublier bien des défauts, elle aimait son peuple : « Que Marie, disait son ennemie Élisabeth, que Marie dépose sur la tête de son fils une couronne qui fatigue la sienne, et qu'elle coule une vie paisible au sein de l'Angleterre. — Plutôt mourir que de souscrire à ce traité honteux ! Mes dernières pensées seront celles d'une reine d'Écosse. » Autre vertu : elle était fière et courageuse : « Où sont mes pairs et mes juges? demanda-t-elle un jour; quel empire peuvent avoir sur moi les lois anglaises, dont je n'ai jamais éprouvé la protection et qui m'ont abandonnée au seul empire de la force? » Elle eut la douleur de voir son fils, Jacques VI, la dénigrer : « Je suis si grièvement offensée et navrée avec cela de l'ingratitude de mon enfant que, s'il persiste, j'invoquerai la malédiction de Dieu contre lui. » — Des pauvresses lui tendant la main : « Infortunées, je n'ai plus rien à vous donner, je suis une mendiante comme vous. » — Le jour de son supplice, son sang-froid ne se démentit pas : « Mes amies, dit-elle à ses suivantes, j'ai répondu de vous ; il faut que vous sachiez vous vaincre. » Et, apercevant la hache massive de l'exécuteur : « Ah! j'eusse bien mieux aimé avoir la tête tranchée avec une épée *à la française !* »

Le peuple anglais, surexcité par des fanatiques, s'est révolté contre son roi qui a dû prendre à regret les armes pour se défendre. Après trois ans de succès ininterrompus, la fortune de Charles Ier vient sombrer à Naseby, elle l'a quitté pour aller à Cromwell, ce monstrueux hypocrite. Le roi, menacé d'être bloqué dans Oxford, s'évade et demande asile à ces Écossais qui, six ans plus tôt, avaient donné le signal de la rébellion, pour une méprisable querelle de liturgie. Ces Écossais, puritains rigides, ne veulent pas admettre leur maître dans le royaume des Saints et préfèrent le vendre 800 000 livres à ses poursuivants. Charles s'échappe encore des serres de Cromwell pour se cacher dans l'île de Wight; mais le vautour ne l'a point lâché, le gouverneur de l'île lui est acquis. Le fils d'un boucher, devenu colonel, va tirer Charles de sa retraite et l'amène à Londres, où un charretier purge le Parlement, en expulsant près de deux cents de ses membres. Ce Parlement, ainsi tronqué, met le roi en accusation.

Le 20 janvier 1649, Charles Ier s'avance d'un pas altier et va s'asseoir sur le fauteuil qui lui a été préparé, sans daigner se découvrir devant ce tribunal ignoble, ramassis d'énergumènes à la figure avinée. Au lieu de répondre à leurs indécentes questions, il les interroge : « Souvenez-vous que je suis votre roi. Songez quels fardeaux vous amasseriez sur vos têtes, quels jugements du ciel vous appelleriez sur ce pays, songez-y bien avant de faire un pas de plus... Dieu m'a confié un dépôt, Dieu m'a transmis un mandat : je ne les violerai ni ne les trahirai. Ce serait déjà y porter atteinte que de répondre à cette nouvelle et illégitime autorité qui m'interroge. Répondez-moi vous-mêmes sur votre titre, et je vous en dirai davantage. » A la fin de la séance, il voit sur le bureau du président la hache qui lui est destinée : « Elle ne me fait pas peur », dit-il en la caressant de sa baguette dédaigneuse. A sa vue, un soldat, touché de la grâce, crie : « Dieu bénisse la majesté tombée! » Son capitaine l'assomme. Un Judas lui crache au visage, il s'essuie sans une plainte.

Il revoit ses enfants une dernière fois : « Mon fils, dit-il au duc de Glocester, ils vont couper la tête à ton père, peut-être voudront-ils te faire roi; mais tu ne peux pas être roi tant que tes frères aînés, Charles et Jacques, seront vivants. Ils couperont la tête à tes frères s'ils peuvent mettre la main sur eux;

peut-être qu'à la fin ils te la couperont aussi. Je t'ordonne donc de ne pas souffrir qu'ils te fassent roi. »

Le 30 janvier, il se lève gaiement après une nuit calme; il ordonne à son valet de chambre de soigner sa toilette plus qu'à l'ordinaire pour cette grande et joyeuse solennité et de le vêtir chaudement, car le froid le ferait trembler, et ses bourreaux prendraient ce frisson pour celui de la peur. Il quitte le palais de Saint-James à dix heures et marche jusqu'à Whitehall entre

CHARLES STUART ET SES ENFANTS.

deux haies de soldats; les drapeaux sont en berne, les tambours voilés de crêpe. Le collier de Saint-George sur la poitrine, le roi s'avance sans tressaillir, appuyé sur le bras consolateur de son aumônier. Avant de mourir, il voudrait haranguer ses sujets, mais une triple haie de fusils l'en sépare : « Ma voix ne peut parvenir jusqu'à mon peuple. Je me tairais si dans ce moment, le dernier et le plus solennel de ma vie, je ne devais à Dieu et à ma patrie de protester au monde entier que j'ai vécu honnête homme, bon roi et vrai chrétien. » Puis il détache son collier et le remet au confesseur avec cette simple recommandation : « Souvenez-vous »; il se dépouille de son habit, remet son manteau sur ses épaules et, posant sa tête sur le billot, élève ses bras au ciel pour donner le signal de l'exécution.

Sa tête tranchée d'un coup, le bourreau la montre, pantelante, aux curieux : « C'est la tête d'un traître. »

*
* *

Jacques II indisposait l'Angleterre par son absolutisme; ses propres sujets appelèrent à leur secours Guillaume d'Orange, stathouder de Hollande.

A l'arrivée du libérateur, le roi fut abandonné de tous, même de ses propres enfants, éprouvant ainsi un supplice auquel Domitien et Néron, ces monstres, avaient échappé, lui qui ne s'était rendu coupable que d'imprudences et d'erreurs. « Que ceux qui veulent aller trouver l'usurpateur se déclarent! gémit-il, je leur donnerai des passeports pour leur éviter la honte de trahir leur souverain légitime. » Il s'embarque de nuit, sur la Tamise, où il jeta le sceau de sa chancellerie et se réfugie à la cour de Versailles.

Louis XIV prit les armes en sa faveur, mais ce fut en vain : « Ma mauvaise étoile, disait l'exilé à son protecteur, a fait sentir son influence sur les armes de Votre Majesté, toujours victorieuses jusqu'à ce qu'elles aient combattu pour moi; je vous supplie donc de ne plus prendre aucun intérêt à un prince aussi malheureux, mais de me permettre de me retirer avec ma famille dans quelque coin du monde, où je ne puisse plus être un obstacle au cours ordinaire des prospérités et des conquêtes de Votre Majesté. »

Mais Jacques se consola, car il avait la foi, comme on en peut juger par cette oraison écrite de sa main : « Je vous remercie, ô mon Dieu, de m'avoir ôté trois royaumes, si c'était pour me rendre meilleur. »

Jacques II a été chassé d'Angleterre en 1688; Charles-Édouard, son petit-fils, tente, soixante ans plus tard, de réparer cette injustice. Il débarque sur la côte occidentale de l'Écosse, et les premières gens dont il se fait connaître lui baisent les genoux. « Mais que pouvons-nous pour vous? nous vivons de pain noir et nous sommes désarmés. — Je mangerai votre pain noir et je vous apporte des armes. » Quelques centaines de sabres édentés, une loque de taffetas au bout d'une pique pour gonfanon, sept officiers, et une poignée de montagnards confiants, c'est en cet équipage que le prétendant s'attaque au colosse anglais. Pendant dix mois, il combat avec bonheur, et fait trembler les Londoniens dans leurs boutiques; mais le désastre de Culloden (27 avril 1746) anéantit ces espérances. Abandonné de tous, Charles-Édouard erre sur la grève, sans avoir pris le temps de panser une blessure reçue dans l'engagement. Pendant plusieurs jours il se tapit dans des marais ou dans des grottes, vivant d'eau-de-vie et de poissons trouvés sur la plage à marée basse. Son corps se couvre de pustules enflammées. C'est alors que se présente à lui miss Flora Macdonald, absolument dévouée à sa dynastie. Elle lui apporte des habits de servante et l'emmène sous le nom de Betsy chez un gentilhomme de l'île de Skye. Des Anglais investissent la maison hospitalière, Betsy ouvre la porte et n'est point reconnue. Mais le fugitif ne veut point compromettre ses bienfaiteurs, il part en secret et frappe au hasard à une autre porte. Tombé chez un ennemi, il lui dit : « Le fils de votre roi vient vous demander du pain et un habit. Prenez les misérables vêtements qui me couvrent; vous pourrez me les rapporter un jour dans le palais des rois de la Grande-Bretagne. » Cette noblesse désarme l'ennemi qui l'aide à fuir, pendant que les partisans des Stuarts expient leur faute sur l'échafaud.

> Toujours s'enfuir! toujours se cacher! quelle vie!
> J'ai perdu la bataille et je ne suis plus roi,
> Et laisse le carnage et le deuil après moi!
> O pente du malheur, si vite descendue!
> J'erre au hasard, partout, dans ma fuite éperdue,
> Mon pied heurte un cadavre où les vers se sont mis,
> Et les gibets auxquels sont pendus mes amis!
> Et comme un lâche, et comme un voleur je me sauve.
>
> FRANÇOIS COPPÉE.

Espagne.

L'histoire de l'Espagne offre le spectacle d'une lutte de sept cent quatre-vingt-deux ans entre les chrétiens et les musulmans : la croisade, partie des monastères du royaume de Sobrarbe, au cœur des Pyrénées, aboutit à la reprise de Grenade en 1492. Cette lutte a développé la chevalerie et la bravoure des Espagnols et leur a donné cette noblesse d'attitude et de langage qui les caractérise.

Mais peut-on rester froid devant la chute de Boabdil, le dernier des Abencerages, immortalisé par Chateaubriand? Pressé par la faim, il voulut capituler, mais le peuple préféra s'ensevelir sous les ruines de la ville. Chassé, il partit honteusement, et, arrivé sur le mont Padul, d'où il se retourna pour jeter un regard sur sa cité chérie : « Mon fils, dit sa mère Aixa, vous avez raison de pleurer comme une femme le trône que vous n'avez pas su défendre en homme et en roi. » Le malheureux exilé se faisait tuer quelques mois plus tard à la solde du roi de Fez.

Les Espagnols respectèrent les admirables monuments de la domination mauresque et embellirent leur victoire par cette intelligente humanité. Que de conquérants ont gâté leur triomphe par des vengeances contre des souvenirs de pierre ou de marbre inoffensifs !

Le sol national reconquis, l'activité exubérante des Espagnols eut le bonheur de trouver un dérivatif dans les colonies immenses que le génie d'un Colomb leur avait données. Par malheur les « conquistadores », qui se sont lancés à la recherche de l'Eldorado, ont souillé leurs mains du sang de bien des victimes. Deux d'entre elles sont particulièrement dignes d'intérêt : le dernier des Incas et le dernier des Aztèques, tous deux représentants de deux antiques civilisations.

Atahualpa, fils d'Huaïna Capac, le douzième Inca, disputait le riche héritage de Quito et de Lima à son frère Huascar, quand Pizarre arrive pour tirer parti de cette division. L'Inca s'avance avec un cortège grandiose pour parlementer; Pizarre fond sur les Indiens désarmés et en fait un horrible carnage. Le roi prisonnier doit, pour sa rançon, remplir d'or une salle de son palais. Pizarre, infidèle à sa parole, le condamne à être brûlé vif; l'aumônier Valverde lui promet sa grâce pour prix de sa conversion, et l'Inca, une fois baptisé, est étranglé en place publique. Pizarre est bientôt puni de cette trahison, et il périt de la main de ses compagnons d'aventure, indignés de sa tyrannie.

La fin de Montézuma, l'opulent souverain du Mexique, et de Cortez, son bourreau, est plus cruelle encore.

Montézuma était sévère jusqu'à la férocité, il punissait les simples délits, l'oisiveté seule, de tels châtiments que son prestige en souffrit. Humain toutefois, il avait fondé un hôpital pour les invalides. L'apparition d'une comète, présage de catastrophes chez les peuples superstitieux, vint un jour troubler sa quiétude. Les Espagnols envahirent son royaume, et, au lieu de se prémunir, il consulta les oracles, qui n'en pouvaient mais, contre les diables armés de la foudre. Montézuma se rendit au camp de Cortez qui le reçut avec une affectation de politesse; pendant huit jours il garda le simulacre de l'autorité et s'adonna à la chasse, son exercice favori. Bientôt il eut des fers aux pieds, et plus tard, comble d'humiliation, il fut sommé d'adresser à ses sujets restés libres un discours pour accepter l'esclavage espagnol. Les Mexicains ripostèrent par une volée de pierres et de flèches qui atteignirent le roi : transporté dans une salle reculée de son palais, il appela à grands cris la mort, et arracha de sa main le bandeau mis sur sa blessure...

Quelques années plus tard, Charles-Quint, le roi des rois, qui avait failli revivre le rêve des empereurs romains et de Charlemagne, Charles-Quint traversait les rues de Madrid, avec la pompe accoutumée qui le suivait partout, lorsqu'un homme dépenaillé, la figure hâve, fendit la foule et escalada le marchepied de sa portière : « Qui êtes-vous? demanda l'empereur indigné. — Je suis un homme qui vous a donné plus de provinces que vos pères ne vous ont laissé de villes ».

C'était Fernand Cortez, le persécuteur de Montézuma, qui était tombé dans la misère après l'ivresse du triomphe, victime de la jalousie de ses compatriotes. Abreuvé de dégoûts, le conquistador devait bientôt mourir dans une thébaïde, abandonné de son souverain.

**

Nous nous étendrons un peu longuement sur le compte d'un personnage dont la vie pourrait être donnée comme le type des grandes infortunes.

« L'existence d'Antonio Pérez (a dit Mignet, son historien, qui fournira textuellement tout ce récit), offre le tableau de vicissitudes qui sont, je crois, de nature à intéresser et à instruire. Ses premières années ont vu la cour et le règne de Charles-Quint, dont Gonzalo Pérez, son père, était secrétaire d'État. Lui-même est devenu, tout jeune encore, ministre de Philippe II, qui lui a accordé un moment toute sa faveur et qu'il a servi dans sa politique, au point de le débarrasser, par un meurtre, du secrétaire et du confident de don Juan d'Autriche son frère. Il s'est perdu ensuite auprès de son redoutable maître. Jeté dans une forteresse, traduit devant la justice secrète de la Castille, mis à la torture après une longue captivité, traversée de toutes sortes d'incidents, soustrait, par une fuite heureuse, à la mort qui l'attendait; réfugié en Aragon, où le tribunal célèbre du justicia mayor le prit sous sa protection, et où le tribunal du Saint-Office s'empara de sa personne; délivré par le soulèvement du peuple de Saragosse qui le sauva du supplice des hérétiques en perdant ses propres libertés; accueilli en France et en Angleterre où il devint le pensionnaire de Henri IV, l'ami du comte d'Essex, et prit part à toutes les négociations contre Philippe II jusqu'à la paix de Vervins et à la mort de ce prince, Pérez termina ses jours à Paris, dans l'exil et l'abandon, après qu'eurent disparu de la scène les grands personnages à côté desquels il avait joué des rôles si divers pendant plus de quarante années. »

Et le consciencieux biographe ajoute en souriant qu'il a beaucoup cité pour appuyer du témoignage de documents irréfutables des faits qu'on aurait pu, sans cela, croire imaginés ou arrangés, tant ils sembleront romanesques.

Le procès d'Antonio Pérez a été l'un des événements les plus extraordinaires d'un siècle qui abonde cependant en choses singulières. Il appartient à l'histoire, et par l'importance des personnages qui y figurèrent et par les causes qui le produisirent, et qui jettent un grand jour sur le caractère et la politique de Philippe II, et par les suites qu'il eut en provoquant la révolte, l'invasion et l'asservissement de l'Aragon, dont la vieille constitution périt en cette circonstance, et enfin par les mystères qu'il laisse à percer.

Montézuma et Cortez.

Philippe II était sévère et défiant. Il n'accordait jamais entièrement sa confiance, et l'on n'était pas assuré de la posséder encore, lors même qu'il en donnait les plus apparents témoignages. On ne s'apercevait de la perte de sa faveur qu'au moment même où il frappait. Aucun signe, aucune impatience, aucun refroidissement ne trahissaient d'avance le changement de ses volontés, ou de ses affections. Il traînait en longueur ses disgrâces comme toutes les autres choses.

Charles-Quint se conduisait en toutes choses d'après son opinion, tandis qu'il se conduisait en tout d'après celle d'autrui. Il avait l'esprit lent, paresseux, irrésolu.

Sa manière minutieuse de gouverner le conduisit, autant que son naturel ombrageux, à se servir d'hommes qui différaient d'esprit et de vues, et que divisait entre eux l'ambition. Pendant plus de vingt ans, de 1558 à 1579, il conserva auprès de lui deux partis rivaux qui se partagèrent sa confiance et son pouvoir. En agissant ainsi, il avait pour but de s'éclairer de leurs opinions contradictoires, de recourir, selon les occasions, aux qualités différentes de leurs chefs et d'être servi avec plus d'émulation.

Philippe II n'était pas fâché de leur compétition qui allait jusqu'à l'inimitié : elle rassurait son caractère ombrageux.

Antonio Pérez était à la tête d'une des deux factions. D'une intelligence vive, d'un caractère insinuant, d'un dévouement qui ne reconnaissait ni bornes ni scrupules, plein d'expédients, écrivant avec nerf et élégance, d'un travail prompt, il sut gagner la confiance d'un souverain qui ne la prodiguait guère. Une si haute faveur l'enivra. Il affectait envers le duc d'Albe, lorsqu'ils dînaient à la même table chez le roi, un mépris et une hauteur qui décelaient à la fois et l'arrogance de l'inimitié et l'étourdissement de la fortune. Son amour du luxe, du jeu, le goût effréné des plaisirs, des dépenses excessives, qui le conduisaient à recevoir de toutes mains, excitèrent contre lui l'animosité d'une cour austère et préparèrent inévitablement sa chute.

Il la précipita lui-même en servant trop bien les passions méfiantes de son maître. Il accepta le rôle odieux de tromper son intime ami, Juan de Escovedo, coupable d'ambition patriotique, et de livrer ses intimes secrets au roi. Puis quand Escovedo s'aperçut de la trahison, Pérez prit peur et résolut de se débarrasser d'un accusateur importun.

« Étant un jour dans l'appartement de Diégo Martinez (raconte Antonio, le page de Pérez), Diégo me demanda si je ne connaissais personne de mon pays qui voulût donner un coup de couteau à quelqu'un. Plus tard Diégo me dit que si on pouvait mettre quoi que ce fût dans son manger ou sa boisson, il fallait le faire parce que c'était le moyen le meilleur, le plus sûr et le plus secret. »

« Un apothicaire de Murcie vint distiller chez moi le suc d'herbes mystérieuses. Pour en faire ensuite l'épreuve on en fit avaler à un coq, mais aucun effet ne s'en ensuivit. »

Pérez reçut Escovedo quelques jours après à dîner, et le page Antonio mélangea sa boisson de poudre blanche ; mais Escovedo ne se ressentit de rien

Quelques jours après cet insuccès, Pérez donna un autre dîner : on servit à chacun une écuelle de lait ou de crème, et dans celui de la victime on mit une sorte de farine ; il eut aussi du vin coupé avec l'eau du repas précédent. Cette fois elle opéra mieux et Escovedo fut légèrement souffrant.

Pérez résolut alors de le faire mourir un soir à coups de pistolet, de stylet ou d'estocade, et cela sans retard.

Le meurtre perpétré, la famille de l'infortuné Escovedo cria merci, et Pérez connut le remords : « Sire, gémissait-il, cette affaire me donne journellement mille soucis qui briseraient une pierre. Votre Majesté peut me faire coiffer du bonnet de criminel, car je suis sûr qu'en tout ceci c'est moi qui payerai pour le tout ». Le roi, qui avait déjà comploté sa perte, répondit : « Il faut que vous ne soyez pas aujourd'hui dans votre bon sens, ne croyez rien de ce que vous me dites là. » Pérez n'est pas rassuré : « Je crains, Sire, qu'au moment où je m'y attendrai le moins, mes ennemis ne me poignardent, ou que, prenant Votre Majesté au dépourvu et comptant sur sa mansuétude et sa facilité, mes envieux n'en viennent à leurs fins ; je parle ainsi, parce que je sais que mes ennemis ne se donnent aucun repos. » Le roi répondit en marge de ce billet : « Je vous ai déjà dit qu'il fallait que vous ne fussiez pas dans votre bon sens ; ils ont beau ne pas se donner de relâche, croyez bien que ce sera en pure perte. »

Malgré les déclarations du roi, la conscience de Pérez parlait plus haut, et il écrivit un jour à Philippe II : « Je crains qu'après avoir servi avec les faibles talents que je possède, après avoir montré une fidélité sans bornes à mon prince, après les assurances particulières qu'il m'a données de me faire croître en considération et en honneur, ma mauvaise étoile ne l'emporte. »

Il fut arrêté, bientôt après, à onze heures du soir, et une captivité de onze ans commença pour cet homme criminel qui avait gouverné l'Europe.

Une enquête prouva que Gonzaloo, son père, ne lui avait rien laissé et qu'il menait un train hors de proportion avec ses émoluments. « Il a montré plus de fastes, dit un de ses accusateurs, qu'oncques grand d'Espagne ; il a tant de valets à son service que les jours où il ne dîne pas à la cour, on le sert avec autant d'appareils, de laquais et de vaisselle plate que s'il avait mille millions de rente. »

Pérez s'évada un jour et se réfugia dans une église pour se mettre sous la protection de la justice ecclésiastique; des alguazils vinrent forcer les portes avec un énorme bélier, malgré les énergiques protestations des prêtres, et ils déterrèrent le pauvre ex-premier ministre dans les combles, blotti sous un monceau de toiles d'araignées.

Un de ses amis vint avec deux juments ferrées à rebours (pour tromper la police), jusqu'aux portes de la forteresse où il était enfermé; malheureusement il échoua.

Pérez se fit humble : « Que Votre Majesté ait compassion d'un serviteur déchu. Pour l'amour de Dieu, que Votre Majesté nous vienne en aide par quelque témoignage de sa bonté, nous en avons besoin autant que de la vie. La créature de Votre Majesté, Ant. Pérez. »

Pérez refusant de se reconnaître l'auteur du crime d'Escovedo, accompli *sur l'ordre du roi*, celui-ci eut le triste courage de lui faire appliquer la torture.

Aussitôt, l'échelle et l'appareil ayant été apportés, le bourreau Diego Ruiz croisa les bras du patient l'un sur l'autre, et on commença par lui donner un tour de corde. Il jeta de grands cris en disant : « Jésus! » et qu'il n'avait rien à déclarer, qu'il mourait. Au quatrième tour de corde, il dit avec force exclamations qu'on lui brisait un bras : « Vive Dieu! je suis perclus d'un membre, les médecins le savent bien. Ah! Seigneur! pour l'amour de Dieu! ils m'ont brisé une main. Par le Dieu vivant! Seigneur don Juan Gomez, vous êtes chrétien : mon frère, vous me laissez tuer, et je n'ai rien à dire. — N'avez-vous rien à dire? — Mon frère, vous me tuez! Seigneur Juan Gomez, par les plaies du Seigneur, qu'ils m'achèvent d'un seul coup. Qu'ils me laissent, je dirai tout ce qu'ils voudront, ayez pitié de moi! »

On lui avait donné à ce moment huit tours de corde.

Et l'indignation fit place à la pitié : on commençait à savoir que le roi et Pérez avaient participé en commun au fait pour lequel l'un subissait, l'autre ordonnait la torture, un grand s'écria : « Les trahisons de sujet à souverain sont communes, mais jamais trahison pareille de souverain à sujet ne s'est vue. » Le prédicateur du carême osa dire : « Hommes, après quoi courez-vous ainsi tout effarés et la bouche béante, vous ne voyez pas le désenchantement? vous ne voyez pas le péril dans lequel vous vivez? Vous n'avez pas vu hier tel homme au pinacle, qui est aujourd'hui mis à la torture? Et ne sait-on pas pourquoi il y a tant d'années qu'on le martyrise? Que souhaitez-vous donc et qu'espérez-vous encore? »

Quelques jours plus tard, la femme du supplicié vint le voir dans sa prison et il s'échappa sous ses vêtements.

Il se réfugia en Aragon, pays libre et orgueilleux, qui allait flétrir le roi.

Pérez avait expié sa part du meurtre en Castille par la perte de sa faveur, la ruine de sa fortune, la durée de sa captivité, les douleurs de sa torture; Philippe II allait expier la sienne en Aragon par l'évidence de sa complicité, la découverte de ses perfidies, l'absolution de son adversaire. Le sujet avait été puni dans sa personne, le prince allait l'être dans sa renommée, châtiment réservé à ceux qui n'en peuvent subir d'autre.

Le roi eût dû se taire et suivre le conseil de son bouffon : « Sire, quel est donc cet Antonio Pérez, que tout le monde se réjouit de voir échappé et délivré? Il faut qu'il ne soit pas coupable : alors réjouissez-vous donc comme les autres. »

Au lieu de cela, Philippe fit enfermer la femme et les enfants de Pérez, qui écrivit ces belles paroles : « Là où on les met, de pareils captifs ont pour eux les deux plus puissants avocats de toute la terre, leur innocence et leur malheur. Il n'y a pas de Cicéron ni de Démosthène qui pénètrent plus avant dans les oreilles, qui remuent plus profondément les esprits que ces deux défenseurs, parce que, entre autres privilèges, Dieu leur a donné le privilège d'être toujours là présents, pour crier justice, pour se servir de témoins et d'avocats l'un et l'autre, et pour mettre fin à un de ces procès que Dieu juge seul dans ce monde. C'est ce qui arrivera dans le cas actuel, si la justice des hommes fait trop longtemps défaut et que le débiteur de Dieu ne se tienne pas trop sur le délai de son jugement; le terme fatal a beau tarder en apparence, il approche peu à peu, et la dette à payer se grossit des intérêts qui s'y ajoutent jusqu'au jour du jugement du ciel. »

La postérité n'a pas innocenté Pérez, mais elle a flétri son odieux maître qui lui avait dicté son crime, et Pérez a droit à toute notre pitié.

Réfugié à Paris quinze ans après cette fuite en Aragon, il était dans le plus complet abandon : « Je suis dans une extrême nécessité, ayant épuisé les secours de tous mes amis, et ne sachant où trouver le pain du jour. »

Il fut enterré aux Célestins, où jusqu'à la fin du xviii° siècle on pouvait lire une épitaphe qui rappelait les principales vicissitudes de sa vie :

Hic jacet
Illustrissimus dominus Antonius Perez
Olim Philippo II, Hispaniarum regi,.
A secretioribus consiliis,
Cujus odium male auspicatum effugiens,
Ad Henricum IV, Galliarum regem,
Invictissimum, se contulit,
Ejusque beneficentiam expertus,
Demum Parisiis diem clausit extremum
Anno salutis M D C X I.

La conclusion de cette tragique destinée, c'est le stigmate indélébile qu'un meurtre a mis sur la mémoire de Philippe II. Il fut un autocrate omnipotent; il nous apparaît aujourd'hui comme le plus terrible des hommes, comme le jouet de ses passions.

Maître du monde, il fut son propre esclave.

Turquie.

Zizim, fils cadet du sultan Mahomet II, le vainqueur de Constantinople, est un héros romanesque : il a passé les treize dernières années de sa vie en prison et a succombé, victime d'une intrigue de cour.

De mauvais conseillers l'avaient poussé à disputer le trône à Bajazet, son aîné. Vaincu, il se réfugia chez les chevaliers de Rhodes qui signèrent un traité honteux avec le sultan, s'engageant à garder soigneusement leur hôte pour une pension annuelle de quarante mille écus. On embarqua Zizim, en lui faisant croire qu'il gagnait la Hongrie, avec une suite de cinquante personnes dévouées; en route, on le descendit à fond de cale, pour le dérober aux regards de l'équipage d'un navire vénitien. En réalité, il arrive en France où il commence une longue captivité de sept ans; ses serviteurs furent écartés l'un après l'autre et il fut condamné à l'absolue solitude. Les moments les plus doux de son servage s'écoulèrent à Sassenage, où la fille du gouverneur l'égaya de sa jeunesse et de sa beauté, et au manoir de Bois-l'Ami qui se mire dans l'eau azurée d'un lac. A Bourganeuf, les geôliers le mirent dans une tour cadenassée construite à son intention.

Après un long séjour dans diverses prisons de France, il fut transféré à Rome où le pape le reçut avec des honneurs souverains. Mais Zizim, insensible à ce faste, demanda la permission d'aller embrasser en Égypte sa mère et ses enfants. Pendant cinq années encore, ce malheureux traîna son existence languissante, disputé par les rois chrétiens qui voulaient se servir de lui comme d'un otage, d'un épouvantail, contre le sultan, son frère.

Il put croire un jour sa délivrance prochaine : le roi Charles VIII venait d'envahir l'Italie à la tête d'une puissante armée et d'imposer ses lois aux potentats du pays; le pape dut livrer son prisonnier, mais quelques jours après, Zizim mourut d'une façon mystérieuse : un barbier s'approcha de lui avec un rasoir empoisonné ; la tête du prince enfla prodigieusement, et il tomba dans un tel marasme que les médecins du roi de France épuisèrent leur savoir vainement. La veille de sa mort, était arrivée une lettre de sa mère, mais il n'avait pu la lire ni l'entendre lire.

Le spectacle de ces détresses royales doit mettre un baume sur les blessures des pauvres et des humbles, et tuer en eux le germe de la jalousie : peut-on désirer le sort de ces maîtres de la terre, quand on voit qu'avec tous les tracas de l'autorité, souvent irresponsable, ils ne sont prémunis contre aucun revers, ni la défaite, ni l'exil, ni la folie, ni la torture ?

CHAPITRE II

MINISTRES ET FAVORIS

GRIFFENFELD, MINISTRE DE DANEMARK, SUR L'ÉCHAFAUD.

CHAPITRE II

MINISTRES ET FAVORIS

> Si j'avais servi Dieu avec autant de zèle que j'ai servi le roi, il ne m'aurait pas abandonné ainsi.
> WOLSEY.

Les fortunes les plus solidement assises en apparence sont fragiles et croulent comme un château de cartes, quand elles ont une déloyale origine : l'ambition éhontée d'un parvenu ou l'aveuglement d'un maître débonnaire. Tôt ou tard, l'opinion se soulève, et une vague immense emporte le favori, et le noie.

Antiquité.

Aman, l'indigne Aman, a préparé une potence pour Mardochée, le libérateur, mais la frêle Esther modifie les sentiments du roi Assuérus, une nation entière est sauvée par une femme. Qui ne connaît d'ailleurs les beaux vers de Racine chantant la louange de Dieu :

> S'il a puni d'Aman l'audace criminelle,
> Sans doute qu'il voulait éprouver votre zèle...
> C'est lui qui m'excitant à vous oser chercher
> Devant moi, chère Esther, a bien voulu marcher.
> Il peut confondre Aman, il peut briser nos fers
> Par la plus faible main qui soit dans l'univers.

*
* *

D'autres favoris ont fini aussi tragiquement, comme Apelles, assassiné sur l'ordre de Philippe, avant-dernier roi de Macédoine, et Hermias, abandonné par le roi de Syrie Séleucus Callinicus à la fureur de la populace qui lapida sa femme et ses enfants.

Elius Séjan, l'âme damnée de Tibère, souffrit l'humiliation de la disgrâce au lieu d'être tué soudainement, en pleine prospérité. Il se couvrit de sang : tout d'abord Germanicus, frère de l'empereur, fut empoisonné par son lieutenant, Cnéius Pison, au cours d'une campagne en Sclavonie, et légua le soin de sa mémoire à sa femme Agrippine. Puis ce fut le tour de Crémutius Cordus, qui eut le courage de protester contre la platitude du sénat qui voulait faire élever la statue du favori sur le théâtre de Pompée : « C'est ruiner et non rétablir le théâtre, dit-il, et mettre Séjan au-dessus des Romains »; accusé de lèse-majesté, Cordus préféra mourir de faim. Enfin le propre fils de son maître, Drusus, fut empoisonné par Séjan, qui avait gagné la faveur de Livia, la femme de sa victime. Agrippine fut, elle aussi, en butte aux manœuvres de cet ambitieux tenace qui désirait le pouvoir suprême. Mais bientôt l'heure de l'expiation sonna, précédée de tristes présages : le théâtre où il recevait les salutations de ses flatteurs se rompit, et au retour du Capitole, ses gardes en fendant la foule pour faire de la place au grand homme, tombèrent par mégarde du haut des escaliers d'où l'on précipitait les criminels. On vint l'appréhender au corps, et les plus empressés de ses insulteurs furent ceux qui l'adulaient naguère. Le peuple se rua sur ses statues, et les traîna dans la fange ou les jeta au feu. Son corps,

Funérailles de Germanicus.

déchiqueté, fut promené à travers la foule délirante sur une claie. La haine s'abattit sur ses enfants et ses amis.

Papinien, l'un des plus éminents jurisconsultes de l'antiquité, occupait dignement à une époque féconde en scandales, le plus haut poste de l'empire romain, le poste de préfet du prétoire. Sage et tolérant, il adoucit l'humeur farouche de Septime Sévère et mérita les éloges des chrétiens. Il fut victime de son honnêteté : Caracalla, irrité de la présence de ce censeur impeccable, l'exila en Grande-Bretagne, puis il voulut le contraindre à justifier le meurtre de Géta, son frère. Papinien répondit qu'il est plus facile de commettre un parricide que de le défendre, et que « c'est se souiller d'un nouveau parricide que d'accuser une victime innocente ». Cette réponse lui valut d'être décapité sur-le-champ.

France.

Pierre de Brosse, barbier de saint Louis et chambellan de Philippe le Hardi, chercha, dit-on, à perdre la jeune Marie de Brabant, seconde femme de son maître, et pour cela imagina une intrigue ridicule : une devineresse de Nivelle devait, sur l'appât d'une grasse récompense, accuser la reine d'avoir empoisonné Louis, fils aîné du roi. Cette supercherie ébranla le crédit du chambellan qui succomba bientôt après, sur l'accusation de complicité avec les Castillans, alors en guerre avec la France. Un jacobin remit au roi une cassette que lui avait léguée un inconnu, à l'abbaye de Mirepoix : elle contenait une lettre de l'inculpé, vraie ou fausse. Brosse subit une longue détention à Joinville et à Vincennes et fut condamné à huis clos. Les grands seigneurs honorèrent sa pendaison de leur présence.

*
* *

Louis XI, qui, entre autres passions, avait celle des bêtes « étranges », en avait une véritable ménagerie au Plessis-lez-Tours : lions, antilopes, dromadaires, autruches. La Sicile, la Tunisie, la côte de Guinée l'en pourvoyaient.

Est-ce à cette manie qu'il faut attribuer l'idée raffinée de mettre ses prisonniers en cage comme des animaux malfaisants? Il voulut se débarrasser un jour d'un certain Antoine de Châteauneuf, seigneur du Lau, et dessina de sa propre main

Louis XI et La Balue. (Tableau de Gérôme).

une cage qu'il ordonna de construire; mais l'amiral de France s'y refusa. Un autre prisonnier fut moins heureux : ce fut le cardinal Balue.

Il resta *douze ans* enfermé dans une cage circulaire en forme de cul-de-bouteille et très basse de plafond, qui ne lui permettait ni de se lever ni de se coucher; suspendue dans le vide par de légères poutrelles, elle était fréquemment visitée par le cruel souverain qui narguait Balue.

Celui-ci survécut à cette effroyable captivité, qui en eût tué d'autres, moins bien trempés que lui. Ces hommes de jadis étaient d'une vigueur dont on ne peut se faire une idée : comparez le cachot sans air et infect du château de Loches où Saint-Vallier *vécut* tant d'années et les palais pénitentiaires où *végètent* nos intéressants forbans d'aujourd'hui, et demandez-vous après cela si notre race n'est point en décadence.

∴

Quatre grands financiers, qui ont rendu des services à la France, ont été cruellement punis de ces services : Enguerrand de Marigny, Jacques Cœur, Samblançay, Fouquet.

Marigny, coadjuteur au gouvernement du royaume, l'avait écrasé d'impôts pour subvenir aux équipées incessantes de Philippe le Bel. Il n'y eut pas une obole dans les coffres pour le sacre de Louis le Hutin : — Où sont donc les décimes qu'on a levés sur le clergé? demanda le jeune roi au Conseil; que sont devenus tant de subsides? Où sont toutes les sommes produites par tant d'altération de monnaie? — Sire, répliqua le comte de Valois, Marigny a eu l'administration de tout, c'est à lui à en rendre compte. — Je suis prêt à le faire, dit le financier. — Que ce soit tout maintenant. — J'en suis content; je vous en ai donné, monsieur, une bonne partie. — Vous en avez menti! — C'est vous-même, par Dieu.

Enguerrand fut condamné sommairement : « Si ne lui fut en aucune manière audience donnée de se défendre, et il fut ramené au Temple, serré en bons liens et anneaux de fer, et gardé très diligemment. » Le roi était enclin à l'indulgence et désirait reléguer le coupable à Chypre. Mais son oncle de Valois voulut à tout prix la mort, et il imagina une comédie de magie noire, accusant son ennemi d'avoir piqué secrètement les figurines de cire de ceux contre lesquels il voulait exercer un maléfice. Calomnie absurde, mais qui produisit l'effet espéré. Marigny, pendu au gibet de Montfaucon, mourut avec courage : « Bonnes gens, priez pour moi », recommandait-il aux badauds qui regardaient son cortège funèbre.

Louis X, repentant, légua de grosses sommes à la veuve du supplicié et à ses enfants, « en considération de la grande infortune qui leur est advenue et pour le grand amour que la reine sa mère avait pour la dame de Marigny. »

∴

Montfaucon vit, deux siècles plus tard, une victime aussi sympathique, Jacques de Beaune, seigneur de Samblançay.

Ce fut un des Mécènes de son temps : fils d'un des gros négociants du royaume, il fit un chemin rapide et, à une époque où le personnel administratif changeait radicalement d'un règne à l'autre, il eut l'habileté de plaire tour à tour à Charles VIII, à Louis XII, à François Ier, à la reine Anne et à Louise de Savoie, qui se détestaient cordialement. Il fut le banquier attitré de la cour fastueuse du premier Valois et prêta aux folies du jeune roi l'appui de son immense crédit : en quelques années, les Florentins établis à Lyon prêtèrent près de six cent mille livres sur sa signature, et au début de la guerre contre Charles-Quint, il était créancier du gouvernement d'un million et demi, somme inouïe pour cet âge d'or, où le système de l'emprunt est dans l'enfance.

Le Tourangeau est pris entre l'arbre et l'écorce : les Italiens, las d'attendre des renouvellements indéfinis, le pressent, l'épée dans les reins ; les grands seigneurs, envieux, veulent mater l'orgueil du drapier enrichi et tuer dans l'œuf la noblesse nouvelle qui menace de supplanter la noblesse de naissance ; le chancelier Duprat, chef d'une coterie auvergnate, veut porter un coup à la coterie tourangelle, et il abuse de son ascendant sur l'esprit de la reine mère pour décider la perte du banquier.

On a raconté que Samblançay avait retenu, au profit de Louise de Savoie, un convoi de quatre cent mille écus prêt à partir pour l'armée d'Italie, ce qui avait amené la perte de Milan ; c'est faux. Acquitté une première fois au civil et reconnu créancier de la couronne, il est condamné au criminel, après six mois de détention à la Bastille. Cet homme, qui a gouverné la France, écrit à son maître ingrat qu'il en est réduit aux emprunts pour vivre.

Sa mort courageuse lui reconquiert les sympathies d'une foule trop disposée à crier contre les hommes de finance : sa barbe blanche et son grand air en imposent, dans le long trajet de la Bastille au gibet. Des amis se dévouent pour le dépendre et l'ensevelir en terre sainte.

Mais Duprat s'acharne contre les siens et, pendant une dizaine d'années, les

PORTRAIT DE JACQUES CŒUR.

contribuables assistent à une hécatombe de trésoriers et de receveurs, sans être d'ailleurs allégés d'un liard d'impôts.

Samblançay a laissé des témoignages de son goût artistique dans le joli hôtel de Beaune, un des ornements de Tours.

*
* *

Tout près, à Bourges, on connaît aussi la maison de Jacques Cœur, un autre protecteur des arts, un des ancêtres de la banque et du commerce au long cours, une autre illustre victime.

De la terrasse de sa maison de Montpellier, Jacques Cœur suivait les mouvements de ses navires qui sillonnaient la mer, chargés de drogues et d'épiceries de Smyrne et de Chio, venus de la Chine et de l'Inde par les caravanes. Comme tout est changé! la mer s'est retirée, Palavas est aujourd'hui à trois lieues de Montpellier; la découverte de la route du cap de Bonne-Espérance et celle de l'Amérique ont tué le négoce du Languedoc, si florissant naguère; Aigues-Mortes où le bon saint Louis s'était embarqué, Narbonne étaient déjà mortes, enlisées dans le sable; Montpellier allait suivre, mais son Université pouvait la consoler de son deuil.

Jacques Cœur, commerçant hardi, marin entreprenant, est un patriote : il prête 60 000 livres à Charles VII pour reprendre Cherbourg aux Anglais. Et cependant une nuée de jaloux assiège le roi de ses calomnies; il finit par y croire. Un long procès n'aboutit qu'à dégrader le grand homme, sans abattre sa fierté morale. Macée de Léodepart, sa femme, meurt de chagrin. Le 4 juin 1453, Jacques fait amende honorable, à genoux, une torche à la main.

Mais des amis dévoués ont sauvé les épaves de ses richesses et lui facilitent l'évasion : au bout de dix-huit mois, Jacques prend la fuite, sous un déguisement. Reconnu à Beaucaire, il se réfugie chez les Cordeliers de la ville, lieu d'asile inviolable. Il avertit son neveu Jean de Village qui accourt, pénètre à minuit par une brèche du rempart, sabre les gardes et l'enlève.

Il se retire à Rome où Nicolas Ier et Calixte III l'accueillent avec des honneurs mérités, le logent dans leur palais et lui donnent la conduite d'une expédition contre les Turcs qui venaient de détruire l'empire byzantin.

Ce malheureux meurt à Chio, juste à l'heure de la réhabilitation, pardonnant au roi et à ses délateurs et priant Dieu de pardonner tout ce que l'on avait fait méchamment contre lui

*
* *

Cette erreur judiciaire s'est renouvelée pour le surintendant Fouquet, le fastueux châtelain de Vaux, l'ami des poètes, l'ami des peintres, l'ami des sculpteurs. Qu'il soit pardonné, parce qu'il a cultivé passionnément le beau.

D'après Voltaire, le château aurait coûté dix-huit millions : « Il avait bâti le palais deux fois, et acheté trois hameaux, dont le terrain fut enfermé dans ces jardins immenses plantés en partie par le Nôtre et regardés alors comme les plus beaux de l'Europe. Il est vrai qu'il s'en fallait de beaucoup que Saint-Germain et Fontainebleau, les seules maisons de plaisance habitées par le roi, approchassent de la beauté de Vaux; Louis XIV le sentit, et en fut irrité. »

L'opulence de Fouquet insultait à la misère du souverain qui résolut de « le faire arrêter au milieu des hautbois et des violons, dans un lieu qui se pouvait dire une preuve parlante de la dissipation des finances. On y représenta pour la première fois les *Fâcheux* de Molière, avec des ballets et des récits en musique dans les intermèdes. Le théâtre était dressé dans le jardin, et la décoration était ornée de fontaines véritables et de véritables orangers; et il y eut ensuite un feu d'artifice et un bal, où l'on dansa jusqu'à trois heures du matin. Les courtisans, qui prennent garde à tout, remarquèrent que dans tous les plafonds et aux ornements d'architecture on voyait la devise de M. le surintendant. C'était un écureuil qui montait sur un arbre avec cette devise : *Quo non ascendam?* mais on voyait aussi partout des serpents et des couleuvres qui sifflaient après l'écureuil. »

L'arrestation fut reculée. Le 5 septembre 1661, Fouquet arriva au conseil au matin, il trouva les mousquetaires assemblés sous prétexte de chasse. Au sortir, le capitaine d'Artagnan court après lui, essoufflé : « Monsieur, je vous arrête par ordre du roi — Mais est-ce bien à moi que vous en voulez? — Oui, monsieur. »

L'instruction traîna trois ans qu'il passa à Angers, à Amboise, à Vincennes, à Moret, à la Bastille.

D'illustres amis s'intéressent à Fouquet et implorent sa grâce :

> Nymphes qui lui devez vos plus charmants appas,
> Si le long de vos bords Louis porte ses pas,
> Tâchez de l'adoucir, fléchissez son courage;
> Il aime ses sujets, il est juste, il est sage;
> Du titre de clément rendez-le ambitieux :
> C'est par là que les rois sont semblables aux dieux.
> Du magnanime Henri qu'il contemple la vie;
> Dès qu'il put se venger, il en perdit l'envie.

Cette élégie de La Fontaine a bien son prix ; mais elle n'a pas le mordant de l'épigramme de Clément Marot sur Jacques de Beaune :

> Lorsque Maillart, juge d'enfer, menoit
> A Montfaucon Samblançay l'âme rendre,
> A vostre advis, lequel des deux tenoit
> Meilleur maintien? Pour vous le faire entendre,

> Maillart sembloit homme que mort va prendre,
> Et Samblançay fut si ferme vieillart
> Que l'on cuydoit pour vray qu'il menoit pendre
> A Montfaucon le lieutenant Maillart.

Fouquet passa les quinze dernières années de sa vie dans une captivité très étroite : Saint-Mars, gouverneur de Pignerol, voulut lui empêcher tout commerce épistolaire; Fouquet s'ingénia, fabriquant des plumes avec des os de chapon et de l'encre avec de la suie délayée dans du vin; il écrivit sur ses rubans, sur la doublure de ses habits, sur son linge. Des soldats de la garnison furent pendus ou envoyés aux galères pour avoir parlé au prisonnier.

Ses fenêtres étaient garnies de claies, et il ne voyait plus le ciel. On ne lui permettait que quatre confessions l'an.

Le bruit de sa mort se répandit plusieurs fois : « Notre cher ami vit dans les chaînes, écrit Mme de Sévigné; le bruit a couru qu'il était bien malade; tout le monde disait : « Quoi! déjà? »

Au bout de deux ans, la rigueur de la consigne s'adoucit, et sa femme et sa fille finirent par venir loger à Pignerol. Mais il mourut enchaîné, et absous de tout crime, s'il en a commis, par cette détention.

*
* *

La mort de Henri IV laissa la France à la dérive, sans gouvernail : Sully se retira après quatorze années d'heureuse administration financière, et il survécut trente ans encore, dans une retraite maussade et grincheuse. Ses raideurs doctrinaires insultaient aux jeunes courtisans : « Sire, dit-il un jour à Louis XIII, quand le roi, votre père, de glorieuse mémoire, me faisait l'honneur de m'appeler pour m'entretenir de ses affaires, au préalable il faisait sortir ses bouffons. »

Bouffon, en effet, l'aventurier Concini que le caprice de Marie de Médicis métamorphose en maréchal. Chacun en connaît la brusque fin : il sort de sa maison, quand le baron de Vitry lui met la main sur le bras droit : « Le roi m'a ordonné de me saisir de votre personne. » L'Italien, qui lisait une lettre, fait un pas en arrière : « A moi? — Oui, à vous. » Et en même temps il reçoit à bout portant une arquebusade, à la tête, au cou, à la joue. Lardé de coups d'épée, il tombe à genoux, Vitry l'étend à terre d'un coup de pied. — Concini, enterré comme un chien, est exhumé par la populace, qui le traîne au Pont-Neuf, où il est pendu à une des potences élevées pour ses détracteurs, comme jadis Aman. On le remorque aussitôt à la Grève, on le découpe en mille morceaux, ses entrailles sont noyées, le reste du cadavre est brûlé devant la statue du feu roi, et les cendres, vendues un quart d'écu l'once. Un énergumène lui arrache le cœur pour le manger.

Sa veuve est brûlée comme sorcière, et son fils, déclaré incapable d'exercer aucune charge.

Concini entraîna la reine mère dans sa chute : la veuve de Henri IV fit une guerre impie à son fils et elle passa sa vie en prison ou en exil ; elle mourut à Cologne, dans la plus profonde misère, implacable dans sa haine contre Richelieu : le nonce du pape l'engageant à envoyer au cardinal, comme gage de réconciliation, son portrait dans un bracelet qui ne la quittait jamais, elle s'écria : « Ah ! c'est trop ! »

∴

Malesherbes, président du Parlement de Paris, pendant de longues années l'oracle de la justice, s'est vu condamner à l'âge de soixante-douze ans par des fous illettrés et avides de sang, après avoir vu périr tous les siens. Après la mort de Louis XVI qu'il avait assisté de tout son zèle respectueux, le vieillard s'est retiré dans ses terres, pour s'occuper des champs. Un jour on vient enlever ses petits-enfants, le lendemain c'est son tour. Après une longue captivité, il s'entend condamner pour avoir conspiré contre l'unité de l'État, et il ne trouve pour sa défense que ce mot méprisant : « Encore si cela avait le sens commun ! » Et en traversant la cour du prétoire il heurte une pierre et dit avec calme à son voisin de torture : « Voilà qui est d'un fâcheux augure, à ma place un Romain serait rentré. »

Angleterre.

Tout est extraordinaire dans la vie de Thomas Becket. Sa naissance est romanesque : un chevalier anglo-saxon, Gilbert Becket, parti pour la croisade, fait prisonnier en Terre Sainte, s'évada grâce à la protection d'une jeune musulmane qui s'éprit de son noble caractère. Lui parti, elle voulut le rejoindre, et elle prit la mer, ne sachant que ces deux mots : Londres! et Gilbert! et elle parvint à retrouver son fiancé, qui la fit baptiser et l'épousa.

De cette union naquit Thomas dont l'existence offre les plus violents contrastes. Grand chancelier d'Angleterre il afficha un luxe effréné et fut le compagnon intime du roi Henri II. Devenu archevêque d'York, il afficha la pauvreté et se brouilla aussitôt avec son maître. Il devint l'idole des humbles et se fit leur avocat contre les grands seigneurs normands. Becket voulut fuir, mais par deux fois l'équipage de son navire lui refusa l'obéissance par crainte de mécontenter le souverain. Il est traîné au tribunal et insulté, des courtisans lui jettent des brins de paille, l'un d'eux l'appelle traître et s'attire cette apostrophe : « Si le caractère de mon ordre ne me le défendait, couard, tu te repentirais de ton insolence! »

Le primat d'Angleterre, abreuvé d'outrages, se retire en France et se soumet à la discipline monastique la plus étroite à l'abbaye de Pontigny, sur les confins de la Bourgogne et de la Champagne. Mais un jour vint où le roi Louis VII lui cessa toute protection, et l'infortuné prélat vécut dans une minable hôtellerie de Sens, à la table commune des passants. Un revirement de politique lui rendit la faveur du monarque français qui voulut l'empêcher de regagner l'Angleterre, dans un accès de nostalgie : « Je ne voudrais pas pour mon pesant d'or vous avoir donné ce conseil, et si vous m'en croyez ne vous fiez pas à votre roi. »

Thomas débarque en triomphe sur la côte de Kent, après un exil de sept années, mais il s'attendait à un dénouement prochain : « Je viens mourir au milieu de vous », disait-il aux fidèles qui accouraient au-devant de lui. En effet Henri II avait pu dissimuler, mais sa colère, sa rancune sont vivaces : « De tous les lâches qui mangent à ma table, s'écrie-t-il publiquement, il ne se trouvera donc pas un homme qui veuille me débarrasser de ce prêtre ? » Quatre courtisans prennent ce désir pour un ordre et partent pour assassiner l'évêque.

— Où est l'archevêque ? disent-ils, arrivés devant le maître-autel de la cathédrale de Cantorbéry. — Le voici, réplique Becket lui-même. — Sors d'ici et fuis.

— Ni l'un ni l'autre, vous voulez mon sang, versez-le, puisse-t-il servir à rendre à l'Église la liberté et la paix ! mais je vous défends, au nom de Dieu, de faire le moindre mal à aucun de mes religieux.

Frappé d'une massue, il offrit la tête à un second coup, soupirant : « O mon Dieu ! je vous recommande mon âme et le salut de l'Église. » Un de ses meurtriers lui brisa le crâne et fit jaillir la cervelle : « Il a voulu être roi, eh bien ! qu'il soit roi maintenant. »

Le champion des libertés anglo-saxonnes, le digne descendant de Harold, a été canonisé, et le grand poète anglais Tennyson lui a consacré un de ses poèmes les plus lyriques.

*
* *

Le règne d'Édouard II est fertile en surprises pour l'historien, qui voit ce malheureux prince gouverné toute sa vie par des favoris et détrôné par ses sujets révoltés.

Son père avait banni un certain Pierre Gaveston qui avait pris sur lui une influence extraordinaire : le jeune prince avait délaissé tous les compagnons de son rang et de sa naissance pour ce gentilhomme gascon, grand, beau et vigoureux. Le premier soin du prince, devenu roi, fut de passer en France, d'où il ramena son inséparable mentor, qui porta, le jour du sacre, la couronne de saint Édouard et s'efforça d'éclipser la gloire des seigneurs dans les réunions et les cérémonies. Il y joignit l'injure, appelant le comte de Lancastre, bateleur, et le comte de Warwick, chien des Ardennes. Il épuisait l'épargne de son maître au détriment des besoins les plus intimes de la maison d'Isabelle de France, qui se plaignit à son père Philippe le Bel.

Cependant le roi dut céder devant le concert de récriminations de la noblesse. Gaveston fut relégué une première fois en Irlande, puis en France. Le favori ne put supporter l'exil. Il revint et se présenta le jour de Noël au roi, qui lui pardonna tout. Les nobles assiégèrent le château d'York où le maître et le valet s'étaient enfermés : Édouard, abandonnant sa femme dans la misère, prit la fuite avec Gaveston à Scarborough, mais il dut le sacrifier à l'indignation populaire.

∴

Hugues Spencer remplaça le défunt et, comme lui, fut banni, mais revint triomphalement en Angleterre. Il fut si puissant qu'en une seule journée tombèrent les têtes de vingt-deux lords. La reine elle-même, humiliée, prit la mer et se réfugia auprès de son frère Charles le Bel qui lui donna les moyens de se venger.

La vengeance se fit attendre trois ans, et ce fut en vain que Spencer envoya des présents superbes au roi de France et fit excommunier Isabelle. La malheureuse, chassée par son frère, ne trouva d'asile qu'en Artois, mais elle fut accueillie avec délices par ses partisans. Spencer, pris dans Bristol, fut traîné sur un bahut dans les carrefours de Hereford au son des trompettes, puis lié sur une échelle pour être vu d'un grand concours de badauds, mutilé et décapité, les quatre quartiers du cadavre portés aux quatre coins du royaume.

Édouard II, solennellement déposé par le Parlement, parut en robe de deuil et défaillit à la vue de ses sujets devenus ses juges. Ce pauvre roi fut martyrisé : on ne lui donnait pour se raser que de l'eau glaciale et boueuse ; un jour enfin on l'étouffa sous un coussin maintenu par une lourde table, et au travers d'un tuyau de corne on lui enfonça un fer rouge dans les entrailles, pour éviter toute effusion de sang.

ADIEUX DE THOMAS MORUS A SA FILLE.

MINISTRES ET FAVORIS

***

Le successeur d'Édouard II fut le vainqueur de Crécy : il sut gouverner seul, mais après lui le sceptre retomba en quenouille, et Richard II fut un automate aux mains du duc d'Irlande et de ses complices, le trésorier Burlé et l'archevêque d'York. Les ducs de Glocester et d'York, oncles du roi, obtinrent la disgrâce de ces derniers, la mort de l'un et l'exil de l'autre, mais le principal coupable resta plus maître que jamais : « Je vous ordonne souverain de mon royaume, lui dit Richard, afin que vous preniez gens partout où vous les pourrez avoir et les meniez où vous jugerez à propos pour augmenter notre seigneurie. Je veux que vous portiez ma bannière, mon guidon, mon étendard et autres enseignes de guerre, que nous portons nous-même lorsque nous somme en bataille et que vous punissiez les rebelles qui ne voudront pas obéir ; je crois que ceux qui verront mes couleurs se rangeront à mon obéissance. » Prophétie gratuite, car, à la première rencontre, le duc tourna le dos à l'ennemi et il fuit, pour mourir dans l'exil.

***

Wolsey, archevêque d'York, cardinal et légat du Saint-Siège en Angleterre, a été l'un des hommes les plus riches de son temps : outre le revenu des évêchés de Winchester, de Worcester, de Hereford et de l'abbaye princière de Saint-Alban, il touche des pensions de la France, de l'Allemagne et de la papauté. Il est l'arbitre de l'Europe. Le château de Hamptoncourt contient deux cent quatre-vingts lits ; il y a de l'or et de la soie jusque sur les housses de ses chevaux. Il ne marche que précédé d'un gentilhomme portant son chapeau cardinalice et de deux prélats chargés de ses insignes. Il officie avec le même apparat que le pape, dont il convoite la succession, assisté de grands seigneurs. Mais son autoritarisme l'a fait exécrer, et aussi le caractère vindicatif qui a fait mourir le duc de Buckingham pour une futilité.

Quelle joie féroce, le jour où le bruit de sa chute se répand à Londres! la Tamise se couvre de bateaux enrubannés en signe d'allégresse. Wolsey a voulu prêter la main aux fantaisies d'un roi volage; mais le pape ne l'a pas entendu ainsi et Henri VIII, déconvenu, a sacrifié sans vergogne son factotum complaisant qui avait eu l'imprudence de se porter fort de l'assentiment pontifical.

Wolsey a trouvé son chemin de Damas : il se retire à la chartreuse de Richmond et y partage son temps entre les pratiques d'une piété éclairée et le souci des pauvres, avec une table frugale ouverte à tout venant. Son impopularité fond comme les neiges au premier soleil et en quelques mois il reconquiert ce qu'il a perdu, l'amour de ses concitoyens. Aussi quand il reçoit l'ordre de comparaître au tribunal de Londres, il ne rencontre sur la route que figures sympathiques pour lui adoucir l'amertume de la disgrâce. Attaqué d'une violente dysenterie qui devait l'emporter au cours de ce voyage, il tient ce discours suprême : « Si j'avais servi Dieu avec autant de zèle que j'ai servi le roi, il ne m'aurait pas abandonné ainsi. Mais je reçois ma juste récompense pour ne m'être occupé que de plaire à mon prince, sans avoir égard au souverain maître. »

∴

Le dévergondage matrimonial de Henri VIII avait coûté le pouvoir à Wolsey, il coûta la vie à son successeur Thomas Morus. Homme intègre, le nouveau chancelier d'Angleterre expédia en deux ans des causes qui traînaient depuis un quart de siècle. Il réalisa l'impartialité, qui passe pour un mythe irréalisable : « Si mon père plaidait contre le diable, disait-il, et qu'il eût tort, je le condamnerais sans hésiter. » Un de ses gendres se plaignant d'avoir perdu un mauvais procès où la certitude de sa protection l'avait seule engagé : « Je suis fils de Thémis, et aveugle comme elle. » Il se retira pauvre, ayant le meilleur partage, la bénédiction de Dieu et des hommes.

Un esprit aussi rigoureusement droit ne pouvait manquer de froisser un despote fantasque et voluptueux comme Henri VIII. Morus le sentait bien, car il disait à un ami qui le félicitait de la familiarité avec laquelle le roi se promenait avec lui, le bras autour du cou : « Malgré la faveur dont il m'honore, si cette tête qu'il vient de caresser pouvait lui gagner un château en France, il ne la laisserait pas longtemps sur mes épaules. »

BACON DANS L'ANTICHAMBRE DU FAVORI BUCKINGHAM.

Morus vit sa prophétie s'accomplir pour la rupture de l'Angleterre avec le catholicisme, qui pouvait avoir de si terribles conséquences. Il avait remis le grand sceau pour vivre modestement à Chelsea, en stoïcien rustique, lorsqu'il fut tiré de sa retraite pour n'avoir point voulu prêter un serment contraire à ses convictions, et mené à la Tour. Dépouillé de ses chers livres, abreuvé d'injures, en butte aux manœuvres les plus subtiles, il eut encore à lutter contre les supplications de sa femme, moins vaillante : « Ah! ma femme, voulez-vous que j'échange l'éternité avec les vingt années qui me restent à vivre?... » Il accueillit avec flegme l'annonce de la funèbre sentence, et comme on insistait sur la magnanimité royale qui substituait l'échafaud à la potence, plus vulgaire : « Dieu, préservez mes amis et mes enfants d'une telle faveur! » Le billot ne l'effraya point : il dit ses prières à haute voix, embrassa le bourreau et le pressa de faire son œuvre sans défaillir. La tête de ce juriste éminent resta quinze jours au pilori sur le pont de la Tamise.

*
* *

La dignité de chancelier d'Angleterre a porté malheur à ceux qui en ont été investis, car elle a fait une autre et encore plus illustre victime : François Bacon, le philosophe qui a porté le flambeau de son génie dans les ténèbres des sciences expérimentales.

Bacon a été un piètre homme d'État; il a eu des faiblesses sans excuses, compensées, il est vrai, en partie par des retours de dignité. Une lâche action ne peut lui être pardonnée : c'est l'abandon du comte d'Essex, son bienfaiteur, celui qui l'a tiré du néant; aberration inexplicable, il pousse le cynisme jusqu'à plaider contre son Mécène, sans que rien l'y obligeât, et flétri par l'opinion unanime des honnêtes gens, il retombe dans la nuit. Il en sort bientôt pour jouer un rôle sympathique au Parlement et y attaquer les ministres, bien qu'il soit toujours au service de la reine Élisabeth. Et avec cela, disons à sa décharge qu'à cette époque il est si pauvre que ses créanciers le font deux fois arrêter pour dettes.

Quelques années se passent, et tout change. Jacques Ier lui octroie une pension de cent livres sterling; Bacon, mis en goût de richesse, fait du mariage le marchepied de sa fortune, que viennent augmenter des concussions et des marchandages d'influence indignes. La Chambre des Communes le traite en malfaiteur public, le condamne à l'incapacité politique perpétuelle et à une amende énorme de deux cent mille francs.

Le roi lui fait grâce de la prison sans lui rendre sa faveur, et Bacon gémit dans la pauvreté qu'il supportait si fièrement naguère. Ses domestiques avaient trafiqué de son nom et l'on raconte qu'un jour, il leur dit, les voyant quitter leur siège pour s'empresser autour de lui : « Restez assis, mes maîtres, c'est votre élévation qui a fait ma chute. »

Bacon manque de dignité morale dans l'adversité, mais son cerveau échappant à cette dégradation produisit des pages immortelles qui font encore l'admiration du monde. Et il mourut laissant l'exemple de ce mélange invraisemblable du plus beau génie servi par une volonté défaillante.

※

Thomas Wentworth, comte de Strafford, ministre irréprochable, suscita bien des haines par son audace de réformes; pour se justifier, il disait : « J'ai trouvé l'Église, la couronne et le peuple au pillage, je n'ai pas cru pouvoir les délivrer avec des sourires et des révérences, mais avec de bonnes lois. » Il fut cependant abandonné par le faible Charles Ier à la fureur de ses adversaires et il mourut sur l'échafaud avec un courage de stoïcien : « Ne mettez point votre salut dans les princes ni dans les enfants des hommes, disait-il avec le Psalmiste, car le salut n'est point en eux. » Et comme le bourreau lui criait avant le coup fatal : « Mylord, pardonnez-moi. — A vous et à tout le monde. »

Danemark.

Un proverbe a longtemps couru le Danemark : « Souvenez-vous de Griffenfeld. » C'est l'avis salutaire que l'esclave romain jetait au triomphateur.

Pierre Schumaker, dit Griffenfeld, naquit dans l'échope d'un cabaretier, qui ne négligea rien pour son éducation. L'intelligence transparaissait tant sur ce jeune visage qu'une diseuse de bonne aventure, l'arrêtant un jour sur le chemin de l'école, s'écria : « Oui, mon fils, tu as une pomme d'or dans la main, mais prends bien garde de ne pas la laisser tomber! souviens-toi bien un jour de ce que je te dis. »

La faveur de Frédéric III et de Christian II le porta de bonne heure au pinacle : il devint comte de Samsoë, Bruttinsborg et Wisborg, chevalier de l'Éléphant et du Danebrog, grand chancelier, protecteur de l'Université, directeur des collèges royaux, assesseur du haut tribunal. Six ans de pouvoir sans contrôle lui aliénèrent l'aristocratie et il se vit un jour condamné « pour crimes et autres actions épouvantables, parmi lesquelles il s'en trouve de lèse-majesté divine et humaine. »

L'échafaud est dressé, Griffenfeld s'agenouille à côté du cercueil qui va contenir ses restes, et le bras du bourreau est levé lorsqu'un des officiers royaux s'avance : « Pardon, de par le roi! » La peine de mort a été commuée en prison perpétuelle.

Griffenfeld pourrit vingt-trois ans dans un cachot solitaire, et va mourir chez une de ses filles à soixante-quatre ans : suprême clémence du souverain! et pour des crimes imaginaires.

∴

Jean-Frédéric Struensée mit à profit ses connaissances médicales pour s'insinuer dans la faveur de Christian VII, roi de Danemark et de sa femme, Mathilde; beau, brillant de santé, d'une stature colossale, il avait un esprit naturellement vif, aiguisé encore par une éducation raffinée.

En quelques mois son habileté l'éleva du rôle subalterne où la confiance royale l'avait appelé à celui de premier ministre : il mit à profit les discordes de cinq aristocrates arriérés qui se partageaient le pouvoir sans parvenir à se concerter, l'effacement de la jeune reine tenue à l'écart par la reine douairière Julie, et l'imbécillité d'un roi fainéant usé par la maladie, et condamné à une réclusion forcée.

On raconte qu'au cours d'une visite des souverains au château d'Areberg, leur hôte, le comte Rantzau, trompant la surveillance jalouse dont Christian était entouré, s'approcha de lui et s'efforça de ranimer son intelligence éteinte : « Vous avez été l'ami véritable de mon père, balbutia le roi, et vous ne serez jamais mon ennemi. — Jamais, sire, je n'hésiterai à sacrifier ma vie pour vous défendre... » Et tombant à genoux, il lui mit au doigt une bague de famille : « Si jamais Votre Majesté se croit en danger, qu'elle m'envoie cet anneau, je volerai à son secours. »

Trois ans plus tard, le colonel Kohler Banner rapporta le bijou à Rantzau avec ce message : « Le roi réclame l'exécution de votre promesse. »

Que s'était-il passé? Struensée, animé d'un louable désir de réforme, avait porté une main imprudente sur les institutions séculaires du pays et coalisé contre lui bien des mécontents. Une première fois, le régiment des gardes du corps, licencié, s'était révolté et avait occupé le château de Christian pendant vingt-quatre heures.

Dans la nuit du 26 au 27 janvier 1773, Rantzau réunit en secret les officiers subalternes attachés à la personne du roi et leur montre la bague symbolique.

Il y a bal ce soir-là : la reine Mathilde, éblouissante à la lumière des lustres, danse tantôt avec Struensée, tantôt avec le prince Frédéric; elle cause familièrement avec la perfide Julie, qui dissimule sa haine. Le roi conduit un quadrille avec le frère de Struensée, Kohler et sa femme. Rantzau paraît et va saluer

Christian qui se met à trépigner de joie et courant à son lévrier favori pour le caresser : « Mon plus fidèle ami ! » (Min fort rorligste ven !) Paroles pleines d'une allusion cachée à tout autre qu'aux conjurés.

Les invités se retirent dans leurs appartements. A deux heures du matin Rantzau envahit la chambre du roi avec Julie et le prince Frédéric, et lui arrache l'ordre d'arrêter Struensée et Mathilde. Cinq minutes plus tard, le ministre est réveillé en sursaut : « Qu'est-ce donc, au nom de Dieu, qu'est-ce donc ? — Vous êtes prisonnier, lui est-il répondu ; suivez-nous. » Il endosse à la hâte un frac, une veste et la culotte couleur de rose qu'il a portée au bal. Cependant la reine est contrainte de s'habiller, entourée de soldats farouches, l'épée nue, à la lumière des torches.

Struensée est enchaîné à un énorme crochet de fer rivé au mur ; sa cheville droite et son poignet gauche pris dans les anneaux de la chaîne l'empêchent de faire un mouvement. Ernest, son fidèle valet, lui découpe les viandes et le nourrit comme un enfant. C'est trop de bien-être aux yeux de ses persécuteurs : il est séparé de son domestique, transféré dans un autre cachot plus bas et plus humide, et attaché par une chaîne plus courte qui ne lui permet plus de s'asseoir sur le rebord de sa couchette.

Ses persécuteurs s'acharnent jusque sur son cadavre : ses entrailles, découpées en quatre quartiers, sont enterrées au pied de quatre poteaux plantés sur la place publique ; la tête est exposée aux sarcasmes de la foule, et le reste des débris, abandonné aux vautours.

Un demi-siècle plus tard, un auteur danois pouvait écrire : « Nous assurons que Struensée a bien mérité de la patrie. » Et le compositeur Meyerbeer a écrit sur le dénouement de cette vie singulière une musique pleine de mélancolie.

Espagne.

Jetons un coup d'œil sur l'Espagne; là encore les disgrâces éclatantes seront nombreuses, Alvaro de Luna, Roderic Calderon, Olivarès, la princesse des Ursins, Alberoni, Godoï.

Luna s'était emparé de l'esprit du roi de Castille, Jean II, au point d'être pendant plusieurs années le prétexte de guerre avec la Navarre ou l'Aragon et de révoltes intestines : « Peut-on dire qu'un roi soit en liberté quand il souffre de telles actions d'un de ses sujets? » disait-on couramment après chaque acte arbitraire du ministre. Pour donner une idée de son influence, il suffit de citer ces mots d'une ordonnance sur la justice : « Ces lois ont été faites du conseil de don Alvaro de Luna, comte de Saint-Etienne, mon connétable, mon camérier et mon conseiller. »

Pendant trente-deux ans, l'étoile d'Alvaro ne pâlit pas une minute, malgré des bannissements d'où il revenait mieux en cour qu'auparavant. Un jour vint toutefois où Jean II dit à son grand alguazil : « Don Alvarès de Stuniga, je vous commande de prendre au corps don Alvaro de Luna, et de le tuer, s'il veut se défendre. » Stuniga fit crier par ses gens : « Castille! Castille! c'est pour la liberté du roi! » Luna parut à la fenêtre. « Mon Dieu, que voilà de belles troupes! » et il reçut un coup d'arbalète. Pendant le combat qui suivit, Luna s'arma de toutes pièces et monta sur son meilleur cheval. Il fallut que le roi lui envoyât une lettre patente lui promettant bonne justice pour vaincre sa résistance. Le roi vint chez son ancien ami et mit à sac ses trésors. Après une courte détention, Luna fut promené sur une mule aux cris de : « C'est la justice que le roi a commandé être faite de ce cruel tyran, usurpateur de l'autorité royale! » Sa tête resta clouée neuf jours au pilori et son cadavre y resta trois ans sans sépulture.

Cet homme avait eu vingt mille vassaux et cent mille pistoles de rente.

※

Calderon, fils d'un soldat espagnol qui voulut s'en défaire, faute de le pouvoir nourrir, en le jetant du haut des murailles d'Anvers cousu en un sac, Calderon amassa aussi, Dieu sait comme, deux cent mille ducats de rente et réunit un mobilier royal. Philippe III dut cependant le sacrifier, et il mourut avec un héroïsme qui changea en compassion la haine universelle que sa fortune lui attirait.

※

Gaspard de Guzman, comte d'Olivarès, sut flatter les mauvais penchants de Philippe IV et le diriger vingt-deux ans. Voici à quel point il lui fardait la vérité : à la nouvelle de la révolte du Portugal : « Sire, je viens vous annoncer une bonne nouvelle, la tête a tourné au duc de Bragance, il s'est laissé proclamer roi, son imprudence vous vaudra une confiscation de douze millions. » Philippe répondit : « Il y faut mettre ordre », et retourna à ses plaisirs sans regretter autrement la perte d'un fleuron de sa couronne. Il ouvrit trop tard les yeux et disgracia Olivarès, qui mourut de chagrin à Toro.

※

La princesse des Ursins, qui joua un rôle important dans les affaires de la succession d'Espagne en 1700, fut deux fois victime de l'inconstance de ses protecteurs. Déchue une première fois, sur l'ordre de Louis XIV, elle vint quémander son pardon, qu'elle obtint. Mais elle succomba plus tard devant la haine d'Élisabeth Farnèse, seconde femme de Philippe V, et le 22 décembre, elle fut chassée de Madrid, ne trouvant de repos qu'à Saint-Jean-de-Luz, dans un lit d'emprunt, elle qui avait régné sur l'Espagne.

* * *

Élisabeth amenait avec elle le fils de son jardinier, Albéroni, une sorte de bouffon qui avait su gagner en Italie les bonnes grâces de M. de Vendôme, en confectionnant pour sa gloutonnerie les ragoûts les plus épicés; valet plat et obséquieux, il reçut un jour une bastonnade aux yeux de l'armée et s'en prévalut auprès de son patron. A Madrid, il remplaça Mme des Ursins, éclaboussa le monde de son insolence et fatigua l'Europe de ses intrigues. Il tomba enfin sur les racontars d'une paysanne de Parme, nourrice de la reine, Laure Pescatori.

* * *

Don Manuel Godoï, surnommé prince de la Paix, passa pour l'homme le plus opulent du monde, il y a un siècle : quatre-vingt-trois millions quatre cent mille piastres de capital et un mobilier inouï, ce qui ne l'empêcha pas de suivre dans sa retraite l'infortuné Charles IV, détrôné par Napoléon, après avoir essayé de se vendre : juste châtiment de sa trahison.

Russie.

Le prince Alexandre Danilovitch Mentschikoff, fils d'un valet de chambre ou d'un pâtissier, plut à Pierre le Grand et finit par gouverner l'empire russe sous le nom de Pierre II, qu'il fit loger dans son propre palais et fiança à une de ses filles, malgré la répugnance insurmontable du jeune homme. Il devint si riche qu'il pouvait aller de Courlande en Perse sans cesser de coucher sur ses terres. L'aïeule du tsar languissait dans un cloître; ses parents, dans l'exil; la terreur tenait lieu de sceptre, le favori étant d'une insolence outrecuidante; un jour il s'empara de neuf mille ducats que son maître envoyait à la grande-duchesse Nathalie, sa sœur. « L'empereur est trop jeune encore pour savoir l'usage qu'il faut faire de l'argent. » Furieux, Pierre II résolut de secouer un joug odieux et lançant un regard terrible sur Mentschikoff : « Va, je t'apprendrai bientôt que je suis empereur et que je veux être obéi. » Le favori tomba malade de chagrin, et ce répit fut mis à profit pour tramer sa perte. La santé revenue, il crut habile de donner en l'honneur du tsar une fête somptueuse; on s'écrasa dans ses salons, mais le tsar ne parut pas et Mentschikoff s'assit sur le trône impérial. Des émissaires du tsar le rencontrèrent quelques jours après aux portes de Pétersbourg, et après l'avoir dépouillé des cordons de ses ordres, lui firent quitter son carrosse pour le « kibitk » des condamnés. Il fut relégué à Bérézof, au cœur de la Sibérie : sa femme devint aveugle, tant elle pleura, et elle tomba d'épuisement en chemin; sa fille aînée succomba de la petite vérole entre ses bras, six mois plus tard. Sur les 40 francs de son entretien journalier, il épargna de petites sommes pour bâtir une chapelle où il travailla comme charpentier. Cette disgrâce noblement supportée réhabilite sa mémoire.

Une catastrophe publique au XVIIIᵉ siècle.

Les grandes catastrophes financières qui se répètent périodiquement aujourd'hui et ruinent tant de malheureux sont un fléau moderne. Le crédit est d'invention récente, et nos arrière-grands-parents ne connaissaient que l'épargne : ils ne demandaient point à l'argent un gain illimité, et se contentant de peu, ils ne couraient aucun risque.

Un des plus anciens exemples de ruine financière est celui de la célèbre banque de Law au début du xviiiᵉ siècle, si bien étudiée par M. E. Levasseur, à qui nous empruntons ce récit.

Les finances de la France étaient dans un état épouvantable. Il y avait à la cour un homme qui, au moment où l'on ne parlait que de banqueroute, proposait un moyen infaillible, disait-il, non seulement de prévenir toute catastrophe et de payer les dettes de l'État, mais d'élever la France à un degré de prospérité auquel ni elle ni aucune autre nation n'était encore parvenue.

C'était l'Écossais Law, joueur intrépide et brillant gentilhomme, à la parole ardente et convaincue.

John Law était né à Édimbourg en 1671. Par sa mère, Jeanne Campbell, il descendait de l'illustre et antique maison des ducs d'Argyle. Son père, riche orfèvre, joignait le commerce de la banque à celui des bijoux, et dès ses premières années l'enfant apprit à connaître la puissance de l'argent.

Il aimait le plaisir, et quand il fut devenu, à quatorze ans, maître de sa fortune, il s'empressa de quitter son austère patrie pour mener à Londres une existence dissipée.

Mais, tout en gaspillant une précieuse intelligence, il étudia le système de la Banque d'Angleterre et de la Banque d'Amsterdam; il crut trouver le mystère de la richesse indéfinie et il conçut le plan d'un système **gigantesque**.

Il voyagea un peu partout : on le rencontre à Gênes, à Venise, à Florence, à Rome, à Naples, à Bruxelles, toujours interrogeant, toujours s'instruisant, et augmentant toujours ses ressources par le jeu.

UN BOSSU PRÊTE SA BOSSE COMME PUPITRE VIVANT...

Au bout de quelques années de ce vagabondage, il veut enfin appliquer ses théories et propose aux Écossais une Banque merveilleuse. Son projet est rejeté.

Il s'adresse au roi de Sardaigne qui lui répond spirituellement : « Je ne suis pas assez riche pour me ruiner. » La ruine, c'est souvent le luxe des millionnaires, les bourses modestes des philosophes ignorent les hausses soudaines, mais elles ignorent aussi les chutes profondes.

Ce tentateur vint se fixer à Paris en 1708 aux plus mauvais jours de notre histoire nationale : le trésor est complètement à sec. Il se fait d'abord connaître comme un joueur intrépide. « Il taillait ordinairement le pharaon chez la Duclos, la tragédienne alors en vogue, quoiqu'il fût extrêmement souhaité chez les princes et les seigneurs du premier ordre, ainsi que dans les plus célèbres académies, où ses manières nobles le distinguaient des autres joueurs. Lorsqu'il allait chez Poisson, rue Dauphine, il n'apportait pas moins de deux sacs pleins d'or, qui faisaient environ la somme de cent mille livres. Il en était de même à l'hôtel de Gênes, rue des Poulies. Sa main ne pouvant contenir la quantité d'or qu'il voudrait masser, il fit frapper des jetons qui faisaient bon de dix-huit louis chacun. »

Le duc d'Orléans qui le rencontre plusieurs fois se laisse séduire par ces manières de grand seigneur, et se prend bientôt d'amitié pour lui. Il écoute ses projets ambitieux, les approuve et en fait part au contrôleur général Desmarets qui ne savait où donner de la tête.

Ce financier éblouit Desmarets qui approuve ses plans, lorsque tout à coup, sans raison plausible, le lieutenant de police intime à l'Écossais l'ordre de quitter Paris, sous prétexte qu'il en savait trop aux jeux qu'il a introduits dans cette capitale.

C'est une accusation de tripotage, voire de tricherie qu'il faut détruire : car Saint-Simon, qui est un juge sévère, et souvent implacable, Saint-Simon qui est trop entiché de sa récente noblesse pour ne pas mépriser les parvenus et surtout les remueurs d'argent, le défend contre cette calomnie. La chance imperturbable de Law ne peut-elle pas s'expliquer par un instinct calculateur toujours en éveil et par un flegme inouï, qui lui assurent une supériorité marquée sur les joueurs passionnés? Chez cet homme étonnant, le jeu est un besoin, une seconde nature et, tout en demeurant condamnable, on peut confesser que c'est une science.

Law, banni, ne devait plus revenir qu'en triomphateur.

Dès la mort de Louis XIV, il reparut chez son ami le duc d'Orléans, devenu régent. Il accourut à Paris avec les 1 500 000 livres qui composaient sa fortune (chiffre énorme pour l'époque). Il garda au Palais-Royal un silence d'augure pour irriter la curiosité publique. Cet homme, si ouvert, prit un air concentré et mystérieux qui piqua l'attention.

Quel est donc ce système si nouveau? Sans monnaie, point de commerce;

augmenter indéfiniment la quantité des monnaies pour multiplier indéfiniment les échanges.

Il peut s'être trompé : que celui qui ne s'est jamais trompé lui jette la première pierre, mais il a agi avec une entière bonne foi, offrant d'engloutir sa propre fortune dans l'aventure.

Mais il a développé en France le goût de l'agiotage, du jeu de bourse, et son ère est celle du tripotage le plus scandaleux.

La rue Quincampoix en est le théâtre. « Quand Paris avait brisé ses barrières trop étroites pour s'étendre sur les rives de la Seine, deux cités rivales s'étaient élevées presque en même temps autour de l'antique Lutèce : au midi, la cité des arts, bruyante et inquiète, avec ses universités, ses collèges, ses docteurs, troublant sans cesse la paix par les clameurs de sa jeune et ardente population, mais faisant l'admiration du monde chrétien par la science et l'éloquence de ses maîtres; au nord, sur la rive droite du fleuve, la cité, plus humble et plus silencieuse, du commerce, avec ses rues tortueuses, ses sombres boutiques et ses bourgeois âpres au gain. Là on parlait peu et on agissait beaucoup; là nul ne restait inactif, depuis le petit marchand qui ouvre son échope à la pointe du jour jusqu'au juif qui, la nuit, pesait secrètement ses écus à la lueur de sa lampe, cette cité n'avait pas la brillante renommée de sa voisine, on n'y battait pas le guet, ou si par hasard les habitants montraient leur mécontentement, c'était, comme au temps d'Étienne Marcel et des Cabochiens, par de terribles séditions ou par de sanglantes guerres civiles. Mais ces travailleurs grandissaient lentement avec les siècles, entassant dans leurs maisons enfumées les richesses que le noble prodiguait sans souci; et, un jour, traversant les mers, ils devaient répandre leurs produits dans les deux continents et faire de Paris la seconde ville du monde[1]. »

C'est au milieu de ce foyer de l'industrie que s'était élevée la rue Quicampoix.

L'affluence fut telle qu'on s'aborda en pleine rue et que les voitures ne purent plus passer : la rue se transforma en une sorte de marché, avec une garde de douze hommes. Des grilles s'élevèrent à chaque extrémité : ouvertes le jour, elles protégèrent la nuit le repos des habitants, qui avaient perdu le sommeil depuis que la bruyante et infatigable cohue des joueurs assiégeait leurs maisons.

Dès le matin, les carrosses stationnaient en longue file dans la petite rue Aubry-le-Boucher et se succédaient sans interruption jusqu'au soir. Le populaire affluait par la rue aux Ours.

---

1. D'après M. Levasseur, « Recherches historiques sur le système de Law ».

Tout le monde se coudoyait dans cet étrange capharnaüm : dupeurs et dupés, grands seigneurs et valets.

Le 4 novembre 1719, M. le garde des sceaux passant par la rue aux Ours fut obligé d'y rester plus d'une heure, à cause d'un embarras, pendant lequel plusieurs boutiquiers lui représentèrent le tort considérable qu'ils recevaient dans leur commerce par la foule bigarrée que Law y attirait. Le même jour, M. de Machault, lieutenant de police, défendit par une ordonnance de former des attroupements avant huit heures du matin et après neuf du soir.

Le nombre des carrosses doubla. On prétendait, dit le journal de la Régence à la date du 1er décembre, que, depuis le 15 octobre, il était arrivé à Paris vingt-cinq à trente mille étrangers. On écrit de Lyon, d'Aix, de Bordeaux, de Strasbourg, de Bruxelles, que les carrosses et les voitures publiques y sont retenus deux mois à l'avance et que l'on y « agiote » les places retenues pour venir à Paris.

A Paris, on spécule sur les logements : la moindre boutique se loue au poids de l'or. Des bureaux de changeurs s'ouvrent de la cave au grenier, à deux ou trois cents livres par mois; un loyer de huit cents francs devient ainsi un loyer de cent mille! Un procureur au Châtelet loua une salle basse 50 livres par jour. On construisit des guérites sur les toits.

Un bossu prêta sa bosse comme un pupitre vivant et amassa en un an cent cinquante mille livres.

On gagna un château en un jour. Un agioteur nommé l'Espinasse voulut une gelinotte : le rôtisseur n'en avait qu'une, qu'il avait vendue dix écus au marquis de B*; il la céda pour 200 francs! Un garçon de cabaret se retira avec trente millions de bénéfice. Une mercière de Nancy, que le hasard d'un procès appelait à Paris, eut l'idée de spéculer, elle gagna *cent millions* : la solliciteuse devint une grande dame, eut sa cour et logea princièrement dans l'ancien hôtel des archevêques de Cambrai.

Le propre cocher de Law devint un crésus. Il se présenta un jour devant son maître avec deux laquais et dit : « Je vous quitte, monsieur, il vous faut un domestique pour me remplacer. En voici deux que je connais et dont je réponds. Choisissez, je prends l'autre pour moi. »

Et Montesquieu remarque : « ... Quelles fortunes inespérées, incroyables à ceux même qui les ont faites. Dieu ne tire pas plus rapidement les hommes du néant. Que de valets servis par leurs camarades, et peut-être demain par leurs maîtres! »

Ces rustres subitement enrichis font des folies : l'un d'eux donne pendant une semaine entière des fêtes plus pompeuses que le défunt roi Soleil; un autre achète pour quatre millions de pierreries et dispute un service au roi de Portugal.

Un dernier étalait à sa table un luxe insolent. De gros fruits qui auraient trompé les yeux les plus clairvoyants étaient si artistement travaillés que quand quelqu'un, étonné de voir un beau melon en hiver, s'avisait de le toucher, il en jaillissait sur-le-champ plusieurs fontaines de liqueurs odorantes, pendant que l'amphitryon, pressant du pied un bouton invisible, faisait mouvoir autour de la table une figure artificielle qui versait un nectar aux invités.

L'immoralité devint révoltante : la Seine charria des cadavres; une profonde terreur glaça les esprits; on n'osait plus quitter son foyer la nuit : on voyait partout des assassins.

Il fallait un exemple terrible : le 26 mars 1720, une foule énorme put assister, en place de Grève, au supplice d'un jeune gentilhomme porteur d'un nom illustre, le comte de Horn.

Il ne faut pas rendre Law coupable de ces folies. Au milieu de ce déchaînement de passions, dont il était la cause inconsciente, il essaya de réaliser quelques excellentes réformes, comme par exemple d'uniformiser les impôts, trop compliqués, et de les remplacer par une dîme royale.

L'idée eut un commencement d'exécution en Saintonge, mais des personnes, intéressées au maintien de l'ancien état de choses, entravèrent cette mesure bienfaisante.

Le commerce et l'industrie profitèrent aussi de ce mouvement.

Mais Law avait excité une passion malsaine : l'appât du gain facile; il en fut cruellement puni, et il y perdit sa fortune et sa patrie d'adoption.

Ce fut le 10 octobre 1720 que fut prononcée la sentence de mort de la banque. Le roi rappelait dans son arrêt la situation des finances, la quantité des billets de banque, les louables efforts qu'il avait faits pour en diminuer le nombre, et les placements qu'il leur avait procurés. Il ajoutait : « Et comme par toutes ces dispositions Sa Majesté a donné aux billets de banque des débouchés convenables aux vues de ses sujets, au delà même de ce qui est nécessaire, pour éteindre lesdits billets, que d'ailleurs ceux de 100, 50 et 10 livres, qui ont encore cours, dans le commerce, y sont néanmoins tombés dans un tel discrédit qu'ils n'y ont plus de valeur comme espèces et qu'on ne les y considère que par rapport aux emplois qu'on en peut faire, en sorte que le peu de payements qui se fait encore avec lesdits billets ne sert qu'à empêcher la circulation de l'argent, et à soutenir le haut prix des denrées et marchandises et à perpétuer ou maintenir une infinité d'abus dans le commerce, qui ne peuvent cesser que par le rétablissement des payements en espèces, Sa Majesté a jugé à propos de l'ordonner dans un terme convenable. »

Ainsi périt cette banque qui, malgré des haines intéressées, avait été accueillie avec tant d'empressement en 1716, et qui avait relevé la France, abattue par les revers et écrasée d'impôts. De cet essai infructueux, il ne subsistait que la misère et le désespoir de ceux que ruinaient les mesures arbitraires du prince. Beaucoup tombèrent de l'aisance dans la pauvreté, et tous ne surent pas résister aux rudes épreuves de la misère : le 10 décembre, on trouva dans une maison le mari pendu, sa femme et trois enfants égorgés, et dans la même chambre *six sous en monnaie* et *deux cent mille francs en papier !*

La compagnie fut enveloppée dans la même disgrâce que la banque, et tout le système croula.

Law assistait en spectateur inutile à sa retraite, il ne pouvait plus rien, et il exposait sa vie en prolongeant son séjour au milieu d'une nation affolée, qui le regardait comme le seul auteur de toutes ses misères. Ses ennemis voulaient le faire interner à la Bastille ; le chancelier, le duc de Villeroi et le maréchal de Villars voulaient délivrer l'État d'un homme odieux aux Français. Law n'ignorait point ces menées, il parut le 12 décembre à l'Opéra, affectant une parfaite sécurité, et n'opposant aux outrages de la foule qu'un silence dédaigneux.

Mais le lendemain, il partit subitement, n'emportant de toute son opulence que 800 louis en espèces qu'un de ses commis venait de toucher par hasard à la Monnaie. Il attendit dans la solitude la décision du roi : elle ne se fit point attendre. Le duc de Bourbon lui écrivit qu'il était chargé de lui envoyer un passeport et de l'argent.

Law prit le passeport, mais refusa l'argent, et partit pour la Belgique dans une voiture armoriée. Cette fuite fût restée secrète sans l'intendant de Maubeuge : c'était le fils de d'Argenson qui ayant à venger les injures de son père, l'arrêta à Valenciennes, malgré son passeport, et envoya un courrier à Paris pour savoir ce qu'il devait faire de son prisonnier : le courrier fut fort mal reçu, mais ce ne fut qu'à son retour que Law put franchir la frontière.

Le public crut d'abord à une mystification : « On croit que tout ceci n'est qu'un jeu, que Law est et sera toujours le conseil du gouvernement, que si l'on met à sa place des gens de probité, c'est pour leurrer le peuple, afin que le mal qui arrivera ne tombe point sur le compte de Law. »

Mais quand on fut bien assuré, on se réjouit, comme s'il avait emporté à la semelle de ses souliers la détresse du royaume. On répéta sur un ton de gaieté lamentable cette épitaphe :

> Cy gît cet Écossais célèbre,
> Ce calculateur sans égal,
> Qui par les règles de l'algèbre
> A mis la France à l'hôpital.

Les scellés furent mis sur tous ses biens, ses terres furent confisquées, sa femme dut chercher asile dans une auberge; son frère, qui avait quitté Paris après avoir vendu ses chevaux et congédié ses domestiques, fut arrêté et conduit en prison à la Bastille, à la Conciergerie, au For-l'Évêque.

Mais le roi ne sévissait qu'à regret contre un homme qui avait eu des idées honorables. Le public le comprenait, et parmi les bruits qui circulaient chaque jour, on répétait que l'exilé allait revenir. En effet, quand l'effervescence populaire fut calmée, la femme du financier reçut une pension. Law parla en termes affectueux du duc d'Orléans, son protecteur : « Il me donna des marques de son estime, il approuva ma conduite, il convint que mon système aurait réussi, si des événements extraordinaires ne l'avaient obligé à s'éloigner de mon plan ; il reconnut qu'il avait encore besoin de mes lumières; il a demandé mon opinion sur la situation présente du royaume, et il comptait sur moi pour porter ce grand empire à sa véritable valeur. »

Mais son protecteur mourut sans avoir réalisé ce plan.

Law passa les huit dernières années de sa vie en exil. Le czar de Russie lui offrit l'administration de ses finances : il refusa. Il voyagea quelque temps, parcourut la Belgique, l'Italie, l'Allemagne, l'Angleterre, où il obtint une audience secrète du roi et mérita l'attention de la Chambre Haute.

Montesquieu le visita dans sa retraite et écrivit : « C'était le même homme, l'esprit toujours occupé de projets, toujours la tête remplie de calculs et de valeurs numéraires ou représentatives. »

Il vécut de ses gains aux jeux, allant tous les jours au tripot, avec une régularité de chronomètre, risquer ses dix ducats d'or, et conservant assez d'empire sur lui-même pour ne jamais dépasser cette mesure qu'il s'était imposée.

Fin lamentable, mais logique d'un des plus remarquables manieurs d'argent que la banque ait jamais produits, et partiellement excusable pour la grandeur de ses projets ou des réformes par lui rêvées. Un historien qui n'est point suspect de prud'homie a pu dire, en racontant sa décadence : « De telles révolutions ne sont pas les objets les moins utiles de l'histoire. »

Cette catastrophe a été si longuement racontée, parce que, comme nous l'avons dit plus haut, c'est un des premiers et des plus remarquables exemples des dangers de la spéculation.

Le jeu est, à tous les degrés de l'échelle, une passion funeste : elle s'empare de l'esprit et du cœur de sa victime, et étouffe tout autre sentiment. C'est comme un engrenage qui broie bras et jambes et ravale l'être humain au niveau de la brute. Le joueur vide tout sur le tapis vert, son honneur, son âme, et quand tout est perdu, la tête basse, tourmenté de remords, il n'a plus de confiance, plus de foi pour le soutenir, les plus sinistres projets se croisent dans sa tête.

Mais une nation entière compromise dans une affaire de jeux, le fait est plus rare, il n'en est que plus triste.

Contentez-vous de peu, et vous ignorerez ces revirements lamentables.

*
* *

Favoris de l'opinion publique ou favoris du souverain, nous avons vu bien des ruines et l'on peut répéter, pour la centième fois, malgré l'allure sentencieuse que lui a donnée un usage invétéré, le vers fameux :

> Plus on est élevé, plus la chute est terrible.

Armoiries de Jacques Cœur.

CHAPITRE III

PATRIOTES

JEANNE D'ARC DEVANT SES JUGES.

CHAPITRE III

PATRIOTES

> Ceux qui pieusement sont morts pour la patrie
> Ont droit qu'à leur cercueil la foule vienne et prie.
> Entre les plus beaux noms, leur nom est le plus beau,
> Toute gloire près d'eux passe et tombe, éphémère;
>   Et comme ferait une mère,
> La voix d'un peuple entier les berce en leur tombeau!
>   Gloire à notre France éternelle!
>   Gloire à ceux qui sont morts pour elle!
>   Aux martyrs, aux vaillants, aux forts!
>   A ceux qu'enflamme leur exemple,
>   Qui veulent place dans leur temple,
>   Et qui mourront comme ils sont morts!
>   V. Hugo.

Deux fois le temple de Jérusalem a été détruit, deux fois la nation juive a été persée.

Nabuzardan, général de Nabuchodonosor, s'empara du malheureux roi de

Judée, Sédécias, et après avoir égorgé ses fils sous ses yeux, l'envoya, surch[argé]
de deux chaînes d'airain, vers son maître, qui de sa main lui creva les y[eux.]
Le temple de Salomon fut rasé, les débris coupés en morceaux et emportés [dans]
des sacs.

Les notables furent déportés, et il ne demeura qu'une poignée de cultivat[eurs]
et de vignerons. Cinq prêtres et une soixantaine de laïques furent scalpés de[vant]
le vainqueur.

« L'affreux spectacle que le voyageur en Afrique rencontrait fréquemment [sur]
son chemin au temps de la traite des noirs, les chaînes de malheureux cond[uits]
par le fouet du marchand d'esclaves, liés l'un à l'autre, Ninive et Babylon[e]
rendaient constamment le monde asiatique témoin. Les bas-reliefs assyr[iens]
nous montrent avec un réalisme effrayant les files de captifs, les bras atta[chés]
derrière le dos d'une façon qui devait être une horrible torture, marchant cou[rbés]
et humbles sous le bâton pour la plus grande gloire du vainqueur. C'est [dans]
cette posture que les humbles de Juda firent ce long et cruel voyage de Jérus[alem]
à Ribla, plus de quatre-vingts lieues... La plupart des transportés furent inte[rnés]
à Babylone, d'autres dispersés dans les villes et les villages qui s'échelonna[ient]
le long des canaux de la Basse-Chaldée, Babylone étant une province plutôt qu['une]
ville. De nombreux centres de populations, séparés les uns des autres par [des]
vergers, des prairies, des saules, étaient comme semés dans un espace éno[rme]
enclos de murs. Les races les plus diverses, rapprochées par la captivité, se [ren]-
contraient dans cette enceinte. La conquête seule les avait réunies, et elles [as]-
piraient qu'à se séparer. Le pont qui joignait les deux parties de la ville se le[vait]
tous les soirs pour empêcher les différentes populations de se jeter les une[s sur]
les autres et de se piller. »

Les Juifs, exilés, gardèrent leur personnalité dans cette cacophonie de nati[ons]
et se serrant les uns contre les autres, se bercèrent au son de leurs admira[bles]
cantiques :

> Sur les canaux de Babel, là nous nous assîmes,
> Et nous pleurâmes au souvenir de Sion.
> Aux saules qui bordaient les rives,
> Nous suspendîmes nos cinnars.
> Car un jour nos maîtres nous demandèrent des hymnes,
> Nos oppresseurs, des chants de joie :
> « Chantez-nous, disaient-ils, un des cantiques de Sion. »
> Comment chanterions-nous l'hymne de Iahvé
> En terre étrange!
> Si je t'oublie jamais, Jérusalem,
> Que ma main droite se dessèche,

Que ma langue s'attache à mon palais,
Si je ne me souviens toujours de toi,
Si je ne place Jérusalem
Au sommet de toutes les joies.
Souviens-toi, Iahvé, de la conduite des fils d'Edom
Au dernier jour de Jérusalem :
« Démolissez-la, démolissez-la,
Disaient-ils, jusqu'en ses fondements. »
Fille de Babel, ô cruelle !
Heureux qui te rendra le mal que tu nous as fait !
Heureux qui saisira
Et brisera tes petits contre la terre !

Les captifs prophétisent la chute de leurs oppresseurs :

Sur la montagne chauve élevez le signal ;
Appelez-les à grands cris,
Faites signe de la main,
Qu'ils entrent dans les portes triomphales !
J'ai mandé ma troupe sacrée,
J'ai appelé les exécuteurs de ma colère,
Mes superbes champions.
Voici que je fais lever contre eux les Mèdes,
Et Babel, l'ornement de l'empire,
Le bijou de l'orgueil chaldéen,
Sera comme Sodome et Gomorrhe, quand Dieu les renversa.
Ainsi ils auront pour captifs ceux qui les ont mis en captivité.
Ils seront les maîtres de leurs maîtres.
La terre maintenant respire tranquille,
Le monde éclate en cris de joie ;
Même les arbres se réjouissent de ta chute,
Les cèdres du Liban se rassurent.
« Depuis que tu es couchée, disent-ils,
Le bûcheron ne monte plus vers nous. »

Le vengeur approche, et une joie sauvage éclate :

Pillards, vite au pillage !
Ravageurs, vite au ravage !
Monte, Cham !
Serre la place, Madaï !
Car je vais mettre fin aux soupirs.

Et la douceur anticipée du triomphe :

Tombée, tombée, Babylone !
Toutes ses idoles brisées par terre !

« Et voilà comme les peuples travaillent pour le néant, écrit Jérémie, s'exténuent au profit du feu. »

Cyrus, le bras de la Providence, accomplira l'œuvre sainte :

> Qui l'a suscité de l'Orient,
> Celui que suit la victoire?
> Qui lui livre les peuples?
> Qui lui soumet les rois?
> Son glaive réduit les choses en poussière,
> Son arc fait de tout une paille qui s'envole.
> Il marche sur les potentats comme sur de la boue.
> On dirait un potier qui foule l'argile.
> Les îles le voient et ont peur,
> Les extrémités de la terre tremblent.
> J'ai désigné Cyrus comme mon berger,
> Comme celui qui accomplira ma volonté,
> En disant à Jérusalem : « Sois rebâtie ! »
> Et au temple : « Sois fondé ! »

L'heure impatiemment attendue a sonné enfin : deux grandes caravanes se forment sous la conduite de Sesbassar et de Zorobabel.

« *Cantate Domino canticum novum* ». Une ère nouvelle va s'ouvrir.

Six cents ans plus tard, Jérusalem est une autre fois détruite, et le peuple qui l'habite massacré ou exilé en masse.

Le temple est d'une richesse merveilleuse ; tout y est d'or, et les yeux peuvent à peine soutenir cet éclat. La porte du dedans, raconte un témoin, est couverte de lames d'or, et les côtés du mur qui l'accompagnent sont tous dorés. On voit au-dessus des pampres de vigne de la grandeur d'un homme, où pendent des raisins, tout est d'or... Il y a un tapis babylonien où l'azur, le pourpre, l'écarlate, mêlés avec art, figurent les quatre éléments : l'écarlate, c'est le feu ; le lin, la terre qui le produit ; l'azur, l'air ; et le pourpre, la mer d'où il procède... On voit un chandelier à sept branches où sept lampes représentent les sept planètes. Douze pains posés sur une table marquent les signes du zodiaque, et les treize sortes de parfums que l'on met dans l'encensoir chantent la gloire de Dieu d'où tout provient. La face extérieure du temple est en partie cuirassée de plaques d'or qui flamboient au soleil levant, entre lesquelles splendit la neige immaculée des pierres. La toiture est hérissée de broches d'or, afin d'éloigner les oiseaux.

Ce luxe orgueilleux n'eut point de lendemain : Titus ne put empêcher ses soldats, exaspérés de la résistance opiniâtre des Juifs, de tout piller et de tout brûler.

Cinq cent mille infortunés furent massacrés. Le reste fut dispersé aux quatre vents. Et jamais ils ne revirent leur patrie.

Ils avaient pour se consoler de glorieux souvenirs, comme celui de Judas et

Simon Machabée. Judas, troisième fils du grand prêtre Mathathias, a pour devise les quatre lettres M. C. B. I : qui signifient : « Qui d'entre les dieux est semblable au Seigneur? » Il soutint une lutte héroïque contre les Syriens et fit preuve d'une constante pureté d'âme : au lendemain d'une grande victoire, il fit relever les cadavres des siens et comme on trouva sous leurs tuniques des idoles dérobées dans les villes du littoral, il engagea ses troupes à ne pas faire un butin illicite qui attirerait sur eux la colère divine. Avec trois mille hommes, il défit et tua un jour trente-cinq mille ennemis. Il mourut enfin enseveli sous son propre triomphe et chacun se demanda : « Comment est mort cet homme puissant qui a sauvé Israël? » Son cadet Simon se rendit à Jérusalem pour rassurer les inquiets : « Mes frères ont péri en délivrant le pays, et je suis demeuré seul; mais à Dieu ne plaise que tant que nous serons dans l'affliction, je veuille épargner ma vie; car elle n'est pas plus précieuse que celle de mes frères. Je vengerai donc notre peuple et le sanctuaire, nos enfants et nos femmes. — Vous êtes notre chef, conduisez-nous au combat. » Il rendit la paix à sa patrie, on put rêver à l'ombre de son figuier. La symphonie des cymbales, des harpes et des lyres accompagnaient le libérateur, quand il fut traîtreusement massacré au milieu d'un festin, avec ses deux fils. Hyrcan voulut le venger, mais en vain.

*
* *

L'exode des Juifs a eu son pendant au siècle dernier : un autre peuple a été brutalement effacé de l'histoire, la Pologne.

Les discordes intestines d'un gouvernement anarchique désignaient ce pays de plaines, dépourvu de frontières naturelles, comme une proie facile à ses trois puissants voisins, Russie, Autriche et Prusse.

L'esprit public était déjà fort affaissé, quand un agent russe fit arrêter dans la nuit du 13 au 14 octobre 1767 deux évêques et dix seigneurs; le roi exhorta son peuple à la patience dans un style ampoulé, plus digne d'un rhétoricien dilettante que du chef d'une nation menacée.

Le 21 avril 1773, une assemblée de seigneurs, pour la plupart achetés par l'étranger, se réunit pour sceller la disgrâce du pays. Une rumeur populaire s'élève : « Ne sortez pas, au nom du ciel, ne sortez pas! ne perdez pas la gloire nationale! ne nous livrez pas aux tyrans! » Le chevaleresque Reyten supplia :

« Allez, consommez votre ruine à jamais; mais vous ne passerez qu'en foulant aux pieds ce cœur qui ne bat que pour l'honneur et la liberté! » Korsak ajouta d'une voix tonnante : « Je proteste devant Dieu et en face du monde entier qu'une violence sans exemple a été commise sur une nation libre. Je proteste contre les actes d'une Chambre entourée de soldats étrangers; je proteste contre la levée des séances. Nous ne quitterons point la Chambre et, dussions-nous mourir de faim, nous périrons en gardant notre conscience pure envers Dieu et envers notre patrie. Restez donc avec nous, citoyens, et soyez témoins qu'il est encore des Polonais que la menace ne saurait faire plier. » Neuf seigneurs écoutèrent ce suprême appel et restèrent à leurs sièges; quand les baïonnettes russes l'expulsèrent, Korsak s'écria : « Voici un état exact de mes biens, je n'ai que cela à sacrifier à l'avidité des ennemis de la Pologne; ils peuvent m'ôter la vie, mais il n'y a point au monde de despote assez riche pour me corrompre et assez puissant pour m'intimider. »

La spoliation commence; l'ambassadeur prussien prétend que les eaux appartiennent à son roi lorsque le Notetz déborde et par conséquent les terres inondées, lorsqu'il rentre dans son lit! Et au moyen de ce monstrueux aphorisme on lui attribue une lande de douze milles, par-dessus les montagnes du bassin.

A cinq reprises, la Pologne a voulu reformer un corps de ses tronçons épars, en 1794, en 1806, en 1814, en 1830 et en 1862; cinq fois elle a échoué, mais elle a offert à l'admiration du monde la belle figure d'un Kosciuzko, dont un président d'Assemblée put dire en France : « La liberté est sauvée : Kosciuzko est en Europe! »

Les vaincus charment leur deuil de légendes poétiques, ils se comparent au tchaïka, le vanneau dont le cri plaintif assombrit les steppes infinis : « O malheureux tchaïka! vous avez fait votre couvée près du chemin — Kiihii! Kiihii! prenant mon vol vers le ciel, je n'ai plus qu'à me précipiter dans l'abîme des mers. — Et tous ceux qui passent vous tourmentent. Garde à toi, tchaïka, cesse de pousser des lamentations. — Kiihii! Kiihii. — Déjà le blé est devenu jaune, il est mûr, les moissonneurs vont prendre tes petits. — Kiihii! — Mais la bécasse entraîne par son aigrette le tchaïka qui appelle ses petits, kiïguitch. — Kiihii! — Alors le taureau de la prairie, courbant en arc une branche flexible : « Cesse de crier, tchaïka, sinon je te pendrai ici. » — Kiihii! Eh quoi! Je ne puis ni me plaindre ni pleurer, moi, la mère de ces pauvres petits! Kiihii! prenant mon vol vers le ciel, je n'ai plus qu'à me précipiter dans l'abîme des mers! »

Et la malédiction du bouleau solitaire : « Bouleau, charmant bouleau, pourquoi

ARISTIDE ET LE PAYSAN. (Tableau de Viollat.)

donc es-tu si triste? Les frimas ont-ils sucé ta sève? le souffle du vent t'a-t-il desséché? le ruisseau a-t-il mis à nu tes jeunes racines? — Ce ne sont point les frimas, ni le vent, ni le ruisseau qui m'attristent. Mais d'un lointain, lointain pays vinrent les Tatars, qui brisèrent mes branches, allumèrent de grands feux, et foulèrent autour de moi l'herbe verte. Et partout où ils allument du feu, l'herbe ne veut plus pousser. Et les champs qu'ils traversent à cheval sont arides comme à l'automne. Aucun animal ne veut plus boire au ruisseau souillé de leurs lèvres. Et la blessure de leur flèche ne guérit que dans le tombeau. Ah! c'est de là-bas, là-bas que vient la malédiction de Dieu! Les mauvais vents et les sauterelles qui apportent la famine, et la peste qui enlève l'homme viennent aussi de ce côté. Quel dommage que de là aussi nous vienne la lumière du soleil! »

Et le bouleau préfère l'Occident et son crépuscule à l'aurore trompeuse.

*
* *

Hippias et Hipparque, fils de Pisistrate, gouvernèrent sagement Athènes, mais d'une main dure. Harmodius et Aristogiton résolurent leur perte pour la fête des Panathénées : ils échouèrent. Harmodius massacré, son ami fut soumis à la torture, et, sommé de dénoncer ses complices, il énuméra les principaux amis du tyran qui les fit égorger aussitôt. « Et qui encore? demanda Hippias. — Il n'y a plus que toi dont je voulais la mort, reprit Aristogiton; au moins je t'aurai fait tuer ceux que tu aimais le plus. » Hippias abdiqua quelques années plus tard pour racheter la vie de ses enfants, tombés aux mains des ennemis, et il alla mourir de faim chez le satrape Artapherne.

La réponse d'Aristogiton est prêtée, avec plus de vraisemblance, à Zénon qui tenta d'affranchir sa patrie, Élée (dans l'Italie méridionale), du joug d'un tyran. Après avoir nommé tous les partisans de celui-ci, il s'écria : « Toi, fléau de ma patrie! » Et s'adressant aux assistants : « J'admire votre lâcheté si par crainte de ce que je souffre vous consentez d'être esclaves. » Feignant d'avoir un secret à dire, il mordit l'oreille du tyran, puis il se coupa la langue et la lui cracha à la face. D'aucuns ajoutent qu'il fut pilé dans un mortier. Ce grand philosophe a laissé le renom d'un grand patriote.

Mais il n'a pas été chanté comme le furent les deux Athéniens; le soir au son de la lyre : « Nous porterons nos épées couvertes de feuilles de myrte, comme firent Harmodius et Aristogiton, quand ils tuèrent le tyran et établirent dans Athènes l'égalité des lois. Cher Harmodius, vous n'êtes pas mort, vous êtes dans les îles des bienheureux, en la compagnie des héros, à côté du vaillant Achille. Nous porterons nos épées couvertes de feuilles de myrte comme firent Harmodius et Aristogiton, lorsqu'ils tuèrent le tyran Hipparque durant la procession de Minerve. Que votre gloire soit éternelle, cher Harmodius, cher Aristogiton, parce que vous avez tué le tyran et rétabli dans Athènes l'égalité des lois. »

*
* *

Aristide, fils de Lysimaque, a laissé une gloire irréprochable. Il cède un jour son tour de commandement à Miltiade qu'il regardait comme meilleur général que lui, et Miltiade gagne la bataille de Marathon. Thémistocle, jaloux de cet excellent homme, le fait accuser d'aspirer à la tyrannie et bannir; un illettré qui se trouve à l'assemblée populaire où cette belle sentence est rendue s'adresse, sans le savoir, à l'inculpé lui-même pour écrire son nom sur sa coquille : « Aristide vous a-t-il offensé? — Nullement, je ne le connais point, mais je suis las de l'entendre toujours appeler le Juste. » Après trois ans d'ostracisme, Aristide revient dans sa patrie et se réconcilie avec Thémistocle pour endiguer la marée montante des Perses. Cet oubli des injures est un trait si rare qu'il mérite d'être souligné.

*
* *

Aristide « le Juste » a pour compatriote Phocion, « l'homme de bien ». Intègre, il a dit un jour aux envoyés de la Macédoine : « Ce petit champ me suffit pour parvenir au rang que j'occupe; si mes enfants me ressemblent, il leur suffira de même; sinon je ne veux pas contribuer à nourrir et augmenter chez eux le goût du luxe. »

Il vécut heureux jusqu'à l'âge de quatre-vingts ans lorsqu'une iniquité de démagogue abrégea sa vie. Accusé d'avoir cherché à livrer le Pirée à Nicanor, il fut

FUNÉRAILLES DE PHILOPŒMEN.

amené sur l'agora en voiture, car il était perclus d'infirmités. Il n'eut pas même le loisir de se défendre, et, comme on le conduisait au supplice : « Quel indigne traitement va éprouver Phocion! lui cria au passage son ami Emphylète. — Je m'y attendais, c'est le sort de presque tous les grands serviteurs d'Athènes. »

Il mourut tellement exécré qu'aucun citoyen libre n'osa lui rendre les derniers devoirs : ses esclaves l'ensevelirent.

***

Ces mêmes énergumènes qui avaient accusé Phocion d'avoir fait bannir Démosthène méconnurent à leur tour l'obligation dont ils étaient tenus envers ce dernier.

Démosthène, le plus beau génie oratoire que le monde ait produit, engagea contre l'oppresseur de l'indépendance hellénique, Philippe de Macédoine, un duel où il succomba. Ses ingrats concitoyens le proscrivirent, et réfugié près du sanctuaire de Neptune, dans l'île de Calaurie, il baisa un stylet empoisonné pour échapper aux obsessions d'un vil comédien, Archias, qui s'efforçait de l'attirer hors de son lieu d'asile par de feintes promesses. Athènes reconnut son erreur et grava ces deux vers sur le socle de sa statue : « Démosthène, si ta force avait égalé ton génie, jamais le roi de Macédoine n'eût dompté la Grèce! »

La chaude éloquence du patriote réjouit encore nos cœurs; la verve coule à pleins bords, et un critique contemporain de l'orateur a pu écrire : « Lorsque je prends un discours de Démosthène, je suis, il me semble, pénétré d'un dieu; je cours çà et là, emporté par des passions opposées, la défiance, l'espoir, la crainte, le dédain, la haine, la colère, l'envie, je reçois toutes les émotions capables de maîtriser le cœur humain, et je ressemble aux Corybantes, aux prêtres de la grande déesse célébrant le mystère, quand la vapeur ou le bruit ou le souffle divin agitent leur âme et l'emplissent de mille images désordonnées. »

Philippe de Macédoine avait détruit la nationalité grecque; Rome l'acheva, et il se révéla une autre grande et sympathique figure dans cette lutte nouvelle : Philopœmen, le dernier des Grecs.

∗∗∗

Philopœmen, vainqueur en maint combat, est si simple, si pauvre qu'un jour, arrivant chez une hôtesse de Mégare qui l'attendait sans le connaître, celle-ci le trouve si grossièrement habillé qu'elle le prie de fendre du bois pour le dîner du général. Arrive le mari qui le reconnaît et se confond en excuses : « Ce n'est rien, je porte la peine de ma mauvaise mine. » Et avec cela d'une honnêteté scrupuleuse : « Gardez votre or, dit-il à des tentateurs, pour acheter les ennemis de la république ; c'est à eux, non à vos amis que vous devez fermez la bouche. »

Il prévoyait la domination romaine et dit un jour en pleine assemblée à un orateur imprudent : « Malheureux, es-tu donc si impatient de voir s'accomplir le destin de ta patrie? »

Vaincu, il fut reconduit à Messène au milieu d'un concert d'imprécations; mais il garda son calme et apprenant le salut d'un de ses amis : « Tu me donnes là une bonne nouvelle, dit-il au messager, nous ne sommes donc pas entièrement malheureux! » Et il but la ciguë qu'on lui présentait.

∗∗∗

Les Gracques ont voulu adoucir le sort des humbles persécutés par les forts, et ils sont tous deux morts victimes de leur dévouement.

Tibérius, l'aîné, était la terreur des patriciens qui avaient juré sa perte : la veille du jour où il dut proposer des lois libératrices, ses partisans dressèrent des tentes autour de sa maison pour le protéger. Il vint au forum en habits de deuil et monta à la tribune; comme il portait les mains à sa tête à la vue de ses ennemis qui s'avançaient, on s'écria qu'il demandait la couronne : il voulait simplement avertir la foule immense qui ne pouvait l'entendre du danger où il était. Cherchant à fuir, il s'embarrassa dans sa toge et, frappé à la tête du pied d'une chaise, il fut assommé. Son corps fut refusé à sa famille et noyé dans le Tibre,

CAIUS GRACCHUS ET SA MÈRE CORNÉLIE.

Caïus Villius, un de ses plus ardents néophytes, fut cloué dans un tonneau avec des serpents et des vipères.

Son frère Caïus remua la foule en termes pathétiques : « Où irai-je? de quel côté me tourner, malheureux que je suis? sera-ce vers le Capitole? mais il est encore teint du sang de mon frère? Retournerai-je dans ma maison pour y voir ma mère éplorée, au comble de l'affliction et baignée de larmes? » Il fit preuve d'une énergie que ne pouvait laisser pressentir sa vie de retraite et de recueillement d'où l'avait tiré l'image de Tibérius vue en songe : « Caïus, pourquoi diffères-tu si longtemps? Tu ne peux te dérober au sort qui t'attend. Une même vie et une même mort nous ont été marquées par le destin : il veut que nous nous sacrifiions pour le peuple. »

Poursuivi par les sénateurs, il se réfugia dans le temple de Diane, puis se fit tuer par un esclave dans un bois consacré aux Furies. Sa tête fut portée au consul Opimius qui devait la payer au poids de l'or : elle pesa dix-sept livres et demie, les assassins y avaient coulé du plomb. Trois mille citoyens furent tués ce jour-là, et le Tibre roula des flots rouges.

***

Caïus Gracchus n'avait pas suivi les conseils de sa mère, Cornélie, qui avait voulu le détourner d'imiter son frère Tibérius.

Cornélie, fille de Scipion l'Africain, avait élevé ses enfants en vue des grandes choses : « M'appellera-t-on toujours, disait-elle, la fille des Scipions? Ne m'appellera-t-on jamais la mère des Gracques? »

Mais son orgueil de patricienne l'éloignait de la plèbe, et elle fit tout au monde pour retenir Caïus. Mais quand il eut succombé, ses préjugés fléchirent et elle se retira près du cap Misène pour pleurer à tout jamais ses enfants. Faisant allusion au bois des Furies, elle disait : « Ils méritaient de tomber dans ces lieux consacrés, car ils sont morts pour une cause sublime, le bonheur du peuple romain! » Et quand on la plaignait d'avoir perdu ses douze enfants : « Jamais je ne pourrai me dire malheureuse, répondait-elle, car j'ai enfanté les Gracques. »

***

Caton le jeune mourut pour la cause de la liberté, en luttant contre César le despote.

Enfermé à Utique, il résolut de se soustraire à la honte de la défaite. Ses amis ayant deviné son projet dérobèrent son épée. Il se retira dans sa chambre et après avoir lu le beau dialogue de Platon sur l'immortalité de l'âme il ordonna à ses esclaves de lui apporter son arme; comme ils feignaient de ne point la trouver, il frappa l'un d'entre eux. Au bruit ses amis accoururent et se jetèrent à ses genoux pour le détourner de son dessein. Il les engagea à se soumettre au dictateur et ayant retenu près de lui les philosophes Démétrius et Apollonides les pria de lui démontrer que le parti de la soumission était digne des principes de sa vie entière. Ils baissèrent la tête sans mot dire, et sortirent en pleurant. Un jeune enfant apporta l'épée, Caton la saisit avec joie, vérifia si la pointe en était suffisamment aiguisée et il s'endormit du plus profond sommeil après avoir lu Platon. Au réveil il s'informa si ses partisans avaient quitté le port. L'aurore paraissait et les oiseaux gazouillaient lorsqu'après un nouveau temps de repos, son affranchi Butas vint lui annoncer que la mer était calme et avait permis un embarquement heureux. Il se perça de son épée et, en tombant, renversa une table géométrique placée près de son lit. Son fils accourut et profita de son évanouissement pour panser sa blessure. Revenu à lui, il arracha le bandage avec rage, et il expira aussitôt.

Son ennemi s'écria : « Caton, j'envie ta mort, puisque tu m'as envié la gloire de te sauver la vie. »

Et Virgile, dépeignant le séjour des Champs-Elysées, écrit :

> Enfin seul à l'écart loin du noir Phlégéthon
> Les justes ont leur place, à leur tête est Caton.

VERCINGÉTORIX.

*
* *

Les Romains ont imposé à la Gaule leurs lois, leur esprit, leur langue; mais ils ont eu de nobles assauts à soutenir, la cause de l'indépendance a eu ses héros, notamment Vercingétorix et Sabinus.

Pendant une absence de Jules César qui croit sa conquête assurée, un jeune Arverne très puissant, Vercingétorix, fils de Celtil, qui avait tenu le premier rang et que sa cité avait fait mourir parce qu'il visait à la royauté, assemble ses clans et les échauffe sans peine. Son oncle Gobanitro et les autres notables timorés le chassent de Gergovie. Il ne renonce point pour cela à son projet et rassemble une poignée de vagabonds. Son enthousiasme grossit la troupe et bientôt il rentre vainqueur dans ses foyers. On le proclame roi et il envoie partout des ambassadeurs pour allumer l'incendie. Il entraîne toutes les tribus des bords de l'Océan. Généralissime, il exige des otages de toutes les cités et règle la contribution de chacune d'elles en armes et en hommes. Il déploie une grande sévérité pour effrayer les timides et y joint une éloquence persuasive.

César accourt en hâte et se porte dans le Berry. Le Gaulois tient un conseil de guerre : « Il faut couper les vivres aux Romains, incendier bourgs et maisons aussi loin qu'ils peuvent fourrager, incendier les villes, afin qu'elles ne servent ni d'asile aux Gaulois qui déserteraient leurs drapeaux ni de but aux Romains qui voudraient y faire du butin. » Les Bituriges demandent grâce pour leur capitale, Avaricum, « le soutien et l'ornement de la Gaule ». Le chef gaulois cède : c'est sa perte.

Entre temps ses soldats ont un instant de défaillance et ils l'accusent de traîtrise : « Vous connaissez mes services, s'écrie-t-il, moi dont les mesures ont presque affamé une armée triomphante. » Un cliquetis d'armes approbateur souligne la phrase.

Avaricum que les Bituriges n'ont pas voulu sacrifier tombe au pouvoir de César. Quelques mois plus tard la cause nationale joue son dernier atout : 8 000 Gaulois sont assiégés dans Alaise. Après une défense héroïque, Vercingétorix rassemble les chefs subalternes et leur dit qu'il n'a pas entrepris cette guerre pour son intérêt personnel, mais pour la liberté commune, qu'il peut céder à la fortune et qu'il s'offre en holocauste, leur laissant le choix de le tuer ou de le livrer à César.

L'infortuné Gaulois monte sur son meilleur cheval, et va caracoler devant le tribunal du vainqueur aux pieds duquel il jette ses armes. César n'a point cette clémence qui eût fait de lui un des plus beaux génies dont l'humanité s'honore : il emprisonne son ennemi et le fait étrangler après en avoir orné son cortège triomphal à Rome.

∴

Un siècle s'écoule, et la Gaule asservie se réveille. Civilis soulève les Bataves et Julius Sabinus se fait proclamer empereur à Langres. Mais il est vaincu et pris d'un découragement subit, il se fait passer pour mort : ses maisons de campagne incendiées, il se réfugie dans des voûtes souterraines construites auparavant pour servir de cachette à ses trésors. Deux affranchis connaissent seuls le secret. La tendre Epponine pleure son mari avec tant de larmes que celui-ci, touché, la prévient, en la suppliant toutefois, pour lui conserver la vie, de jouer la comédie du deuil.

Pendant sept mois, elle se lamente publiquement et rejoint Sabinus au crépuscule, à la dérobée. Elle croit alors pouvoir fléchir le sénat romain, rend son mari méconnaissable, lui coupant cheveux et barbe, mais ils échouent et regagnent, sans avoir été reconnus, leur mystérieuse retraite.

Le secret s'éventa au bout de neuf ans : traînée à Rome, Epponine se jeta aux genoux de Vespasien : « César, vois ces jumeaux, je les ai nourris dans un tombeau, afin que nous fussions plusieurs à demander la grâce de leur père. » La raison d'État étant inflexible, elle invectiva la statue de marbre : « Ordonne aussi ma mort, je ne survivrai point à mon mari. Ensevelie depuis longtemps dans l'obscurité d'un souterrain, j'ai vécu plus heureuse que toi sur le trône et à la lumière du soleil. » Et elle partagea le sort de son époux.

La Gaule était désormais latinisée, au détriment de son originalité native.

*
*   *

Plus heureuse que la Gaule, la Germanie secoua le joug des Romains qui avaient occupé le pays immense situé entre le Rhin, l'Elbe et la Saale. Ils n'avaient pourtant franchi qu'avec effroi le Rhin, la limite du monde civilisé : leur imagination superstitieuse peuplait les forêts vierges de gnômes et de kobolds, une terreur sacrée cloue au sol ces intrépides. Cependant une apathie apparente des populations attaquées finit par dompter cette appréhension, et ils soumirent la contrée.

Rome, fidèle à son habitude constante, appelle les plus illustres enfants des vaincus pour les façonner à son image. Arminius, fils de Sigmar, le premier d'entre les Chérusques, est réfractaire à cette éducation raffinée : il garde dans le cœur l'amour des bois estompés de brouillard et du sol natal, pauvre, mais fort. Il observe tout et veut emprunter à ses maîtres les armes dont il les tuera.

Mais les Romains sont les maîtres de l'univers, et il faut une circonstance exceptionnelle pour aider Arminius. Le gouvernement de la Germanie est confié au proconsul Quintilius Varus, homme aussi rapace que le Verrès de Cicéron, qui était entré pauvre dans la Syrie riche et sorti riche de la Syrie pauvre. Il traîne à sa suite un cortège de jurisconsultes qui prétendent assouplir l'échine des Germains et leur imposer les habitudes de leur patrie. Cette insolence choque les vaincus et les pousse à la révolte.

La Pannonie et la Dalmatie donnent le signal; Arminius, âme secrète du mouvement, fait l'hypocrite, l'ami de Varus, il l'engage à se porter au centre même de la rébellion. Arrivé aux bords de la Lippe sur un terrain difficile, tantôt glissant, tantôt marécageux, où il faut avancer à coups de hache, Varus voit tout à coup les collines qui l'entourent hérissées de flèches ennemies. Ses hommes sont massacrés jusqu'au dernier, et l'empereur Auguste déchire ses vêtements et ne cesse pendant plusieurs mois de s'écrier d'une voix désolée : « Varus, rends-moi mes légions. »

La prise de la femme d'Arminius, Thousnelda, consola un peu les Romains : elle parut devant Germanicus, muette et tragique, les mains crispées, les yeux fixés sur le sein qui portait le fils du sauveur de la Germanie.

Arminius périt misérablement assassiné par ses ingrats compatriotes, si sympathique qu'il arracha cet aveu à Tacite, l'historien romain : « Arminius fut le libérateur de la Germanie, il ne combattit pas le peuple romain au début de sa puissance comme d'autres, mais au faîte de sa gloire ; il ne fut pas toujours heureux, mais il ne cessa pendant douze ans d'imposer au vainqueur par son attitude et par ses forces. »

Hildesheim célèbre encore aujourd'hui, la veille du dimanche *Lætare*, cette grande mémoire.

.·.

Un nouvel Arminius se dressa contre Charlemagne, nouvel empereur romain aspirant à la domination universelle, c'est Witikind.

Tout ce que la force des croyances, l'amour du foyer paternel, le fanatisme de la patrie, le génie peuvent inspirer de prodiges, il l'accomplit pendant quinze ans d'un combat sans trêve. Pendant quinze ans, sans autres forces que les groupes épars de volontaires réunis à sa voix, il tint en échec les premiers soldats du monde. Pendant quinze ans, il vola de tribu en tribu, stimulant en paroles magiques le zèle des Saxons, rendant la foi aux incrédules, l'espérance aux découragés, faisant surgir du sol une moisson miraculeuse de lances et de piques. Pendant quinze ans il se tint à cheval, ne quittant un champ de bataille que pour s'élancer sur un autre, ne disparaissant par intervalles aux regards de l'ennemi que pour forger secrètement de nouvelles armes et reparaître plus terrible, effaçant les plus terribles revers par les plus consolantes victoires, offrant l'idéal du courage persévérant.

Des bords de l'Oder aux rivages de la mer, une foule idolâtre acclamait son nom : modeste, il n'abusa jamais de son pouvoir sans limites. Il était digne de se mesurer avec Charlemagne qui finit par comprendre que l'indomptable Saxon ne lui laisserait qu'un désert ruiné ; il traita directement avec lui et le décida à se convertir au christianisme. Witikind donna son cheval de bataille au grand empereur qui n'en voulut plus monter d'autre.

Witikind, aussi étonnant dans la défaite que dans la victoire, mène une vie tellement édifiante que des chroniqueurs contemporains le citent comme un saint.

*
* *

Mille ans après la mort de Charlemagne, la France rencontra en Algérie un nouveau Witikind, qui a droit aussi au respect et à la vénération de ses ennemis.

C'est Abd-el-Kader, dont la vie est une glorieuse épopée : pendant quinze ans, il a épuisé la vaillance de dix maréchaux et de quatre-vingts généraux, il a réduit à néant les combinaisons de seize ministres de la guerre. L'indépendance arabe se personnifiait en lui : tantôt entouré de tribus divisées ou hostiles, tantôt seul avec une bande de cavaliers affamés, il mena un gigantesque tournoi. Tour à tour vainqueur et vaincu, parfois trahi, souvent isolé, cerné, manquant de tout, il ne s'est point démenti un seul jour.

Ses aventures sont dans toutes les mémoires, il combattit jusqu'à l'heure où il crut, comme Witikind, que sa soumission rendrait plus de services à sa patrie que la prolongation de la lutte. Il avait fait tout ce qui était possible pour échapper à nos armes, jusqu'à organiser la « Smala », cette sorte de capitale ambulante qui se déplaçait au gré de sa fantaisie; le jour où elle fut attaquée, la Smala comprenait 368 douars de 15 à 20 tentes chacun, entourés d'une quadruple enceinte concentrique.

Le 23 décembre 1847, l'émir rendit sa loyale épée à Lamoricière et il partit pour l'exil. A Paris, il a laissé les meilleurs souvenirs; dans les environs d'Amboise, il y a aujourd'hui de petits monticules aplatis par le temps et délaissés : c'est là que dorment les compagnons de sa captivité. Ces Africains insouciants s'étiolèrent rapidement, habitués au grand air du vagabondage, la réclusion les tua, la cage fût-elle dorée : ils jetaient par la fenêtre potions et remèdes, et prétendaient vivre à l'ombre des arbres de la Touraine, comme si le climat eût rappelé celui de leur Sahara.

Le maître sortait peu, enseignant la lecture à ses enfants : la curiosité du paysan l'effarouchait. Ce prisonnier était doublé d'un poète et d'un lettré. « Que regrettes-tu le plus dans la ville? lui demanda-t-on après la prise de Mascara. — Mes livres. » — En quittant Paris il donna une forte somme pour les pauvres : « Le prisonnier prend sur sa part pour la part du misérable. » Et il se promène en calèche découverte : « Maintenant, puisque les riches veulent me voir, je vais les saluer tous à la fois. »

A Paris, il visita tour à tour le musée d'artillerie et l'Imprimerie nationale : « J'ai vu hier la maison des canons avec lesquels on renverse les remparts, je vois aujourd'hui la machine avec laquelle on renverse les rois. Ce qui en sort ressemble à la goutte d'eau venue du ciel : tombe-t-elle dans le coquillage entr'ouvert, elle produit la perle; tombe-t-elle dans la bouche de la vipère, elle produit le venin. »

En quittant la France, il se fixa en Syrie et mourut récemment après trente ans de fidélité à ses vainqueurs.

*
* *

Jeanne d'Arc est l'expression la plus haute du patriotisme, c'est la France même, avec sa fierté et sa bonne humeur qui parle par sa bouche. « Jamais, disait-elle, je n'ai vu sang de Français que les cheveux ne me dressassent. » Apprenant la mort de plusieurs des siens dans une escarmouche : « Ah! sanglant garçon, dit-elle à son page, vous ne me disiez pas que le sang de France fût répandu. » Comme son hôte lui offrait un superbe poisson la veille de la délivrance d'Orléans, au moment de partir pour l'assaut : « Gardez-le jusqu'à ce soir, je vous amènerai un *godon* (un Anglais, un goddam) qui en mangera une part. » Le dominicain Seguin crut un jour l'embarrasser en lui demandant de quelle langue usait l'archange Michel lorsqu'il vint lui annoncer sa mission : « Il parlait en meilleur français que vous », répliqua-t-elle.

Son enfance s'écoula paisible dans des pratiques de dévotion; la chaumière paternelle à Domrémy n'étant séparée de l'église que par un jardin attenant au cimetière, Jeanne y passa une part de sa vie. Sainte Catherine et sainte Marguerite ont eu ses faveurs : « Interrogée, pour ce que aux saints du paradis on fait volontiers offrande de cierges, si à ces saints et saintes qui viennent à elle elle n'a pas fait offrande de cierges allumés ou autres choses à l'église ou ailleurs, ou fait dire des messes, elle répond que non, si ce n'est en offrant à la messe en la main du prêtre et en l'honneur de sainte Catherine, et croit que cette sainte est l'une de celles qui lui apparaissent et n'a point allumé autant de cierges qu'elle l'eût volontiers fait à sainte Catherine et à sainte Marguerite. Interrogée si elle n'a point donné à sainte Catherine et à sainte Marguerite quelques guirlandes ou chapeaux de fleurs, elle répond qu'en l'honneur desdites saintes elle a plusieurs fois

ABD-EL-KADER.

onné de ces guirlandes à leurs images ou représentations figurées dans les glises. »

L'église de Domrémy conserve encore les vénérables statues devant lesquelles jeune bergère a dû prier.

Pendant deux ans et demi environ des « voix » surnaturelles la poussèrent à délivrer la France. Elle entendit la première à douze ans accomplis : « Jeanne, écrit un historien, jouait à courir dans la prairie avec plusieurs de ses compagnes à chaque épreuve elle prenait tant d'avance sur les autres que celles-ci, surprises la croyaient voir voler et le lui disaient. Enfin, ravie et comme hors de sens, elle s'arrêta pour reprendre haleine et dans ce moment entendit une voix qui lui disait d'aller au logis, parce que sa mère avait besoin d'elle. Mais ce n'était qu'un subterfuge pour l'éloigner des autres enfants. Quand elle fut de retour à la maison et seule, la voix s'exprima à découvert en lui disant les desseins que Dieu avait formés sur elle. »

Le portrait qu'a tracé d'elle M. Siméon Luce justifie l'ascendant que cette belle créature a pu prendre sur les rudes soldats de Charles VII. « Forte et bien conformée, grande, du moins pour son sexe, un peu brune de teint avec des cheveux noirs, douée d'une vigueur peu commune qui contrastait avec une voix d'une douceur et d'une gravité féminines, noble à la fois et modérée dans son maintien gracieuse et enjouée dans le commerce ordinaire de la vie », c'est bien la femme providentielle qui doit sauver la France, dont l'existence n'a jamais été plus menacée qu'au lendemain du désastre de Verneuil en 1424. On a pu dire que c'est la période la plus néfaste de notre histoire.

Le roi et le royaume s'en remirent de leur salut à Dieu. Les deux grands protecteurs de la France étaient l'archange du Mont Saint-Michel et la Vierge du Puy Or, à la fin de 1425, l'archange avait écrasé les Anglais qui assiégeaient son sanctuaire, et c'est de cette époque que datent les premières visions de Jeanne. On se persuada que Notre-Dame du Puy dont la fête coïncidait avec le vendredi saint de l'année 1429 choisirait cette circonstance pour frapper rudement les envahisseurs. C'est ce moment solennel fiévreusement attendu plusieurs mois à l'avance que l'héroïne choisit pour révéler sa mission. Car elle désigna la Vierge comme l'ayant guidée vers le roi. « Elle est venue en France de par Dieu, de par la vierge Marie et tous les bienheureux saintes et saints du paradis. » Dès la fête de l'Ascension de 1428, « elle disait qu'elle était venue vers Robert de Baudricourt de la part de son Seigneur afin qu'il mandât au dauphin de se bien tenir et de ne point livrer bataille à ses ennemis, parce que le Seigneur lui donnerait secours avant la mi-carême. »

Ce fut un grand jour que celui où la jeune fille arriva vers le roi à Chinon, portant le costume du tiers ordre franciscain, pourpoint noir, chausses attachées, robe courte de gros gris noir, cheveux coupés en rond et un chapeau noir sur la tête. Ce furent des franciscains qui furent chargés de faire une enquête sur Jeanne,

« car le roi, firent remarquer ses conseillers, en considération de sa propre détresse et de celle de son royaume, et ayant égard à la pénitence assidue et aux prières de son peuple à Dieu, ne doit pas renvoyer ni rebuter cette jeune fille ».

Jeanne avait hâte de sauver la France, l'heure avait sonné : « Le temps me pèse, disait-elle, comme à une femme qui va être mère. »

LE PRISONNIER DE CHILLON.

On sait le reste, la délivrance d'Orléans et du royaume, et on doit confesser avec Etienne Pasquier : « De ma part, je répute l'histoire de la Pucelle un vrai miracle de Dieu. La pudicité que je sais l'avoir accompagnée jusqu'à sa mort, la juste querelle qu'elle prit, la prouesse qu'elle y apporta, les heureux succès de ses affaires, la sage simplicité que je recueille de ses réponses aux interrogatoires qui lui furent faits par des juges, en tout voués à sa ruine, ses prédictions qui depuis sortirent effet, la mort cruelle qu'elle choisit, dont elle se pouvait garantir, s'il y eût eu de la traîtrise en son fait, tout cela, dis-je, me fait croire, joint les voix du ciel qu'elle voyait, que toute sa vie et histoire fut un vrai mystère de Dieu. »

L'inique procès qui termina cette rapide carrière est un martyre. La modestie et la fermeté de l'accusée ne se démentirent jamais, et dès le premier interrogatoire, elle répondit avec une admirable lucidité : « Votre nom? — Dans mon pays on m'appelait Jeannette, depuis ma venue en France on m'appelle Jeanne. — Votre surnom? — Du surnom, je ne sais rien. — Votre lieu d'origine? — Je suis née au village de Domrémy. — Votre âge? — Dix-neuf ans, ce me semble — Qu'avez-vous appris? — J'ai appris de ma mère, *Notre Père, Je vous salue Marie* et *Je crois en Dieu*. Je n'ai appris ma science d'autre que de ma mère. »

Elle résista à toutes les insinuations de l'évêque de Beauvais qui voulait lui faire avouer son apostasie : « Si je disais que Dieu ne m'a pas envoyée, je me damnerais. La vérité est que Dieu m'a envoyée. » Et elle demanda le supplice : « J'aime mieux faire ma pénitence en une fois, à savoir mourir, que d'endurer plus longuement peine en chartre (prison). »

La réhabilitation ne se fit pas attendre et ses bourreaux furent flétris, stigmatisés.

Jeanne d'Arc est une figure de légende et une figure d'histoire véridique tout à la fois. Dans ces dernières années une foule de documents authentiques la concernant ont été publiés, et sa « bibliothèque » s'augmente tous les ans. Eh bien! sa gloire a résisté à tous ces travaux : plus on apporte de détails inédits sur cette sainte, plus on l'admire. Une ou deux voix discordantes se sont fait entendre dans ce perpétuel concert de louanges : l'indignation, ou, moins que cela, l'indifférence les accueille.

*
* *

La lumière crue du document n'a donc pas diminué la gloire de la Pucelle : de combien de personnages illustres peut-on en dire autant? Combien y en a-t-il qui ont usurpé leur notoriété ou ne la doivent qu'au hasard d'une chronique ou à la fantaisie d'un littérateur en veine de poésie.

Un curieux exemple de ces réputations factices se trouve dans l'histoire du prisonnier de Chillon, Bonivard, immortalisé par Byron, et il peut être amusant de ramener la chose à sa juste proportion.

Le château fort de Chillon se dresse superbement sur un rocher, aux bords du lac Léman, et communique avec la terre ferme par un simple pont-levis ; flanqué de quatre tours massives et hérissé de remparts crénelés, ce donjon lugubre met une tache noire dans le paysage enchanteur et, vu de près, il apparaît comme parfaitement inoffensif, car depuis trois cents ans il n'est plus qu'un bijou romantique. « Que jamais cette demeure ne sombre, a écrit Töpffer, que jamais cette fleur de notre lac brisée par les vagues, ne disparaisse sous les flots ; il est des ruines si chères qu'il faut étayer leur décrépitude et à force de soins les contraindre de vivre. »

Précepte d'un amoureux des vieilles pierres que bien des esprits sacrilèges devraient méditer : les ruines ont leur utilité ; témoins du passé, elles nous rappellent que nous ne datons pas d'hier et que nous ne serons plus là demain. Des édiles ont parfois des velléités de détruire une antique porte ou une tourelle élégante pour aligner une rangée d'affreuses maisons modernes ou pour percer une rue. Une des plus grandes infortunes que nous réserve l'étude des monuments de notre histoire nationale, un crime véritable, c'est la destruction de la magnifique cathédrale de Saint-Martin de Tours éventrée au début de ce siècle pour livrer passage à une rue tracée au cordeau : la tête et les pieds subsistent ; le corps a été mutilé, et une chaussée a remplacé les dalles de la basilique. Et les châteaux de la Loire qu'une association de malandrins achetait à vil prix pour les raser au niveau du sol et les débiter aux maçons pierre à pierre !... Les révolutions ont peut-être fait moins de mal aux vieux édifices que notre XIXe siècle, pourtant si éclairé.

Mais revenons à Chillon. Byron, l'illustre poète anglais, descendit un jour dans les cryptes du donjon et fut vivement ému en lisant sur un pilier : « Ici fut enchaîné Bonivard. » De retour à Genève, il écrivit dans la fièvre de l'inspiration un poème qui est un chef-d'œuvre : « Chillon, ta prison est un lieu sacré, ton sol triste, un autel : car il fut foulé jusqu'à ce que ses pas y eussent laissé leur trace creusée comme dans l'herbe, par Bonivard ; que nul n'efface jamais cette empreinte, car elle en appelle contre la tyrannie à Dieu. » Biron a prêté à ce Bonivard une auréole à laquelle il ne pouvait guère s'attendre, il lui a donné des frères qu'il n'a jamais eus pour le plaisir de les faire mourir en vers pathétiques ; l'évanouissement qu'il prête au prisonnier n'est qu'une impression personnelle : « Ce soir, écrivait-il un jour de 1816, je me suis évanoui. Une belle et bonne défaillance. D'abord une sorte de vertige gris, puis l'anéantissement et une perte totale de la mémoire quand je recommençai à reprendre connaissance. »

Le vrai Bonivard fut un écrivain de talent curieux de toutes les manifestations intellectuelles, et il fut un jovial, devisant de toutes choses, et de quelques autres encore, « simple et naïf, tel sur le papier qu'à la bouche, un parler succulent, point délicat ni peigné, éloigné d'affectations et hardi ».

Mais il fut un patriote (et c'est à ce titre qu'il doit figurer dans notre galerie), il voulut défendre Genève contre l'omnipotence du duc de Savoie qui en était le suzerain. Un de ses compagnons, Berthelier, qui l'avait pris pour parrain d'un de ses fils, lui dit : « Touchez là, mon compère, touchez là ; pour l'amour de Genève vous perdrez un jour votre prieuré (de Saint-Victor), et moi la vie. »

La tête de Berthelier roula un jour aux pieds de l'évêque, au milieu d'une atroce persécution : « L'on emprisonnait, battait, torturait, faisait décapiter et pendre en sorte que c'était une pitié. »

Bonivard ne souhaitant pas de voir la seconde partie de la prophétie s'accomplir, prit la fuite, quand le capitaine du château de Chillon tomba sur lui à l'improviste : « Je chevauchais lors une mule, écrit Bonivard, et mon guide, un puissant courtaud, je lui dis : « Pique, pique ! » Mon guide au lieu de courir avant, tourne son cheval et me saute sus, et avec un couteau qu'il tenait tout prêt me coupa la ceinture de mon épée et sur ce les honnêtes gens arrivèrent sur moi et me firent prisonnier, et me menèrent lié et garrotté à Chillon, où je demeurai non plus longuement de six ans, jusque Dieu, par les mains de Messieurs de Berne, accompagnés de ceux de Genève, me délivra des mains de ces honnêtes gens. »

Cette courte captivité gaiement supportée a tout autant de grandeur que la sombre élégie byronienne.

*
* *

L'histoire tourmentée de la Révolution et de l'Empire a eu tant d'infortunes qu'il serait téméraire de prétendre les passer en revue, même en courant. Nous rappellerons seulement un souvenir pour montrer que ceux qui ont voulu échapper à l'orage ont connu l'adversité. Les grandes dames de l'ancien régime durent travailler de leurs mains : Mlle de Roussillon fit des modes, la fille de la comtesse de Neuilly broda des fleurs pour rubans de ceinture, Mme de Genouillac ouvrit une teinturerie, Mme de Gontaut fit des ménages à deux sous l'heure, Mme de la Tour-du-Pin se fit couturière, la duchesse de Guiche, garde-malade, Mme de Montmorency, porteuse de pain.

Le patriotisme est la plus noble des passions, il inspire, comme on l'a vu, les plus complets dévouements, et une nation chez qui le sens s'en affaiblirait, serait à la veille de sa perte.

> La France dans ce siècle eut deux grandes épées,
> Deux glaives, l'un royal et l'autre féodal,
> Dont les lames d'un flot divin furent trempées ;
> L'une a pour nom Joyeuse et l'autre Durandal,
> Roland eut Durandal, Charlemagne a Joyeuse,
> Sœurs jumelles de gloire, héroïnes d'acier,
> Durandal a conquis l'Espagne,
> . . . .
> Joyeuse a dompté le Lombard ;
> Chacune à sa noble compagne
> Pouvait dire : voici ma part!
> Toutes les deux ont par le monde
> Suivi, chassé le crime immonde,
> Vaincu les païens en tout lieu ;
> Après mille et mille batailles
> Aucune d'elles n'a d'entailles,
> Pas plus que le glaive de Dieu !
> Hélas ! la même fin ne leur est pas donnée :
> Joyeuse est libre et fière après tant de combats,
> Et quand Roland périt dans la sombre journée,
> Durandal des païens fut captive là-bas!
> Elle est captive encore, et la France la pleure ;
> Mais le sort différent laisse l'honneur égal,
> Et la France, attendant quelque chance meilleure,
> Aime du même amour Joyeuse et Durandal !

CHAPITRE IV

SOLDATS

EXÉCUTION DE NEY.

CHAPITRE IV

SOLDATS

> L'adversité manquait à ma carrière. Aujourd'hui grâce au malheur, on pourra me juger à nu.
> NAPOLÉON.

Le soldat qui meurt sur le champ de bataille, meurt dans une apothéose : la voix du canon chante sa gloire et engourdit sa douleur ; la poudre flatte son odorat comme l'encens. Il meurt avec la conscience de la mission remplie. — Mais si, échappé aux balles ennemies, il rentre dans ses foyers pour périr en pleine paix, oublié ou méconnu de ses frères d'armes, alors il faut le pleurer.

⁂

Miltiade sauva l'Attique de l'invasion persane, et n'eut d'autre récompense que d'être représenté à la tête de ses dix collègues, au moment où l'action était engagée à Marathon, et exhortant l'armée, sur un bas-relief qui fut placé sous le portique du Pœcile; ce même peuple si sobre d'éloges érigea plus tard trois cents statues au rhéteur Démétrius de Phalère.

Il oublia même rapidement la gloire de Marathon, car il en disgracia le héros. Paros, enorgueillie de sa puissance, ne voulut écouter aucune proposition. Miltiade, ayant fait débarquer ses troupes, allait s'en rendre maître lorsqu'un bois sacré situé à quelque distance prit feu par accident. Assiégeants et assiégés crurent à un signal donné par les vaisseaux de Darius qui approchaient. Il brûla ses machines et se vit accusé d'être corrompu par le roi de Perse. Malade des blessures reçues au siège qui plaidaient éloquemment pour lui, il ne put parler en personne. Son frère le défendit et lui épargna la mort. Mais Miltiade, condamné à une amende de cinquante talents, fut jeté en prison comme insolvable et y mourut de langueur.

⁂

La même injustice frappa Thémistocle, un autre vétéran de ces guerres persanes, rival de Miltiade, dont les trophées l'empêchaient de dormir. Nature fruste et brutale, il n'avait aucun goût pour les arts; raillé un jour sur son inhabileté à jouer de la lyre, il s'écria : « Qu'on me donne une ville faible et sans éclat, je saurai la rendre puissante et respectée. » Son père voulut vainement le détourner de cette passion pour la gloire : « Vois-tu ces vieilles galères laissées à la merci des flots, eh bien! le peuple traite ainsi ses chefs lorsqu'ils ne lui sont plus nécessaires. » Cette prophétie était vraie. Banni et vivant obscurément en Argolide, Thémistocle n'y fut plus en sûreté le jour où Sparte l'accusa de connivence avec l'ennemi héréditaire. Il ne put s'arrêter à Corcyre, où il sentit que sa présence gênait les habitants timorés, et il courut chez Admète, roi des Molosses. Voulant s'assurer une retraite sûre, il prit dans ses bras la petite fille du roi et se jeta dans un lieu sacré.

Les hasards d'une tempête le poussèrent chez Artaxerce, auquel il écrivit : « Je suis Thémistocle et je m'adresse à toi. C'est moi qui de tous les Grecs ai fait le plus de mal à ta famille ; mais je défendais ma patrie, et la nécessité me forçait de combattre ton père. Chassé aujourd'hui de la Grèce, je me réfugie auprès de toi, et je te demande ton amitié. Si tu me l'accordes, tu trouveras en moi un ami aussi fidèle, que j'ai été pour ton père un ennemi redoutable. Je te demande une année pour songer à toutes les choses dont je veux t'entretenir. Après ce terme, je paraîtrai devant toi. »

Le terme échu, il eut conscience de l'ambiguïté de sa conduite et il termina tragiquement une vie qu'il ne voulait pas terminer traître et renégat.

*
* *

Thèbes fit preuve de la même inconstance qu'Athènes envers son glorieux enfant, Epaminondas, grand général, honnête homme.

Dio021dédon de Cyzique tenta de le corrompre à la prière d'Artaxerce et séduisit par un don de cinq talents le jeune Micythe, favori du général. « Il n'est pas besoin d'argent, dit celui-ci. Si les projets de ton roi sont favorables à Thèbes, je suis prêt à l'aider sans récompense. Sinon il n'a pas assez d'or et d'argent pour me séduire. Je préfère ma patrie à toutes les richesses de l'univers. Tu as voulu me corrompre, jugeant mon âme d'après la tienne. Je te pardonne, mais pars promptement, tu pourrais en corrompre d'autres. Et toi, Micythe, restitue tes cinq talents ou je te livre aux magistrats. » Et comme Dioméddon demande à fuir avec ses trésors : « J'y consens, non pour toi, mais pour moi ; car si cet argent t'était dérobé, on pourrait m'accuser d'avoir repris par un vol ce que j'ai refusé comme présent. »

Ses victoires ne le sauvèrent pas de la calomnie et, sans se défendre, il désarma ses juges en leur demandant que la sentence capitale soit ainsi conçue : « Epaminondas a été puni de mort par les Thébains parce qu'il les a forcés à Leuctres de vaincre les Lacédémoniens, qu'aucun Béotien avant lui n'eût osé regarder en face sur un champ de bataille ; parce que, en un seul combat, il a sauvé Thèbes de la ruine, délivré la Grèce et tellement changé la face des choses que les Thébains ont mis le siège devant Sparte dont les habitants se sont estimés trop heureux d'avoir la vie sauve; parce qu'enfin il n'a cessé de faire la guerre qu'après avoir rétabli Messène pour tenir perpétuellement Sparte en échec. »

**

Carthage faillit enlever l'empire du monde à Rome, alors dans tout l'épanouissement de sa gloire. Annibal, à vingt-six ans, mûrit un des projets les plus grandioses que jamais général ait conçus, et il l'exécuta sans défaillance, franchissant Alpes et Pyrénées, qui restent aujourd'hui de sérieux, presque d'insurmontables obstacles au passage des armées. Il fit trembler Rome et put envoyer un jour à ses compatriotes un boisseau d'anneaux romains recueillis sur le champ de carnage de Cannes. Il fut récompensé de son courage par l'ingratitude. Son frère Asdrubal qui lui amène un petit secours du fond de l'Espagne est tué au passage de l'Apennin, et sa tête est jetée à la porte du camp d'Annibal qui s'écrie : « O Carthage! malheureuse Carthage! je succombe sous le poids de tes maux! » Rappelé en Afrique pour défendre sa patrie, il quitta l'Italie le cœur navré : « Ce n'est point par les Romains, mais par le sénat de Carthage qu'Annibal est vaincu! » Il ne peut obtenir la paix de l'altier Scipion, qui remporta une victoire décisive, et en plein sénat il conseille encore la guerre, précipitant de la tribune le pédagogue Giscon, qui s'y opposait : « Absent depuis trente-six ans de Carthage, je n'ai appris que la guerre; quant à vos lois, à vos coutumes, je les ignore. »

Annibal, expulsé sur l'ordre de Rome, resta jusqu'à sa dernière heure l'implacable ennemi de ses persécuteurs. « Vous flattez-vous, dit-il à Antiochus, roi de Syrie, que les légions victorieuses qui vous ont chassé d'Europe n'oseront vous poursuivre en Asie? Détrompez-vous : abdiquez ou opposez-vous aux desseins d'un peuple dominateur »; mais il le prévient. Puis il se réfugia chez Prusias, roi de Bithynie, qui voulut le livrer aux Romains : « Délivrons les Romains de la terreur d'un vieillard dont ils n'osent pas même attendre la mort. Ils eurent autrefois la générosité d'avertir Pyrrhus de se garder d'un traître qui voulait l'empoisonner; ils ont aujourd'hui la bassesse d'envoyer un personnage consulaire à Prusias pour le presser d'assassiner son hôte. »

Marius sur les ruines de Carthage.

⁂

Caïus Marcius, patricien romain, a rendu d'illustres services à sa patrie ; général heureux, il se voit décerner une couronne d'or et le surnom de Coriolan pour avoir enlevé Corioles, la capitale des Volsques insoumis. Mais il a le tort de se mêler aux querelles intestines de Rome et mécontente les démagogues, qui le font bannir. Fou de colère, il oublie le passé et va offrir ses services à ceux qu'il a autrefois écrasés, et qui l'accueillent avec transports. Il revient assiéger Rome à leur tête, et il ne cède que devant les prières de Véturie, sa mère, et de sa femme Volumnie : « O ma mère, s'écrie-t-il, vous me désarmez ! » puis il murmure : « Rome est sauvée, et votre fils est perdu... » Quelques jours après, en effet, il tomba sous le poignard d'un Volsque indigné de sa palinodie.

⁂

La destinée de Marius rappelle celle de Coriolan : soldat bourru, son endurance et sa sobriété n'ont d'égale que son ambition féroce. Cette passion a terni sa vie qui eût pu être admirable.

Deux fois Marius sauva sa patrie des coups des barbares qui la menaçaient ; élu six fois consul, il fut salué, en des jours d'apothéose, des cris de : « Vive le sauveur ! vive le libérateur ! » Mais il est ami perfide, envieux, et enclin à tous les excès pour satisfaire son goût d'honneurs. Il doit fuir un jour la haine de cette foule qui venait de l'adorer, et il se cacha dans les marais de Minturne pour échapper aux soldats lancés après lui. Il est pris, souillé de fange, mais il garde son orgueil et cloue au sol l'assassin qui s'avance sur lui : « Soldat, oserais-tu bien tuer Caïus Marius ? » Rome, honteuse de ce crime inutile, préfère le chasser, et il aborde en Afrique : « Tu annonceras, dit-il à un messager, que tu as vu Caïus Marius, banni et fugitif, assis sur les ruines de Carthage. »

Il revient à Rome à la faveur d'un remous de la guerre civile, aigri, plus cruel que jamais, et il meurt, consul pour la septième fois, mais exécré.

Un ami de Marius, Quintus Sertorius, a laissé une gloire plus noble et le souvenir d'une pareille infortune, déguisée sous les apparences de la prospérité.

Expulsé de Rome par la guerre civile, il mena une existence d'aventures sur les côtes barbaresques, mais il alla se fixer en Espagne, où il fonda une république sage et prospère. Les Romains envoyèrent contre lui vingt généraux, il les battit l'un après l'autre; mais, au milieu de ses plus grands succès, il désire toujours rentrer au foyer de ses pères, quoi qu'ait dit le poète :

> Rome n'est plus dans Rome, elle est toute où je suis.

Ce grand homme mourut lâchement assassiné par ses envieux qui l'avaient invité à un banquet, sous le prétexte de célébrer une victoire imaginaire.

L'indépendance espagnole était tuée avec lui, et Rome régnait.

***

On trouve dans l'histoire de la guerre de Trente Ans qui a désolé l'Allemagne au xviie siècle l'exemple d'un généralissime traître à sa patrie et cruellement puni, c'est Albert-Venceslas-Eugène de Wallenstein. « Sa mort, écrit le cardinal de Richelieu, est un prodigieux exemple, ou de la méconnaissance d'un serviteur, ou de la cruauté d'un maître; car l'Empereur durant sa vie qui a été traversée d'accidents mémorables, n'a trouvé personne dont les services approchassent de ceux qu'il lui avait rendus. Mais soit que l'Empereur ait été un mauvais maître ou Wallenstein infidèle serviteur, c'est toujours une preuve de la misère de cette vie, en laquelle si un maître a peine de trouver à qui il doive se confier entièrement, un bon serviteur en a d'autant davantage de se fier totalement en son maître, qu'il a près de lui mille envieux de sa gloire et autant d'ennemis qu'il a fait pour son service, qui par mille flatteries l'accusent envers lui; que l'esprit d'un prince est jaloux, méfiant et crédule et qu'il a toute puissance d'exercer impunément sa mauvaise volonté contre lui. »

Wallenstein est d'une taille élevée, son front haut respire l'intelligence, ses cheveux sont roux. L'aspect est d'un personnage sévère : il parle aussi peu que Guillaume le Taciturne et ne se laisse approcher de personne, mais il entretient une active correspondance.

Il éclipse les souverains par un luxe insolent : son palais de Prague a six entrées, et cent maisons ont été démolies pour l'agrandir. Des patrouilles parcourent cette enceinte pour éloigner tout bruit qui eût troublé son repos. Cinquante hallebardiers défendent l'antichambre. Il a soixante pages, quatre chambellans, six barons : son premier maître d'hôtel est un noble de marque. Quand il voyage, outre son équipage, cinquante voitures à six chevaux et autant à quatre portent ses coffres; cinquante carrosses mènent sa suite, et cinquante cavaliers conduisent chacun un cheval par la bride. Les mangeoires de ses bêtes sont en marbre. Et il vit inabordable, muet.

Pendant qu'il fait entretenir mille personnes et mille soixante-douze chevaux par le royaume de Bohême, le pays crie misère. On calcule qu'en sept ans, il leva soixante millions de thalers, soit deux cents millions de francs, sur une moitié de l'Allemagne. On trouvait sur les champs des cadavres ayant encore la bouche pleine d'herbe crue; des morts furent déterrés; une femme tua son fils pour le bouillir et le manger. La détresse fut à son comble.

Deux fois Wallenstein tint le sort de l'Allemagne entre ses mains. La guerre, qui décime d'ordinaire les armées, augmenta la sienne, car elle vécut de pillage et de rançonnement : aussi lui était-elle aveuglément dévouée.

Les princes de l'Allemagne, réunis à Ratisbonne, sommèrent l'Empereur de destituer le dangereux généralissime, qui vint se justifier, entouré d'une pompe asiatique, pour augmenter les haines et les braver.

Il reçut la nouvelle de sa destitution avec calme et se retira dans ses terres : son armée fondit comme par enchantement et tomba de cent mille à quarante mille hommes.

Cependant la Suède déclare la guerre à l'Empire et l'envahit : Wallenstein seul peut tout sauver. Après de longues négociations, il finit par accepter de reprendre le gouvernail, mais avec une autorité dictatoriale.

Et c'est alors qu'il entame avec les ennemis de son souverain des négociations coupables. Louis XIII se met en rapport avec lui par le canal de M. de Feuquières.

Sentant sa position ébranlée, Wallenstein veut s'attacher plus solidement que jamais ses généraux. Son affidé, Illo, leur lit à un banquet le modèle d'un engagement par lequel ils lui promettaient fidélité, et il leur proposa de le signer, quand le vin les eut échauffés. Mais cette pièce, falsifiée, omettait la phrase : « Tant qu'il restera au service de S. M. et les emploiera dans le même service. »

Cette supercherie fait déborder le vase et l'Empereur donne secrètement ordre de lui amener Wallenstein mort ou vif.

Wallenstein doit fuir, trahi, abandonné, lui, naguère l'arbitre de l'Europe : il est porté dans une litière, ayant aux pieds des plaies qu'on couvrait tous les jours de viande fraîche pour prévenir la gangrène. Mais il a confiance dans son étoile ; son astrologue, Seni, lui annonce à voix basse que le ciel est menaçant ; mais il s'obstine à trouver les astres favorables.

Deveroux, capitaine irlandais, pénètre une nuit dans sa chambre : « Es-tu ce scélérat qui veut livrer à l'ennemi l'armée de l'Empereur et arracher la couronne à S. M. ? » Et il le perce de sa pertuisane.

\. \.

L'histoire coloniale de la France a ses héros, ses découvreurs, elle a aussi ses patriotes. Dupleix et Lally-Tolendal ont une place à part dans la suite de nos efforts pour créer au delà des mers une « plus grande France » (comme disent les Anglais : « Greater Britain »).

Tous deux sont unis dans la détresse, mais ils sont contraires l'un à l'autre. Dupleix, c'est l'esprit de lumière, l'auteur d'une tactique ingénieuse que l'astuce britannique a secrètement copiée depuis et qui lui valut l'empire du Dekkan, de l'Indus et du Gange ; c'est l'âme de la nation. Lally-Tolendal, c'est l'instrument d'une politique funeste, l'esprit de ténèbres. Leur vie, à tous deux, est un drame traversé de péripéties foudroyantes ; comme l'a dit leur historien, c'est un roman avec le charme de mélancolie, de tristesse qui s'attache aux héros vaincus par la fatalité des situations. C'est plus que l'histoire de deux hommes, c'est la condamnation d'une politique égoïste et coupable. Mais n'accusons pas trop nos pères, valons-nous mieux qu'eux ? Bien de nos frères meurent encore aujourd'hui loin du sol natal, soutenus par la seule énergie de leur foi, et abandonnés par nous.

Il est inutile de raconter les louables efforts de Dupleix pour fonder un empire indien protégé de la couronne de France ; il eut le talent de profiter des rivalités des nababs et des rajahs du pays pour s'insinuer partout... Mais la couronne l'abandonna. Découragé, il écrivit : « On a affecté de n'avoir aucun égard à mes lettres. On n'ignorait pourtant pas que les Anglais faisaient passer des troupes dans l'Inde. L'on ne veut pas me croire et l'on pense en savoir plus que moi. J'ai été à même d'avoir cent millions de biens, je les ai sacrifiés à l'honneur et à la réputation du roi et de la nation. »

L'opinion publique, à Paris, traitait Dupleix de tyran et de proconsul avide; son rival, la Bourdonnais, enfermé à la Bastille, excitait la pitié.

Le 23 octobre 1753, Louis XIV signa un papier ainsi conçu : « Il est ordonné au sieur Godeheu, commissaire de S. M. et commandant général des établissements français aux Indes Orientales, et en cas de décès au chevalier Godeheu, de faire arrêter le sieur Dupleix et de le faire constituer, sous bonne et sûre garde, dans tel lieu qu'il jugera convenable et de le faire embarquer sur le premier vaisseau qui partira pour la France. »

Godeheu, pour endormir la confiance de son ami, lui écrivit : « Je vais hâter notre relâche pour avoir plus tôt le plaisir de vous voir, ainsi que Mme Dupleix et Mademoiselle votre fille. »

Dupleix revint en France, et mourut méconnu après neuf ans de déni de justice. Trois mois avant sa mort, un de ses amis adressait une supplique à une personne influente : « M. Dupleix est dans une situation affreuse. Les gens qui ont mis sa maison à bail judiciaire et auxquels elle a été adjugée pour douze cents francs viennent de lui signifier par défaut de payement, ainsi qu'à sa femme, de vider la maison. »

Il a écrit ces réflexions amères : « J'ai sacrifié ma jeunesse, ma fortune, ma vie, à combler d'honneur et de richesses ma nation en Asie. De malheureux amis, de trop faibles parents, des citoyens vertueux consacrent tous leurs biens pour faire réussir mes projets, ils sont maintenant dans la misère. Je me soumets à toutes les formes judiciaires, je demande, comme le dernier des créanciers, ce qui m'est dû. Mes services sont des fables, ma demande est ridicule, je suis traité comme le plus vil des hommes. Je suis dans la plus déplorable indigence. Le peu de bien qui me reste est saisi, j'ai été obligé d'obtenir des arrêts de surséance pour n'être pas traîné en prison. »

Le 8 mai 1766, Lally-Tolendal entend le jugement qui le condamne à perdre la vie : « Convaincu d'avoir trahi les intérêts du roi », à ces mots il se redresse : « Cela n'est pas vrai ; je n'ai jamais trahi les intérêts du roi. » Et il ajoute : « Sur quelles têtes la foudre frappe-t-elle donc si elle épargne celles des assassins? » Sur l'échafaud il murmure : « Je meurs innocent », et se tournant vers l'exécuteur : « Ote-moi ces liens, j'ai assez vu la mort de près pour mourir les mains libres. — Monsieur, c'est l'usage. » On lui bande les yeux : « Attends que j'aie fini de prier... » La hache s'abat et tombe à faux : un aide saisit la tête par les oreilles, un autre les jambes, un troisième scie le cou.

A ce moment accourt l'enfant de l'infortuné qui va obtenir, après vingt ans d'efforts, la réhabilitation du calomnié.

Aujourd'hui on pardonne à Lally et on admire Dupleix : étrange revirement.

Les Anglais nous ont supplantés dans l'Inde, mais leurs débuts ont coûté la réputation de deux gouverneurs, Warren Hastings et Clive, qui, mis en accusation, ont trouvé grâce devant la justice de leur temps, mais non point devant le tribunal supérieur de la postérité.

Deux brillants généraux de la Révolution française sont morts, l'un à vingt-sept, l'autre à vingt-neuf ans; c'est une infortune que cette disparition en pleine activité. Leur gloire est pure, elle est populaire. J'ai nommé Hoche et Marceau.

Hoche était adoré de son armée, au point que Robespierre eut peur de cet aspirant à la dictature : il fut arrêté à Nice et emprisonné aux Carmes à Paris. Le 9 thermidor lui évita l'échafaud.

Trois ans plus tard, le Directoire prit encore ombrage de ce jeune héros, qui fut arrêté en plein triomphe par un armistice conclu avec l'Autriche. Hoche était un serviteur dévoué du peuple, car il disait : « Je vaincrai les ennemis de la

STATUE DE DUPLEIX, A LANDRECIES.

République et quand j'aurai sauvé ma patrie je briserai mon épée. » Il venait de prendre le commandement de son armée à Wetzlar, quand il ressentit un violent malaise : « Suis-je donc revêtu de la robe empoisonnée de Nessus? » La postérité n'a pu répondre.

Son émule, François-Séverin Desgraviers-Marceau, n'a point connu la prison ni l'envie : il est tombé, tué par un soldat tyrolien. Autrichiens et compatriotes se disputèrent l'honneur de saluer ce héros, et son *Requiem* fut chanté à coups de salves éclatantes.

« Au sein de la guerre, dit un magistrat de Coblentz, il soulagea les peuples, préserva les propriétés, protégea le commerce et l'industrie des provinces conquises. »

*
* *

Dans la nuit du 20 juin 1815, Napoléon, vaincu, arriva presque seul à Paris et rassembla ses intimes amis. Mais les Chambres se déclarèrent en permanence, à la suite d'un violent discours de Lafayette, tout heureux de ressusciter dans une tourmente révolutionnaire. Proscrit! il fallait fuir. Des Danois et des Américains offrirent de passer au travers des escadres anglaises. Napoléon préféra se confier à la générosité de ses pires ennemis. « Altesse royale, écrivit-il au prince régent d'Angleterre, en butte aux factions qui divisent mon pays et à l'hostilité des plus grandes puissances de l'Europe, j'ai terminé ma carrière politique, et je viens, comme Thémistocle, m'asseoir au foyer du peuple britannique. Je me mets sous la protection de ses lois que je réclame de votre A. R. comme du plus constant et du plus généreux de mes ennemis. » Cette supplique resta sans réponse : ce qui ne l'empêcha point de se confier au capitaine Maitland du *Bellérophon* (15 juillet) : « Je viens me mettre sous la protection des lois anglaises. »

Un concours immense de curieux le salua en rade de Plymouth, se découvrant avec respect à chacune de ses apparitions sur le pont. Le 30 juillet, il reçut l'ultimatum du cabinet de Saint-James : « Il ne peut convenir ni à notre pays ni à nos alliés que le général Bonaparte conserve le moyen de troubler de nouveau la paix du continent. L'île de Sainte-Hélène a été choisie pour sa résidence. Le climat y est sain et la situation locale permettra qu'on le traite avec plus d'indulgence qu'on ne le pourrait ailleurs, vu les précautions indispensables que l'on serait obligé de prendre pour s'assurer de sa personne. »

Il protesta vainement : « Être relégué pour toute ma vie dans une île déserte entre les tropiques! Privé de communications avec le monde, c'est pis que la cage de Tamerlan. » Le 2 août, les alliés décidèrent : « Napoléon Bonaparte étant au pouvoir des souverains alliés est considéré comme leur prisonnier... Sa garde est confiée au gouvernement britannique. »

Napoléon a Sainte-Hélène

Il fut désarmé, dessaisi de tout, diamants, argent et valeurs.

Il fut d'abord triste, mais bientôt le remueur d'empires reprit le dessus et il dit à l'aide de camp Gourgaud, l'un des douze fidèles qui eurent le congé de l'accompagner : « J'aurais mieux fait de ne pas quitter l'Égypte, je pouvais m'y maintenir, l'Arabie attend un homme ! Je me serais rendu maître de l'Inde, j'aurais dominé l'Orient. »

L'amiral Cockburn admettait le prisonnier à sa table, mais restait couvert et gardait la préséance; froid et tracassier, il adoucissait dans la mesure du possible l'amertume d'une impolitesse voulue.

Le 15 octobre, apparut enfin, entrecoupée, à mi-hauteur, de brume grise, une falaise escarpée de six cents mètres où les vagues déferlaient furieusement : « Ce pays est mortel, s'écrie l'Empereur, partout où les fleurs sont étiolées, l'homme ne peut vivre; calcul qui n'a point échappé aux élèves de Pitt. Transformer l'air en instrument de meurtre, cette idée n'était point encore venue au plus farouche des proconsuls ; elle ne pouvait guère germer que sur les bords de la Tamise. »

C'était le plateau de Longwood, canton le plus insalubre de Sainte-Hélène, le séjour destiné au grand homme.

Il passa trois mois chez l'excellent M. Balcombe, jovial et jouant à colin-maillard avec les filles de son hôte, en attendant qu'on mît en état une habitation déserte et fort éloignée de la mer. Construite en bois, elle moisissait neuf mois pendant la saison des pluies ou répandait à la saison sèche une odeur infecte de goudron. Sur vingt et une pièces, aucune n'était commode, la salle à manger surtout est obscure. La chambre de Napoléon, tendue de nankin brun encadré de papier vert, avait pour meubles un canapé, un guéridon, une commode, un lit de fer et un quadrille de chaises, et sur les murs le réveille-matin du grand Frédéric, les portraits des deux impératrices et du roi de Rome.

Pour échapper à l'ennui d'une escorte anglaise, Napoléon dut se confiner dans un étroit jardin, veuf de verdure : après avoir mené la vie la plus active qui se pût rêver, il était gardé à vue par deux camps et des sentinelles. Ses lettres et sa bourse étaient contrôlées avec une tyrannie méticuleuse.

La situation, déjà grave, empira encore avec le nouveau gouverneur Hudson Lowe : « Il est hideux, s'écria le détenu, c'est une face patibulaire; mais le moral après tout peut raccommoder ce que cette figure a de sinistre. » Au contraire la figure morale était pire.

Des discussions s'élevèrent entre les compagnons de son exil, malgré l'intérêt affectueux qu'il leur témoignait : « Si ce n'était vous autres, vos femmes notamment, je ne voudrais ici que la ration du simple soldat. » Car, lui, il était bien résigné à tout. « Notre situation peut avoir des attraits. L'univers nous contemple, nous demeurons les martyrs d'une cause immortelle. Des milliers d'hommes soupirent. La patrie soupire et la gloire est en deuil... Peut-être aurais-je à me réjouir si je ne considérais que moi. Les malheurs ont aussi leur héroïsme et leur gloire. L'adversité manquait à ma carrière. Si je fusse mort sur le trône, dans les nuages de ma toute-puissance, je serais demeuré un problème pour bien des gens. Aujourd'hui grâce au malheur, on pourra me juger à nu...

Napoléon souffrait beaucoup, il dit un jour à son factionnaire : « Venez-vous ici pour me tuer? La postérité jugera la manière dont je suis traité. Les maux que je souffre retomberont sur votre nation... » L'Angleterre elle-même s'émut, lord Holland interpella au Parlement, mais lord Bathurst affirma la salubrité de Longwood et l'humanité de Lowe.

Vers la fin de 1818, la santé de Napoléon déclina; des nausées et l'enflure des jambes inquiétèrent ses docteurs O'Meara et Automarchi. Il se recueillit : « Une de mes peines ici, c'est de ne pas entendre de cloches »; et il affirma : « Je ne suis ni un incrédule, ni un philosophe et je crois à l'existence d'un Dieu. » Comme Bertrand lui disait d'un ton narquois : « Qu'est-ce que Dieu? l'avez-vous vu? » il répliqua : « Mes victoires vous font croire en moi; eh bien! l'univers me fait croire en Dieu... Qu'est-ce que la plus belle manœuvre auprès du mouvement des astres? »

Sa maladie de foie faisait de grands progrès, et son secrétaire mandait à Liverpool : « Il meurt sans secours sur cet affreux rocher; son agonie est effroyable. » Et le malheureux, après une crise, disait à un médecin : « C'est un couteau de boucher qu'ils ont mis là, et ils ont brisé la lame dans la plaie. »

Il donna les instructions les plus précises pour son autopsie et dit au prêtre Vignali : « Je suis né dans la religion catholique, je veux remplir tous les devoirs qu'elle impose et recevoir toutes les consolations, tous les secours que j'en dois attendre. » Et ses devoirs remplis, il confessa au général de Montholon : « Je suis heureux, je vous souhaite à votre mort le même bonheur. » Bertrand s'étant permis de le traiter de capucin : « Général, je suis chez moi; vous n'avez point d'ordres à donner ici, vous n'en avez point à recevoir; pourquoi donc y êtes-vous? Est-ce que je me mêle de votre ménage, moi? »

Ses derniers mots furent : « Je suis en paix avec le genre humain... Mon Dieu! tête..., armée.... » Il se crut encore une fois sur le champ de victoire...

*
* *

Nous ne pouvons séparer du souvenir de Napoléon celui de Joséphine, qui fut si longtemps la compagne dévouée de sa fortune et qui courut elle-même de singulières vicissitudes.

Deux fois elle passa par des heures de détresse. Pendant une traversée de l'Atlantique, obligée de quitter la Martinique, sa patrie, qui venait de se révolter contre la métropole, elle fut dans un tel dénuement qu'elle reçut avec reconnaissance d'un contremaître une paire de souliers pour son fils, et plus tard elle se plaisait à dire que ces vieux souliers l'avaient plus touchée que cet amas de bijoux étalés devant elle. — Quatre ans plus tard, elle vit ses biens confisqués et mis sous séquestre : elle vécut au jour le jour et fut heureuse de dîner régulièrement chez Mme Dumoulin qui, sachant sa gêne, la dispensa d'apporter son pain quotidien, comme faisaient les autres convives, car c'était une denrée fort rare à cette époque de disette. Elle arriva un jour en retard chez Mme Tallien, ayant dû emprunter la voiture d'une amie, qui l'avait égarée au faubourg Saint-Germain. Elle ne put, après le dîner, aller au spectacle, et allégua la santé d'un de ses enfants pour s'en dispenser.

Son premier mari, le vicomte de Beauharnais, périt sur l'échafaud ; elle fit preuve, durant un long emprisonnement, d'une humeur égale et enjouée, qui lui assura la sympathie de ses co-détenues ; le 27 juillet 1794, elle s'évanouit en lisant le nom de son mari sur la colonne des guillotinés ; le lendemain, un geôlier vint lui enlever son lit de sangle : « Vous n'en aurez pas besoin, puisqu'on va vous chercher pour vous mener à la Conciergerie et de là à l'échafaud. » A ce moment même, une réaction se produisit qui ouvrit toutes grandes les portes de la prison.

Joséphine avait eu confiance en son étoile ; elle se souvenait de la prophétie d'une vieille mulâtresse : « Vous deviendrez une dame éminente, vous serez plus que reine, puis, après avoir étonné le monde, vous mourrez malheureuse. » Et quand on lui avait lu son acte d'accusation, elle s'était écriée qu'elle ne mourrait pas et qu'elle serait reine de France. « Que ne nommez-vous votre maison ! lui dit la duchesse d'Aiguillon, sa compagne d'infortune. — Eh bien, ma chère, je vous nommerai dame d'honneur, je vous le promets. »

Elle n'oublia point sa promesse, et ce fut la volonté seule de Napoléon qui l'empêcha de la réaliser. La gratitude était une de ses vertus : elle garda ainsi une très vive reconnaissance à l'éminente tragédienne Mlle Raucourt qui l'aida dans son adversité.

Unie à Bonaparte, elle fit le bien autour d'elle et sut se faire adorer de tous ; elle protégea les arts, peintres, musiciens, littérateurs. Elle intervint souvent en faveur des persécutés pour adoucir leur sort.

Mais elle avait peur de l'ambition croissante de Napoléon, quoiqu'elle eût encore eu à se féliciter d'un heureux hasard : pendant une saison aux eaux de Plombières, un balcon où elle respirait l'air matinal s'écroula, et elle se blessa grièvement, cette chute l'empêcha d'accompagner son mari en Egypte, et le navire qui lui était destiné, la *Pomone*, fut pris en route par les Anglais. Elle avait peur : « Nous montons à une hauteur d'où la chute sera terrible, disait-elle, je voudrais que mon mari se contentât de ce qu'il a, et de moins encore. »

La prophétie de la mulâtresse hantait son imagination : le 29 mai 1814, elle mourut disgraciée, après avoir assisté à l'éclipse de la gloire napoléonienne. Elle fut bonne jusqu'au bout : l'hiver de 1813-1814 fut occupé à confectionner de la charpie pour les blessés, et elle répandit d'abondantes aumônes dans les hôpitaux par les mains des sœurs de Charité.

*
* *

Un compagnon des beaux jours de Napoléon fut aussi associé à son malheur, mais son agonie fut moins longue.

Michel Ney, fils d'un vétéran des guerres de Louis XV, avait la passion exclusive de l'uniforme. Malgré la volonté d'un père assagi qui, préférant la tranquillité de l'industriel au tumulte incertain des armes, l'avait attaché aux usines d'Appenweiler et de Saleck, malgré les larmes d'une mère éplorée, il courut sous les drapeaux à l'âge de dix-huit ans.

En 1815, chargé d'ans et de gloire, il se compromit pour Napoléon revenu de l'île d'Elbe et combattit comme un lion à Waterloo. Se reposant sur la bonne foi des alliés, qui, avant d'entrer à Paris, avaient promis la vie sauve à tous les Français, il se retira en Auvergne, où une imprudence le fit reconnaître : il laissa traîner sur un canapé le sabre égyptien incrusté de pierreries que le Premier Consul lui avait offert en 1802; la magnificence de cette arme, célèbre dans la France entière, éveilla les soupçons d'un bavard qui s'empressa d'ébruiter sa découverte.

Arrêté le 5 août au mépris de cette garantie, il est traduit devant un conseil de guerre qui se déclare incompétent et le renvoie devant la Chambre des pairs, où il est condamné par 169 voix contre 17. Honneur à ces 17 protestataires!

Le 6 décembre, l'arrêt de mort lui est lu, et fatigué de l'interminable étalage de ses titres : « Que ne dites-vous simplement Michel Ney, aujourd'hui simple Français, et bientôt un peu de poussière? » Sa dernière nuit avait été calme, mais il perdit un instant de son énergie à l'entrée de la maréchale. Déjà, quelques mois auparavant, il n'avait pu maîtriser son émotion en l'embrassant, à quelques lieues de Paris : « Ne soyez point surpris, dit-il à ses gendarmes stupéfaits, je manque de courage quand il s'agit de ma femme et de mes enfants. » Cette fois encore, il se raidit et murmura : « Si tu veux tenter quelques démarches, tu n'as pas un instant à perdre. »

La maréchale faisait antichambre aux Tuileries, lorsque M. de Duras vint lui signifier son congé : « Madame, l'audience serait maintenant sans objet. »

Ney, prince de la Moskowa, venait en effet de tomber frappé de six balles, dans le jardin du Luxembourg, comme un traître, après avoir gagné cent batailles pour la France, et jamais une contre elle.

*
* *

On ne peut faire le même éloge de Moreau qui s'enrôle au service de l'étranger, mais sa mort tragique et le souvenir de son passé forcent la sympathie.

La gloire de Moreau offusqua Bonaparte qui, au retour d'une campagne laborieuse en Allemagne, lui offrit toutefois une paire de pistolets où il eût voulu faire graver toutes ses victoires, mais la place manquait. Moreau, ennemi du despotisme, en craignit l'avènement et fit contre le Premier Consul une petite guerre de sarcasmes, qui, bien que dits dans l'intimité de la douce retraite de Grosbois, étaient fidèlement rapportés par des amis bien intentionnés, lesquels ne tarissaient pas en éloges sur sa simplicité, sur sa modestie, sur sa répugnance pour les fêtes de la jeune cour impériale.

Impliqué dans un complot royaliste, il vit son nom placardé sur les murs de la capitale : « Liste des brigands envoyés par l'Angleterre pour assassiner le Premier Consul. » Traduit devant le tribunal criminel après une détention au secret de trois mois, il eut autant d'amis que d'ennemis. Comme le commissaire du gouvernement demandait la mort, promettant la grâce, l'un des juges cria : « Et qui nous la fera à nous? »

Condamné à la déportation, il entendit (satisfaction suprême) le peuple s'écrier : « Il est sauvé! » Et il alla mener aux États-Unis la vie rustique du trappeur, adonné à la pêche et à la chasse.

Un jour l'ancien homme revécut en lui, et le hallali de la victoire résonna en son cœur. Il s'oublia en une minute d'ivresse et mit son épée au service de nos ennemis.

Mais il trouva une mort tragique qui le lava de cette iniquité. A Dresde, il parcourait le front des colonnes de l'armée des alliés lorsqu'un boulet lui fracassa un genou et atteignit le mollet de l'autre jambe à travers le corps du cheval. « Je suis perdu », gémit-il en tombant dans les bras du colonel Rapatel. Transporté sur un brancard formé de piques de Cosaques, on lui coupa la jambe droite, et sur un geste d'incertitude du chirurgien : « Coupez donc l'autre », lui ordonna-t-il. Il mourut en pleine connaissance après cinq jours d'agonie.

∴

Une autre victime, et non moins intéressante, de cette époque agitée, est Jean-Pierre Ramel.

Il fut d'abord déporté sur l'ordre du Directoire avec Pichegru, Willot et autres : après un pénible voyage pendant lequel il fut en butte aux lazzi d'une populace inconsciente, il s'embarqua sur la corvette *la Vaillante* et atteignit la Guyane au bout de quarante-huit jours. Le directeur Jeannet les accueillit tout d'abord avec déférence; mais aussitôt les instructions de Paris ouvertes, il changea de ton et les jeta dans le cloaque de Sinnamari, les menaçant, en cas de mauvaise humeur, de les exiler sur la rivière inhabitable de Vincent-Pinzon.

Huit de ces malheureux s'entassèrent dans une frêle pirogue et se confièrent à leur étoile, sans boussole, sans carte, sans vivres. Sept jours de privations les menèrent à la côte hollandaise de Sinnamari où le baron de Cohorn leur fournit le moyen de gagner l'Angleterre.

Ramel rentra en grâce auprès de Bonaparte et rendit d'honorables services à son pays. Mais cet homme qui avait échappé à une destinée tragique mourut dans des circonstances lamentables, à Toulouse, où les Bourbons l'avaient chargé de maintenir l'ordre. Le 15 août 1815, des cris de mort se firent entendre sous sa fenêtre, et une foule d'aliénés envahit sa chambre. Percé de coups de cannes à lance et atteint d'une décharge de pistolet au bas-ventre, il rampa jusqu'à un grenier et se cacha sous un tas de foin. La trace de son sang guida les bouchers qui l'achevèrent de dix-sept coups de baïonnette. Il expira pieusement le surlendemain, sans avoir voulu nommer un seul de ses assassins.

.°.

Nous terminerons ce chapitre en citant un curieux exemple de légende profondément enracinée, que les arts et les lettres conspirent à maintenir. On aura beau répéter que c'est une tradition apocryphe empruntée à un auteur de vingt-cinquième ordre du douzième siècle, on y revient toujours.

Il s'agit de Bélisaire, que Justinien, le grand légiste, aurait disgracié, privé de la vue et réduit à se promener, la sébile à la main, dans les rues de Constantinople.

Marmontel a écrit à ce sujet un roman qui a popularisé l'erreur; Mme de Genlis est venue à la rescousse. Un Anglais a écrit « The life of Belisarius », où il s'efforce de remettre en crédit la fausseté de Tzetzès, le premier coupable; la tragédie s'est emparée de ce personnage, et la Comédie-Française a jadis représenté un Bélisaire plus ou moins authentique. Mais c'est surtout la peinture de Gérard, conservée au Louvre, qui a le plus contribué à répandre la légende, qui a les honneurs du proverbe : Être pauvre comme Bélisaire, on est « un » Bélisaire.

Certes ce fut un grand homme, grand général, et indignement traité par un souverain qui se défiait de sa fidélité. Au retour d'une glorieuse campagne, il fit frapper une médaille en son honneur. Son histoire et la joie du triomphe furent représentées en mosaïque dans le palais impérial.

Un rival, Marsès, habile guerrier, mais malhonnête, prit ombrage de la réputation de Bélisaire et le desservit auprès de Justinien, qui jura de se venger.

Les Goths avaient offert la couronne à leur formidable adversaire, qui, au lieu de l'accepter, profita de leurs excellentes dispositions pour se faire ouvrir les portes de Ravenne. Il n'en fallut pas davantage pour faire prendre corps aux soupçons de l'empereur.

Accusé d'avoir trempé dans une conjuration, Bélisaire eut la honte d'avoir à se justifier. Justinien lui rendit ses biens et ses honneurs; mais cette persécution abrégea les jours du grand homme et les empoisonna. Il y a loin toutefois de là au traitement inhumain dont il aurait été victime.

Comme nous le disions au début de ce chapitre, n'est-ce pas une amère dérision de voir des héros comme Napoléon ou Michel Ney mourir sur le sol étranger ou sous les coups de leurs compatriotes, après avoir bravé mille fois le danger?

CHAPITRE V

MARINS ET VOYAGEURS

Christophe Colomb est ramené en Espagne, enchaîné sur le pont de son navire.

CHAPITRE V

MARINS ET VOYAGEURS

Oh! combien de marins, combien de capitaines
Qui sont partis joyeux pour des courses lointaines
Dans ce morne horizon se sont évanouis!
Combien ont disparu, dure et triste fortune!
Dans une mer sans fond, par une nuit sans lune,
Sous l'aveugle Océan à jamais enfouis!

Nul ne sait votre sort, pauvres têtes perdues!
Vous roulez à travers les sombres étendues,
Heurtant de vos fronts morts des cercueils inconnus!
Oh! que de vieux parents qui n'avaient plus qu'un rêve
Sont morts en attendant tous les jours sur la grève
  Ceux qui ne sont pas revenus!

Et quand la tombe enfin a fermé leur paupière,
Nul ne sait plus vos noms, pas même une humble pierre
Dans l'étroit cimetière où l'écho nous répond,
Pas même un saule vert qui s'effeuille à l'automne,
Pas même la chanson naïve et monotone
Que chante un mendiant à l'angle d'un vieux pont.

Où sont-ils, les marins sombrés dans les nuits noires?
O flots, que vous savez de lugubres histoires!
Flots profonds redoutés des mères à genoux!
Vous vous les racontez en mouvant les marées,
Et c'est ce qui vous fait ces voix désespérées
Que vous avez le soir quand vous venez vers nous!

V. Hugo.

Naufrage de la « Méduse ».

Est-il un naufrage plus horrible que celui de la *Méduse*? Le chef-d'œuvre de Géricault, exposé au Louvre, en détaille mieux que la plume les péripéties émouvantes : les couleurs bitumineuses en ont un peu noirci, néanmoins on peut suivre dans leur beauté les scènes principales.

Ce qui ajoute un intérêt de plus à cette catastrophe, c'en est l'invraisemblance. On pourrait croire à des récifs ignorés des pilotes, à un ouragan, à un cyclone, que sais-je? à quelque phénomène subit et déconcertant les plus solides raisonnements. Il n'en est rien. Le temps est limpide, glorieux, le calme, plat, les vents alizés, si favorables, enflent les voiles de la flottille qui se rendait au Sénégal pour le réoccuper (on était au lendemain des traités de 1815); le banc d'Arguin est archi-connu et figure sur les cartes hydrographiques depuis le xvie siècle. Il a fallu l'inexpérience d'un M. de Chaumareyx, commandant incapable, pour mener ses vaisseaux droit sur cet écueil qui n'en est pas un : « Voyez, Monsieur, lui dit M. Laperère en montant sur le pont aussitôt après l'accident, où votre entêtement nous a conduits; je vous en avais prévenu. »

Tout pouvait se réparer, car on n'était qu'à douze lieues de la côte, si on eût mis de suite les canots à la mer, mais on perdit trois jours à renflouer la *Méduse* qui sombra au premier coup de vent, et il fallut alors construire hâtivement un radeau quelconque. Chaumareyx fut aussi lâche qu'il avait été imprévoyant et, se précipitant dans la meilleure chaloupe, il gagna la terre.

Cent cinquante hommes furent ainsi délaissés en pleine mer sur un radeau mal construit.

« A peine fûmes-nous au nombre de cinquante sur le radeau, que ce poids le mit au-dessous de l'eau au moins à 70 centimètres et qu'on fut obligé de jeter à

NAUFRAGE DE LA « MÉDUSE ». (Géricault.)

la mer tous les quarts de farine. Le radeau, allégé, put alors recevoir d'autres hommes; nous nous trouvâmes enfin cent cinquante-deux. La machine s'enfonça au moins d'un mètre. Nous étions tellement serrés les uns contre les autres qu'il était impossible de faire un seul pas; sur l'avant et l'arrière, on avait de l'eau jusqu'à la ceinture.

« Nous mêlâmes notre pâte de biscuit mariné avec un peu de vin et nous la distribuâmes ainsi préparée. Un ordre par numéros fut établi pour la distribution de nos misérables vivres. La ration de vin fut fixée à trois quarts par jour. Nous ne parlerons plus du biscuit; la première distribution l'enleva entièrement.

« La nuit arriva, le vent fraîchit, la mer grossit. Vers les sept heures du matin la mer tomba un peu, le vent souffla avec moins de fureur... Dix ou douze malheureux ayant les extrémités inférieures engagées dans les séparations que laissaient entre elles les pièces du radeau n'avaient pu se dégager et y avaient perdu la vie; plusieurs autres avaient été enlevés par la mer. »

Deuxième jour. — « Le jour fut beau et la tranquillité la plus parfaite ne cessa de régner... Le soir vint, l'esprit séditieux se manifesta par des cris de rage; la voix des chefs fut méconnue. »

La deuxième nuit coûta la vie à soixante ou soixante-cinq malheureux et fut marquée par une mêlée générale provoquée par des matelots ivres, rebut des bagnes de Toulon, de Rochefort et de Brest, flétris au bras du fer chaud qui avait gravé dans la chair la honte de leurs crimes. Quels soldats ils eussent été pour notre jeune colonie! Ces insensés voulurent couper les amarres qui retenaient les pièces de bois et perdre avec eux l'équipage entier. Les survivants commencèrent à éprouver des sensations étranges : des images riantes berçaient leur imagination, qui voyait autour d'eux une terre couverte de belles plantes. Un fou se précipita à la mer en criant : « Ne craignez rien, je pars pour vous chercher du secours et dans peu vous me reverrez. » Un autre se jeta sur un de ses compagnons le sabre au clair, pour exiger une aile de poulet et du pain. D'autres demandent des hamacs pour aller dans l'entrepont de la « frégate » prendre quelques instants de repos. Un officier dit : « Je viens d'écrire au gouverneur et bientôt nous serons sauvés. » On lui répondit : « Avez-vous un pigeon pour porter vos ordres avec plus de célérité? »

« Pendant cette nuit tumultueuse deux barriques de vin ont été noyées, il n'en reste plus qu'une et on est plus de soixante.

Troisième jour. — « Nous essayâmes de manger des baudriers de sabre et des gibernes, du linge, des cuirs de chapeaux!

Troisième nuit. — « L'eau nous venait jusqu'au genou et nous ne pouvions reposer que debout, serrés les uns contre les autres pour former une masse immobile. » Dix ou douze nouveaux cadavres s'ajoutent aux précédents.

Quatrième jour. — « Vers quatre heures un banc de poissons volants passa sous le radeau, et les poissons s'y engagèrent en très grande quantité. Nous en prîmes environ deux cents et les dépeçâmes dans un tonneau vide. »

Quatrième nuit. — Deuxième révolte.

Cinquième jour. — « Nous n'étions plus que trente.... L'eau de la mer avait enlevé presque entièrement l'épiderme de nos extrémités inférieures; nous étions couverts ou de contusions ou de blessures qui, irritées par l'eau salée, nous arrachaient à chaque instant des cris perçants, de sorte que vingt tout au plus d'entre nous étaient capables de se tenir debout et de marcher. Nous n'avions plus de vin que pour quatre jours et il nous restait à peine une douzaine de poissons. »

Septième jour. — Deux traîtres qui boivent clandestinement avec un chalumeau à la dernière barrique sont incontinent punis de mort. L'effectif du radeau s'est réduit à vingt-sept bouches ; quinze hommes seulement sont valides ; ils décident de se défaire des invalides et des moribonds. Cet expédient affreux prolongea six jours encore la vie des quinze bourreaux.

Neuvième jour. — Un papillon blanc vient se poser sur la voile. Le lendemain un goéland apparaît. La terre est proche, mais la soif tourmente les affamés sous un soleil de plomb. On se dispute avec égoïsme un citron microscopique et une douzaine de gousses d'ail cachées dans un sac. On s'humecte à tour de rôle la langue de deux gouttes de liqueur dentifrice, teinture de gaïac, de cannelle et de girofle. Des morceaux d'étain sucés avec rage flattent le palais. Les mains traînent dans l'eau de mer. On respire avec avidité le parfum d'un flacon qui avait autrefois contenu de l'essence de roses.

Dixième jour. — Une troupe de requins cerne le radeau ; les malheureux méprisent le danger et se baignent à la vue des monstres.

Le 16 juillet 1816, enfin, le brick Argus vint mettre un terme à cette tragédie qui avait duré douze jours, douze siècles.

Asie.

Les annales des voyages en Asie n'ont pas de nom plus sympathique que celui de Victor Jacquemont.

Passionné pour les sciences naturelles, il compromit gravement sa santé dans un laboratoire de chimie, où une inhalation d'acide prussique lui valut un commencement de phtisie laryngée.

Après une longue excursion dans l'Amérique du Nord, il soumit au Musée d'histoire naturelle de Paris un plan d'exploration de l'Inde, et il fut nommé voyageur naturaliste du gouvernement.

Il eut quelques aventures, comme le jour où le gouverneur d'une forteresse du Pendjab lui extorqua cinq cents roupies. Mais ce qui intéresse tant dans les lettres admirables de sentiment et de forme qu'il écrivait à sa famille, ce qui attriste, c'est la conscience où il était du déclin rapide d'une santé délicate.

Le 8 mai 1831, il écrit : « L'excessive chaleur a brisé depuis quelque temps mon énergie européenne ; je déserte mon jardin devenu une serre chaude et je viens chercher sur le lac un souffle d'air. Mais ici, même au pied des montagnes, le même calme règne dans l'atmosphère. J'envie à l'Inde ses vents chauds. J'avais apporté de quoi travailler, mais il s'agit de vivre d'abord, ce qui est une besogne fort laborieuse depuis que nous sommes revenus au beau fixe de l'enfer. L'eau du lac est tellement chaude qu'il me semble ne rien gagner au changement d'élément quand je m'y plonge. Il y faut rester un temps considérable avant de sentir quelque fraîcheur et comme il y faut nager dans une eau dormante et très profonde mes forces ne se trouvent guère retrempées lorsque je remonte dans mon bateau. Quant à mon île, c'est un colifichet, elle est parfaitement ombragée par deux platanes. »

Le 1ᵉʳ décembre : « Il y a trente-deux jours que je suis au lit. J'ai pris dans la forêt empestée de l'île de Salsette, exposé à l'ardeur du soleil dans la saison la plus malsaine, le germe de cette maladie : ce sont des inflammations du foie. Ces miasmes pestilentiels de Salsette m'ont achevé. Dès le début du mal j'ai fait mon testament et réglé mes affaires. Tu devrais trouver quelque consolation dans l'assurance que je te donne, que depuis mon arrivée ici je n'ai cessé d'être comblé des attentions les plus affectueuses et les plus touchantes d'une quantité d'hommes bons et aimables. Ils viennent me voir sans cesse, caressent mes caprices de malade, préviennent toutes mes fantaisies. L'excellent Mac-Lennan, mon médecin, a presque compromis sa santé pour moi.

« Adieu! ah, que vous êtes aimés de votre pauvre Victor! Adieu pour la dernière fois! Etendu sur le dos, je ne puis écrire qu'avec un crayon; de peur que ces caractères ne s'effacent, l'excellent M. Nicol copiera cette lettre à la plume, afin que je sois sûr que tu puisses lire mes dernières pensées. Adieu, encore, mes amis! J'ai pu signer ce que l'admirable M. Nicol a bien voulu copier! »

Quelle tristesse! « Ce qu'il y a de plus cruel dans la pensée de ceux que nous aimons, mourant dans ces contrées lointaines, c'est l'idée de l'isolement et de l'abandon dans lesquels peuvent être passées les dernières heures! »

Cette fin d'un savant et d'un homme de cœur, à trente ans, loin des siens, et se sentant mourir, je ne sais rien de plus poignant.

Amérique.

Christophe Colomb, le découvreur du Nouveau Monde, n'a pas toujours été le triomphateur que l'on s'imagine; il a eu des ennuis qui nous étonnent, tant sa gloire nous semble incontestable.

Après plusieurs années de requêtes en Portugal, en France, en Espagne, il finit par intéresser à son entreprise Ferdinand et Isabelle, les rois catholiques.

Il avait la foi qui soulève les montagnes et franchit les mers; mais son équipage ne la partageait point, et lui donna de grands sujets d'inquiétude. Le 22 septembre 1492, raconte-t-il, « les gens de mon équipage étaient en grande fermentation, pensant que dans ces mers il ne soufflait pas de vent pour retourner en Espagne ». On le tournait en ridicule, on le taxait de folie. Les meneurs projetèrent de le jeter à l'eau dans le cas où il persisterait à aller de l'avant, et ils raconteraient ensuite qu'il y était tombé accidentellement en observant les étoiles.

Se réunissant à l'intérieur des navires, ils disaient que l'amiral, poussé par la folle et fantaisiste ambition d'avoir un titre élevé, s'était fait un jeu de les exposer aux plus grands périls et de les conduire à une mort certaine; que d'ailleurs ils avaient dès lors largement satisfait aux engagements contractés par eux, puisqu'ils s'étaient aventurés sur la mer plus loin qu'aucun navigateur n'avait encore osé le faire; qu'il ne convenait pas qu'ils fussent les propres artisans de leur perte, en suivant une route qui n'avait point de terme; que les vivres allaient leur manquer; que d'ailleurs leurs navires, déjà fort avariés, ne seraient bientôt plus en état de tenir la mer; que nul ne saurait les blâmer d'avoir songé au retour, alors qu'ils avaient poussé si avant leurs explorations. Ils ajoutaient que l'amiral n'était autre qu'un étranger, sans savoir aucun, puisque les plus grands docteurs de leur pays s'étaient accordés à réprouver ses lubies, à proclamer son ignorance, ignorance dont les preuves étaient maintenant bien manifestes, et donnaient hautement raison à tous ceux qui avaient combattu ses projets insensés.

Ainsi de jour en jour allaient croissant le mécontentement, les murmures et les machinations contre l'amiral qui ne laissait pas de comprendre leur défection et de soupçonner leurs mauvais desseins. C'est pourquoi tantôt en leur adressant de douces paroles, il parvenait à dominer leurs appréhensions, et tantôt en affectant de mépriser toutes leurs secrètes menées, en les faisant rentrer dans le devoir, en leur remontrant le châtiment qui les attendait s'il arrivait que par leur désobéissance ils empêchassent le succès de l'expédition.

« D'ailleurs pour ranimer en eux l'espérance, il insistait sur les nombreux signes annonçant qu'on ne pourrait tarder à découvrir la terre. Mais quelque soin qu'il prît d'en référer à ces heureux présages, telle était leur impatience, que les heures leur semblaient longues comme des ans. »

Le mardi 25 septembre, Martin Pinzon s'écria : « Terre! Terre! Seigneur, à moi l'heureuse chance de la découverte! » Et en parlant ainsi il montrait au sud-ouest une forme obscure qui avait l'aspect d'une île et qui pouvait être à environ vingt-cinq lieues des navires.

Mais le lendemain ils reconnurent que ce qu'ils avaient pris pour une île n'était rien de plus qu'un amas de vapeur et de nuage.

Mais la gloire de Colomb excita bien des jalousies :

« Il me souvient, raconte son fils, qu'un jour à Grenade, où j'étais avec mon frère, nous vîmes une cinquantaine de vagabonds qui, ayant acheté une charge de raisins, s'étaient assis pour les manger sur la place de l'Alhambra, et au moment où passèrent leurs Altesses, ils se mirent tous à crier que tel était l'état où les avait réduits la confiance que les rois de Castille avaient placée dans l'amiral, qui jamais ne leur avait compté rien de la solde qui leur était due...

« Et si par aventure mon frère et moi, qui étions pages de la reine, nous venions à passer en quelque lieu où se trouvaient quelques-uns de ces criards, nous pouvions les entendre qui se disaient les uns aux autres, en nous montrant : « Les voilà, les fils de cet amiral maudit, de celui qui est allé découvrir une terre de fausseté et de tromperie, pour y faire mourir de misère les gentilshommes castillans », ou maint autre propos non moins injurieux.

En abordant à la fin d'août 1500, à Saint-Domingue, Colomb reçut cette lettre : « Don Christophe Colomb, notre amiral de la mer Océane, nous avons ordonné au commandeur François de Bovadiglia, porteur de cette lettre, qu'il vous dise de notre part certaines choses. C'est pourquoi nous vous prions de vouloir lui accorder votre crédit et de lui obéir... Donné à Madrid le 31 mai de l'année 1499. Signé : Moi le roi, Moi la reine, et par ordre de leurs Altesses : Michel Perez d'Almazan. »

Il fut enchaîné à fond de cale ! Lorsque la flotte fut prête pour le ramener en Europe, il demanda au capitaine : « Vallejo, où me mènes-tu ? — Votre Seigneurie va être conduite à bord. — Vallejo, est-il vrai ? — Votre Seigneurie va bientôt s'assurer qu'elle sera conduite à bord de mon vaisseau. » Et comme Vallejo voulait desserrer les liens, Colomb s'y refusa : « On les lui avait mis au nom du roi, et il ne les quitterait que par ses ordres... » Il conserva ces chaînes en manière de reliques, témoignant du prix qu'il avait reçu de ses services. Il les suspendit aux murs de sa chambre et ordonna qu'elles fussent déposées dans son cercueil.

L'indignation publique força Ferdinand et Isabelle à rendre justice au grand calomnié et à le remettre à la tête d'une expédition nouvelle.

Mais ses tribulations n'étaient pas à leur terme, et après la mort d'Isabelle (novembre 1504), Ferdinand lui témoigna une grande froideur, qui abrégea ses jours.

En apprenant ce lamentable événement, l'amiral éprouva une profonde affliction, car cette princesse l'avait toujours soutenu de son estime et de sa puissance, tandis que son époux, prêtant l'oreille aux insinuations de ses ennemis, s'était souvent montré contraire à ses projets.

Il eut d'ailleurs des preuves manifestes de cette disposition, lorsqu'il se présenta devant le roi, qui, tout en semblant lui faire le meilleur accueil et tout en exprimant l'intention de le maintenir dans ses dignités, l'en eût immédiatement privé s'il n'eût été retenu par les convenances, qui s'imposent d'elles-mêmes aux personnes de haut rang.

L'amiral, doublement accablé par la goutte et par le chagrin de voir tous ses droits méconnus, rendit l'âme à Valladolid le 20 mai 1506.

Après avoir reçu avec une grande dévotion tous les sacrements de l'Église : « Mon Dieu, s'écria-t-il, je remets mon esprit entre vos mains ! »

Il eut cette belle épitaphe :

> A Castiglia y a Leon
> Nuevo mondo dio Colon.

« Le grand Colomb donna un monde nouveau aux royaumes de Castille et de Léon. »

Comme on l'a dit, la vie de Colomb est un drame d'une gradation saisissante :

au retour du premier voyage, il fut reçu avec enthousiasme, au second, avec froideur, au troisième, il fut mis aux fers, au quatrième, il était mourant!

∴

Le bassin du Mississipi a été exploré par les Espagnols et les Français avant de tomber sous l'hégémonie anglaise; Fernand de Soto et La Salle ont laissé un grand souvenir.

Soto aborda sur les côtes de Floride à la tête de dix vaisseaux, mille fantassins et trois cents cavaliers, pour chercher l'or, la pierre philosophale de tous les temps. Il pénétra jusqu'à trois cents lieues de la côte, dans une contrée couverte de sable fin et entrecoupée de marais où ne croissaient que de maigres épines. Attaqué d'une fièvre au confluent de la rivière Rouge et du Mississipi, il succomba et fut enseveli dans un tronc d'arbre creusé que les siens abandonnèrent au fil de l'eau, nouveau berceau de Moïse.

L'expédition, décapitée, se traîna lamentablement, elle coûta la vie de sept cents hommes et cent mille ducats.

∴

Robert Cavelier de la Salle, parti au Canada pour faire fortune, résolut de conquérir à sa patrie l'immense bassin jadis entrevu par Soto. Rien ne le rebuta, ni la perte de deux de ses navires, ni l'infamie de ses compagnons qui voulurent l'empoisonner; il sut plaire aux Illinois qui lui firent une sorte de garde du corps.

De retour en France, il se vit accusé d'avoir maltraité des naturels et provoqué une guerre entre Illinois et Iroquois. Seignelay, ministre de la marine, lui rendit pourtant sa confiance, et La Salle partit. Un navire chargé de munitions fut enlevé par les Espagnols sur la côte de Saint-Domingue; un autre se perdit dans la baie Saint-Bernard avec quantité de vivres. Après avoir échappé à mille dangers, La Salle fut poignardé par trois scélérats de sa troupe, et les Anglais virent disparaître un de leurs redoutables ennemis qui eût voulu faire dans l'Amérique du Nord ce que Dupleix tenta vainement de recommencer dans l'Hindoustan.

Afrique.

Une des explorations les plus aventureuses qui aient jamais été faites est celle de Camille Douls.

Écoutons-le raconter lui-même son odyssée :

« Dans les premiers jours de l'année 1887, je me faisais déposer sur la côte du Sahara par des pêcheurs canariens avec l'intention d'explorer les steppes inconnus du Sahara occidental.

« Un séjour prolongé que j'avais fait au Maroc où j'avais appris la langue arabe avait confirmé mon opinion sur la manière de traverser le Sahara. L'exemple de René Caillé, Rohlfs, Lenz me prouvait qu'il est possible de voyager dans cette partie de l'Afrique sous le couvert musulman.

« Certes, le projet d'aborder en plein pays maure comme un naufragé n'était pas exempt de dangers, mais c'était la seule voie qui n'eût pas été essayée. Il est vrai que de malheureux naufragés jetés par les flots sur cette côte inhospitalière avaient été, à plusieurs reprises, victimes de la barbarie et de la férocité des Maures, mais c'étaient des naufragés chrétiens et, pour les Musulmans du Sahara, tout ce qui vient de la mer est un présent de Dieu.

« Quel accueil feraient-ils à un Musulman, à un frère ou à quelqu'un qui réussirait à se faire passer pour tel? En réponse à cette interrogation j'abondais dans le sens optimiste, et je ne pouvais me résoudre à croire que les Musulmans sacrifieraient un homme qui proclamerait que Mahomet est le prophète de Dieu et qui réciterait avec eux le fâtha. Je spéculais aussi sur les mœurs arabes qui accordent l'hospitalité aux Musulmans étrangers et leur facilitent les moyens de regagner leur patrie.

« C'est avec cette conviction que je fus déposé sur la côte du Sahara, seul, sans escorte, et comme un malheureux naufragé.

« J'eus le malheur de tomber entre les mains des Oulad-Delim, les écumeurs du Sahara occidental, qui hantaient la côte avant de retourner dans leur territoire vers l'est.

« Dépouillé, maltraité, chargé de chaînes, je subis pendant douze jours une très cruelle captivité et je ne dus la vie qu'à ma connaissance des prières musulmanes que je récitais chaque fois que ma position devenait critique. Ma constance reçut enfin son prix : on crut reconnaître en moi un frère. Je fus aussitôt délivré de mes fers et agréé comme « frère » dans la tribu. Étant de cette manière devenu l'hôte d'une des tribus les plus redoutées du Sahara, je pus parcourir de concert avec elles et avec une sécurité relative les steppes encore inexplorés des Maures nomades.

« Pendant les cinq mois que je vécus sous la tente, je pus étudier à fond les mœurs, l'état social et la langue de ces Bohémiens du désert.

« J'ai dû agir avec la plus grande prudence pour ne pas éveiller l'attention sur mes demandes incessantes.

« Tout me servait de prétexte, et un nom connu, mais que je feignais d'entendre prononcer pour la première fois, était pour moi le sujet d'une foule de questions. J'avais pu réunir quelques feuilles de papier et deux crayons. Je découpais ces feuilles en petits morceaux numérotés que je pouvais aisément cacher dans le creux de la main. J'écrivais en langue française, mais en caractères arabes, de manière à ce que si une de ces feuilles eût été égarée et retrouvée, elle ne pût servir d'argument contre mon orthodoxie. De plus, j'avais ménagé une sorte de poche dans l'épiderme de la peau de bête qui me servait de vêtement et c'est dans cette cachette que j'enfermais soigneusement tous les bouts de papier sur lesquels j'avais inscrit des renseignements. Lorsque je voulais prendre quelque note, je restais en arrière de la caravane ou j'attendais que le dromadaire que je montais se fût isolé.

« Pour me servir de la boussole j'usais des mêmes précautions ou bien j'attendais les heures de prière. Dans ce dernier cas, je prétextais de la nécessité de m'orienter avec l'instrument pour trouver la direction exacte de la Mecque, vers laquelle tous les croyants doivent se tourner à l'heure de la prière.

« Enfin c'est grâce à ces stratagèmes et à ces précautions que j'ai réussi à tracer mon itinéraire et à prendre même quelque esquisse des pays que j'ai visités.

« Ce qui avait été un malheur au début pour moi devint par la suite un événement heureux et augmenta mes chances de succès.

« En effet, dans les combats des tribus auxquels j'assistai, les Oulad-Delim, mes hôtes, étant les agresseurs, n'attaquaient qu'avec une supériorité numérique et avaient toujours le dessus…

« Voici les circonstances qui me permirent de quitter les Maures nomades et de parvenir au Maroc. Mon hôte, Ibrahim, le chef de la fraction de tribu qui m'avait agréé comme frère, s'était pris de sympathie pour moi et il avait rêvé de me donner en mariage sa fille Eliazize.. En tout pays musulman, c'est le fiancé qui apporte la dot. — Nous tombâmes d'accord pour une valeur de sept dromadaires.

« Mais la question du payement était embarrassante : ayant été dépouillé de mon argent au début de mon voyage, il ne m'était pas possible de donner immédiatement la valeur demandée… Je persuadai à Ibrahim de me laisser partir pour aller chercher la valeur demandée en Turquie, le pays dont il me croyait originaire…

« Sans défiance le Maure accepta, et je pris congé. »

Mais une nouvelle aventure attendait Camille Douls au Maroc : « Jusqu'à ce moment j'avais voyagé comme Musulman et c'est à ce travestissement que j'avais dû d'arriver au terme de mon entreprise. Furieux d'apprendre qu'un chrétien était parvenu à traverser en sécurité les provinces du Sous et du Ouad-Noun, l'empereur me fit incarcérer et river les fers aux pieds.

« Heureusement je pus faire parvenir de mes nouvelles au ministre anglais qui fit aussitôt des démarches et obtint mon relaxement.

« Tel est le résumé de ce voyage, qui, commencé dans les fers, s'est terminé dans les fers et m'a valu avec des alternatives de joie et de déception les plus grandes émotions qui soient réservées au voyageur… »

Deux ans plus tard, cet intrépide explorateur mourut dans la fleur de l'âge, traîtreusement assassiné par son guide, ajoutant un nom nouveau à cette douloureuse liste de martyrs religieux ou laïques tombés sur le champ d'honneur de l'Afrique : Flatters, Palat, Crampel, les Pères Blancs de Mgr Lavigerie dans le Sud-Algérien et dans l'Ouganda (pour ne citer que quelques noms français tout récents).

L'Afrique commence à livrer tous ses secrets l'un après l'autre, mais c'est toujours le continent noir et mystérieux, aux forêts vierges impénétrables, aux populations rudimentaires et inconscientes, aussi attirantes que l'énigme du Pôle Nord.

Océanie.

Magellan a eu la gloire d'avoir entrepris le premier voyage autour du monde, et il est mort tragiquement au cours de sa navigation.

Il fait partie de la glorieuse phalange de Portugais que Gama conduisait à la victoire. C'est un homme énergique, un peu dur, mais dévoué. Un navire à bord duquel le jeune officier servait, passait du port de Cochin en Portugal, de conserve avec un autre bâtiment; les deux embarcations allèrent échouer sur les bas-fonds de Padona; les équipages purent heureusement se sauver dans les chaloupes et gagner un îlot. On agita bientôt la question d'un sauvetage plus complet, et il s'agit parmi ces hommes désolés de savoir comment on gagnerait le port le plus voisin; les chefs et les personnages importants qui passaient à bord des bâtiments naufragés prétendaient s'éloigner sur-le-champ du lieu du sinistre; les simples matelots s'opposaient énergiquement à leur départ. Magellan n'hésita pas; il promit de rester avec les équipages en détresse et il fit promettre aux chefs qu'aussitôt arrivés dans un port ils expédieraient du secours. Toutefois ces pourparlers exigeaient qu'il se tînt dans une petite embarcation, dans une chaloupe prête à mettre à la voile; les matelots se crurent un moment abandonnés par celui dans lequel ils avaient mis leur confiance. Une voix sortit de la foule : « Seigneur Magellan, ne nous avez-vous pas promis de rester avec nous? » Et lui, sautant d'un bond sur la plage, se contenta de dire : « Me voilà. » Quelques jours plus tard, les matelots gagnaient un port voisin pour rapatrier Lisbonne.

Mais son ambition souffrit du rôle de subalterne qu'il jouait et il voulut se lancer lui-même dans les aventures. Il fut blessé au genou en Afrique et se vit en butte aux réclamations des colons d'Azamor à la suite d'une distribution de butin. Des résistances qu'il éprouva dans son propre pays le poussèrent à chercher du service en Espagne.

Charles-Quint prêta l'oreille à ses plans et lui procura les moyens de les exécuter. Mais il fallut compter avec le mauvais vouloir de l'administration coloniale ou « Contratacion ». Un jour il faillit être lapidé, sous prétexte qu'il substituait sur ses bâtiments le blason de Portugal à celui d'Espagne, alors qu'il n'y mettait que le sien. Un de ses plus intimes amis, Sébastien Alvarez, vint lui dire que s'il ne rentrait pas à Lisbonne, il ne le saluerait plus du titre d'amiral. Un autre de ses compatriotes, Estevan Gomez, son rival et son ennemi acharné, fit partie de cette expédition qui s'annonçait si fâcheusement.

Charles-Quint coupa court à tout en faisant remettre un jour ostensiblement l'étendard royal au navigateur, à Santa Maria de la Triana.

Dès le début de l'expédition aux îles du Cap Vert, les ennuis commencèrent. Juan de Carthagène, son second, se permit des familiarités déplacées, lui criant insolemment : « Dios os salve, señor capitan y maestre » (Dieu vous garde, seigneur capitaine). Sur la représentation de l'amiral, Juan dit qu'il venait de le saluer avec le meilleur matelot de la flotte en sa compagnie, et que le lendemain il recommencerait avec un mousse. Une autre fois après une scène orageuse, Magellan le fit mettre au cep comme un simple gabier.

Arrivé heureusement sur les côtes de Patagonie, il voulut hiverner, mais l'équipage murmura. Quesada et Mendoza, officiers, excitaient les mécontents; le maître Juan de Eliorraga, refusant de se joindre aux mutins, fut poignardé : « Vous allez voir que ce fou va nous empêcher de faire notre affaire. » Magellan déploya une extrême sévérité qu'on voudrait effacer de son histoire : il envoya un alguazil porteur d'un message pour Mendoza et au moment où l'officier souriait d'un air de dire : « Tu ne m'attraperas pas où tu me voudrais voir », il tombe frappé à la gorge et à la tête, puis est coupé par quartiers. Quesada fut décapité, et Carthagène abandonné sur la côte avec le prêtre Pedro Sanchez qui avait trempé dans le complot.

Il put continuer son voyage et pénétra dans le Pacifique. En trois mois et vingt jours, il ne vit que deux îlots déserts qui reçurent le nom poétique de « Desventuradas » (Infortunées), et on ne sait plus bien aujourd'hui quelles terres c'était.

Il aborda enfin aux Philippines et il put espérer quelques moments de repos. Bien reçu chez le roi des Zébus, il voulut lui donner une haute idée de sa force, et lui proposa d'aller attaquer un de ses voisins, avec cinquante hommes d'élite : il périt lapidé.

Les survivants regagnèrent Lisbonne après d'incroyables aventures : de deux cent soixante-cinq partants, il n'en revint que dix-huit, parmi lesquels un Français.

*
* *

A la fin du xviii° siècle, la France et l'Angleterre rivalisaient de zèle pour la découverte de terres nouvelles. Louis XVI, enthousiasmé par les belles pérégrinations de Cook, voulut leur donner un pendant et il dressa un mémoire dont l'original subsiste encore, rehaussé de notes originales autographes. « Pour résumer les observations que j'ai faites, il y a deux parties, celle du commerce et celle des reconnaissances. La première a deux points principaux : la pêche de la baleine dans l'Océan méridional, au sud de l'Amérique et du cap de Bonne-Espérance ; l'autre est la traite des pelleteries dans le nord-ouest de l'Amérique, pour être transportées en Chine et au Japon. Quant à la partie des reconnaissances, les points principaux sont celui de la partie nord-ouest de l'Amérique, qui concourt avec la partie commerciale, celui des mers du Japon, qui y concourt aussi, celui des îles Salomon et celui du sud-ouest de la Nouvelle-Hollande. »

La Pérouse fut choisi pour remplir le programme tracé par le souverain ; une exploration hardie de la baie d'Hudson le désignait à ce choix.

Il s'aventura dans les mers océaniennes et il y éprouva de grands désastres. Le premier eut lieu du côté de l'île Vancouver : une flottille de canots, envoyés pour reconnaître une anse qui paraissait commode et partis gaiement comme pour une promenade, fut engloutie dans une sorte de mascaret. Le second malheur fut encore plus déplorable : Delangle, s'étant arrêté aux îles des Navigateurs pour renouveler la provision d'eau, se laissa surprendre par la marée et ne put rembarquer à temps ; il se tint à l'avant de son canot laissé à sec sur la plage et, par un sentiment honorable d'humanité, il ne songea pas à se défendre contre les indigènes malveillants qui l'entouraient. Quand il donna l'ordre de faire feu, ses compagnons n'eurent pas le temps de charger et tous périrent assommés à coups de massue.

Ce meurtre dut assombrir La Pérouse et ce fut l'âme attristée qu'il écrivit au ministre de la marine : « Je remonterai aux îles des Amis et je ferai absolument tout ce qui m'est enjoint par mes instructions relativement à la partie méridionale de la Nouvelle-Calédonie à l'île Santa-Cruz de Mendaña, à la côte sud de la terre des Arsacides de Surville, et à la Louisiane en cherchant à connaître si cette dernière fait partie de la Nouvelle-Guinée ou si elle en est séparée. Je passerai à la fin de juillet 1788 entre la Nouvelle-Guinée et la Nouvelle-Hollande. Je visiterai pendant le mois de septembre et une partie d'octobre le golfe de la Carpentarie et toute la côte occidentale de la Nouvelle-Hollande jusqu'à la terre de Diémen, mais de manière, cependant, qu'il me soit possible de remonter au nord assez tôt pour arriver au commencement de décembre à l'Ile-de-France. »

Cette lettre datée du 7 février 1788 est la dernière qui parvint en France.

Quarante ans plus tard, Dumont d'Urville, parti à la recherche des restes de l'infortuné navigateur, inscrivait dans une île perdue de l'océan Pacifique, sur une plaque de plomb, épave usée par le frottement des lames, ces mots : « A la mémoire de La Pérouse et de ses compagnons, *l'Astrolabe*, 14 mars 1828. »

Et voici ce que d'Urville recueillit de la bouche des indigènes : « A la suite d'une nuit très obscure durant laquelle le vent du sud-ouest soufflait avec violence, les indigènes de Vanikoro virent tout à coup une immense pirogue échouée sur les récifs, elle fut promptement démolie par les vagues et disparut sans que l'on en pût rien sauver. De ceux qui la montaient, quelques-uns seulement purent gagner la terre. Le lendemain, les indigènes aperçurent une seconde pirogue semblable à la première : celle-ci eut le bonheur de ne pas couler, et les étrangers travaillèrent incontinent à construire un petit bâtiment des débris du navire précédent. Les Français étaient respectés des naturels qui leur baisaient les mains. Mais des rixes s'élevèrent et les étrangers furent massacrés, sauf quelques-uns qui purent s'échapper par aller périr sur un récif des îles Salomon. »

Dumont d'Urville périt d'ailleurs lui-même misérablement le 8 mai 1848, en revenant des grandes eaux de Versailles : le wagon où il était prit feu et son cadavre eut peine à être reconnu par ses amis. Avoir couru les mers du globe entier et mourir ainsi en pleine gloire !

Robinsons.

L'histoire de Robinson Crusoë n'est pas une invention du romancier Daniel de Foë, qui a seulement eu le tort de créer un personnage fictif, le jeune Vendredi, car l'original, le type qui lui a servi de modèle, a vécu quatre ans et quatre mois dans une solitude absolue.

C'était un matelot écossais, Alexandre Selkirk, que son capitaine avait cruellement abandonné, à la suite de quelque démêlé, dans l'îlot désert de Juan Fernandez, en plein Pacifique. Il n'avait que ses habits, un fusil, de maigres munitions, une hache, un couteau, un chaudron, des instruments, une Bible et des livres de marine.

Les huit premiers mois furent atroces; mais il finit par trouver du charme à cet isolement. Deux cabanes faites en branches d'arbres s'élevèrent bientôt : il les couvrit de jonc et les calfeutra intérieurement de peaux de chèvres. Quand ses habits furent élimés jusqu'à la corde, il se tailla un justaucorps et un bonnet à longs poils qui le garantirent à merveille du froid. Les souliers lui furent inutiles, car la corne de ses pieds devint promptement un véritable sabot.

Il eut de la peine à se passer de sel; le bois de piment y suppléa par son arome prononcé. Il obtint du feu en frottant deux morceaux de bois l'un contre l'autre. Il se nourrit de chèvres dont il tua près de cinq cents. Quand la poudre et les balles lui manquèrent, il les prit à la course, tant il acquit d'agilité; un jour il tomba dans un précipice et, revenu à lui, il se trouva qu'il était couché sur le corps de la chèvre par lui poursuivie! Il eut aussi des légumes. Il mangeait dans la plus petite des huttes et dormait et faisait ses dévotions dans l'autre.

Son passe-temps fut l'élevage des chats et des chevreaux.

Quand il fut recueilli en 1709 par Woods Rogers, il pouvait à peine parler, il refusa tout aliment, toute boisson.

∴

A peu près à la même époque, une des îles Mascareignes, l'île Rodrigue, fut le théâtre d'une aventure analogue qui, pour être moins connue, ne mérite pas moins une mention spéciale.

Le 3 avril 1691, dix Français sont déposés dans l'île Rodrigue, sous la conduite de François Leguat, enrôlés au service de la Compagnie des Indes Orientales [1].

L'île est absolument inhabitée, mais nos dix colons ne s'y ennuient pas : « Nous jouions quelquefois aux échecs, au trictrac, aux dames, à la boule et aux quilles. La chasse et la pêche étaient un peu trop aisées pour y prendre un fort grand plaisir. Nous nous amusions à instruire des perroquets. Nous avions apporté des lampes et nous en faisions un fort bon usage avec de l'huile ou graisse de tortue, laquelle ne fige jamais. Nous nous servions communément de verres ardents pour allumer le feu. Nous avions chair et poisson à notre choix et en abondance, du rôti, du bouilli, des soupes, du ragoût, des herbes, des racines, d'excellents melons avec d'autres fruits, du bon vin de palme, et de l'eau douce et pure. » Le pays est heureusement fertile, car le capitaine de l'*Hirondelle* qui les avait amenés ne leur a laissé que deux barils de biscuits.

Deux ans écoulés, les colons, malgré toute leur bonne humeur, commencèrent à s'ennuyer et ils construisirent une pirogue pour s'évader de cette cage dorée.

Le samedi 19 avril 1693, la barque fut mise à l'eau, mais la main inexpérimentée du gabier la mena sur un brisant : « la pauvre nacelle se remplissait, le gouvernail ne gouvernait plus, le vent nous poussait au loin…. Nous perdîmes tous la tramontane. L'un prétendait vider la barque avec son chapeau, l'autre s'amusait à quelque manœuvre également inutile. Enfin pourtant, quelqu'un se servit si heureusement d'une rame que la barque vira à l'autre bord et comme le vent était largue, il la repoussa en quatre minutes de l'autre côté du brisant; mais trente pas au delà de ce même brisant, vers l'île, elle coula tout à coup à

---

1. Leurs aventures ont été publiées par *Eug. Müller*.

fond. Mais n'y ayant en cet endroit que six pieds d'eau, comme la barque ne se renversa point, nous nous trouvâmes debout sur le pont, ayant de l'eau jusqu'à la ceinture. »

Les naufragés ne se découragent point et après avoir radoubé leur infortunée galère ils repartaient le 21 mai. Neuf jours d'une navigation périlleuse les mènent à l'île Maurice, où ils apprennent que leur abandon est dû, depuis deux ans, à la scélératesse du capitaine de l'*Hirondelle*. Sous prétexte de ravitailler les colons, il partit plusieurs fois chargé de « cerfs, veaux, chèvres, pourceaux, dindons, canards, volaille, citronniers, orangers, ananas, bananiers, ceps de vigne, tabac, patates, riz, mil, arbres, fruits, grains et graines en abondance. Mais tout cela n'était qu'un prétexte. Il passa et repassa à la vue de notre île et nous priva vilainement de choses qui auraient fait de notre Rodrigue un véritable Eden. »

Sous un prétexte futile, le commandant de Maurice fit emprisonner ses compatriotes et mettre les *stombs* aux pieds. « Les *stombs* sont composés de pièces de bois assez grosses dont l'une s'abaisse sur l'autre, et qui ayant chacune une demi-échancrure faite en demi-rond, l'une vis-à-vis de l'autre, font ensemble, quand elles sont approchées, deux trous où les jambes se trouvent passées et prises si au juste qu'il n'est pas possible de les retirer. D'ailleurs il faut être toujours couché durement sur le dos, la tête beaucoup plus basse que les pieds. Nous demeurâmes en cet état deux jours et deux nuits. Quelques jours après, on vint se saisir de tout ce que nous avions : argent, armes, instruments d'agriculture, ustensiles de cuisine, draps de lit, linge de table et généralement de tout ce que nous avions, excepté de quelque peu de linge, de nos lits, de nos habits, et une partie de nos livres. On prit même à notre orfèvre tous ses outils sans lui en laisser un seul. Ensuite on nous mit dans une chaloupe. On nous mena sur un rocher tout sec et affreux, de deux cents pas de long et deux cents pas de large, à deux lieues de terre, où il était presque impossible de marcher, parce que l'on ne pouvait poser les pieds que dans des trous ou sur des pointes aiguës. On nous planta là dans une méchante cabane bâtie sur une hauteur, tout proche des brisants, à deux pas de la mer, quand elle était pleine, et justement dans la saison des ouragans. »

C'est dans cette cage demi ruinée que le commandant Diodati laissa ces malheureux pendant près de *trois ans* sans raison : « Il ne nous nourrit que de chairs salées et très souvent corrompues, ce qui ne sera pas difficile à croire si l'on considère la chaleur qui est toujours excessive dans ce pays-là. Notre eau était toujours aussi presque puante, parce qu'on nous l'apportait dans des vases qui n'étaient pas nets. Au commencement on nous apportait nos provisions tous les huit jours, mais ensuite on ne vint que les quinze et quelquefois plus rarement, sans nous faire avoir aucun rafraîchissement.

« Nous demandâmes nos filets pour pêcher et quelqu'un de nos tonneaux pour recueillir de l'eau de pluie, mais l'un et l'autre furent refusés. On le conjura ensuite d'envoyer, au moins tous les quinze jours, un peu de viande fraîche, et cela fut encore refusé. »

Ces Robinsons ne furent délivrés qu'à l'automne de 1696, et ils ne purent jamais obtenir réparation de leurs torts.

Pôle Nord.

Les voyages au Pôle Nord forment un long martyrologe : un aimant irrésistible y attire les esprits aventureux. D'aucuns vont dénigrant ces tentatives désintéressées qui n'ont, évidemment, aucune utilité pratique. Et d'ailleurs l'étude du régime des glaces circumpolaires ne fournit-elle pas d'utiles matériaux à l'histoire du passé de notre globe, à la pêche, à la météorologie? Mais c'est avant tout l'appât du nouveau, la folie de l'inconnu qui hante les élus, les forts qui n'hésitent pas à endurer des souffrances innommées pour l'amour de la science. Que le pôle soit une mer libre ou une banquise, qu'importe! on veut y arriver, on y arrivera. Mais il faudra peut-être abandonner l'espoir d'y parvenir en bateau ; la solution est au traîneau ou au ballon dirigeable.

L'histoire des voyages au Pôle c'est l'histoire des plus terribles catastrophes, l'histoire des plus nobles dévouements; c'est dans l'isolement de l'hivernage, dans les horreurs de la famine que les caractères bien trempés se révèlent.

Le pôle arctique est une région épouvantable. A mesure qu'on en approche, le ciel s'assombrit et les jours s'abrègent; des glaçons énormes flottent de toutes parts; les côtes, hérissées, se dénudent et la neige remplace la terre végétale, sur laquelle des nuages lourds et noirs se traînent : un silence implacable règne sur cette nature sinistre. C'est le pays de la mort : on le devine à l'engourdissement qui saisit dès qu'on y pénètre. A défaut du souvenir des trépas illustres dont l'histoire de ces parages est pleine, çà et là des débris de navires mystérieusement disparus attestent la présence voisine de la puissance éternellement triomphante. Ce sont des indices plus positifs encore : à demi enterrés dans des mousses maigres, de tous côtés l'on aperçoit des cercueils, témoignagne de l'audace humaine. Le couvercle, enlevé par les vents, laisse à nu les os blanchis des squelettes. Une croix grossière étend sur eux ses bras mutilés et une inscription à demi effacée rappelle le nom de celui que les siens n'ont pas revu.

Il y a pourtant dans cette contrée des tristesses permanentes un charme victorieux. Quand ce ne sont pas de simples baleiniers qui s'en vont fouiller les plus abordables retraites de cet Eldorado funeste, ce sont des savants que ses mystères y attirent. Bien mieux, ce sont des gens du monde qui quittent la terre féconde et bienveillante de la patrie pour aller contempler les terreurs de ces régions hostiles.

Un des épisodes les plus attachants de cette étrange région, c'est la catastrophe de la mission Franklin en 1845 et la suite des expéditions entreprises pour en retrouver les restes : cela rappelle un peu les efforts du même genre, toutes pour reconnaître ce qu'était devenu l'infortuné La Pérouse, mais ici la série d'efforts est plus longue.

Huit ans après, un jeune officier français adressait au ministre de la marine une lettre pathétique pour exprimer l'espoir que la mission de Franklin était encore vivante : « La question, en ce qui concerne Franklin et ses hommes, se réduit à savoir où ils peuvent se trouver en ce moment. Or, aujourd'hui, on n'est encore qu'au seuil des découvertes où il s'engageait, et il y a une étendue de terrain non explorée infiniment plus considérable que ce qui a été parcouru jusqu'à présent. Mes vues particulières, qui concordent du reste avec celles de lady Franklin, et s'étayent de l'opinion de plusieurs savants, sont que l'amiral a pénétré dans le bassin polaire, et que dans des circonstances favorables qui ne se sont pas représentées depuis, il a peut-être atteint un point à l'ouest du détroit de Behring et qu'il se trouve dans l'impossibilité de revenir, soit que ses navires aient fait naufrage ou qu'ils soient retenus d'une façon irrémédiable par les glaces du nord ; l'expérience de ces mers repousse d'ailleurs l'idée d'une catastrophe qui aurait tout englouti, sans laisser au moins quelques vestiges. »

Ce vaillant officier, Bellot, périt d'une façon tragique : il était emporté à la dérive sur un glaçon et séparé de ses compagnons. Il s'était engagé avec deux hommes sur des glaces flottantes. Il s'assit pendant une demi-heure et s'entretint avec ses deux compagnons du danger de la position. Avec la protection de Dieu, dit-il, pas un cheveu ne tombera de notre tête. Il attacha ses livres et dit qu'il voulait aller voir comment la glace flottait. Il était parti depuis quatre minutes au plus lorsque l'un de ses amis, inquiet, alla aux nouvelles : il vit son bâton du côté opposé à une crevasse d'environ cinq mètres de large où la glace avait été coupée. Sans doute le vent, très violent avait poussé l'infortuné Bellot dans la crevasse, et son paletot, étant boutonné, il n'avait pu nager pour revenir à la surface.

Il n'avait pas vingt-huit ans et il était d'une modestie à toute épreuve. Dans l'enthousiasme qui le possédait, il oubliait sa personnalité, disant avec une admirable franchise : « Qu'importe le nom du vainqueur, pourvu qu'il y ait une victoire ? »

Parmi la foule d'autres exemples que nous pourrions choisir, nous en prendrons un récent, qui remonte à douze ans en arrière, aussi pathétique que le fameux désastre de Franklin, et connu par des détails du journal même du chef, retrouvé après sa mort sur la côte inhospitalière de la Sibérie.

Le 8 juillet 1879, la *Jeannette* part de San Francisco, au bruit de salves triomphales. Deux mois plus tard, elle est déjà enclouée dans la banquise, et elle y demeura plusieurs mois.

On ne peut s'imaginer la monotonie de cette existence immuable : l'éternelle routine du bord, la chasse au phoque et au morse, les batailles des chiens, c'est le menu quotidien. « Ces chiens sont rageurs au delà de toute expression. Le pourquoi, le comment, l'objet d'une querelle semblent pour eux être des questions abstraites. Par bonheur leur fourrure, leur laine plutôt, est dure, longue, épaisse ; l'assaillant en a la gueule pleine avant que ses incisives aient pu toucher la peau. Les blessures sont rares, sauf aux oreilles et au-dessous du corps, les endroits vulnérables. J'ai vu un chien, attaqué de tous côtés, se mettre à plat ventre, introduire sa tête dans un tas de neige et soutenir tranquillement l'effort des assiégeants prêts à étouffer du poil arraché à son dos. » Il y a aussi le transport en traîneau de l'ours abattu par le fusil d'un des hivernants ; il fallut une fois l'effort de trois hommes et de dix-huit chiens pour cheminer à travers les blocs erratiques de la banquise. « Elles tirèrent pourtant vaillamment, les vigoureuses bêtes ; elles sentaient l'écurie. Tout arrêt les mettait hors d'elles-mêmes, elles hurlaient de fureur et secouaient si fort les harnais qu'à chaque instant les cordes menaçaient de casser. Parfois le traîneau se trouvait accoté sur le revers de quelque bloc déjà franchi par les chiens. Quand nous l'avions enlevé et hissé à la sueur de nos fronts par-dessus l'obstacle, chiens de repartir soudain, voiture de dégringoler l'arête opposée pour s'enfouir dans une fondrière. »

Il y a aussi des journées terribles. « Je suis réveillé en sursaut par les crépitements du navire. Je vois la course des glaçons plus bruyante et désordonnée que jamais. D'immenses blocs se rencontrent, s'écrasent, ou, lancés sur notre champ, y font de larges cassures. A chaque attaque de l'ennemi, la *Jeannette* se plaint et craque dans toute sa membrure, à chaque instant je crois la voir arrachée de son berceau. Parfois tout s'arrête : quelque dalle épaisse se sera échappée sur notre champ ou au-dessous, d'autres la pressent, la poussent, nouvelles clameurs ;

le plan des glaces s'étire, s'allonge, se gonfle en dômes çà et là. Crac! il cède tout à coup. Les abords sont emportés, les dômes se fendent, la détente arrive et le défilé reprend, assourdissant. »

Monument élevé à la mémoire de l'équipage de la « Jeannette ».

Le 16 novembre, le soleil disparaît pour soixante et onze jours.

Le 24 novembre, la *Jeannette* est délivrée de la vieille glace; mais quarante-huit heures après, elle est de nouveau encastrée par de la glace nouvelle.

Oh! « le cercle invariable des heures, le jour qui s'ouvre sur les mêmes choses et dans les mêmes circonstances, où, la veille au soir, on a fermé les yeux, les mêmes figures, les mêmes chiens, la même glace ; la certitude que demain sera en tout pareil à aujourd'hui ; l'impuissance de changer un iota à la situation présente! »
Le prisonnier dans sa cellule sait quand finira sa peine : on ne sait ici ni le jour, ni l'heure!

Après *vingt mois* d'énervement, les marins voient enfin une terre : la banquise a évolué lentement au nord-ouest, sans que l'on s'en soit douté. Un roc stérile, un peu de mousse et d'herbe, quelques guillemots noirs voletant par-ci par-là : c'est tout de même un peu de vie.

Le 12 juin 1881, à huit heures du soir, la glace livre un furieux assaut à la *Jeannette* : « les cloisons des soutes gémissent, les vaigres de tribord se disloquent, les coutures s'entr'ouvrent de un à trois centimètres. Je donne l'ordre de tout descendre sur la banquise, provisions, habits, couvertures, papiers de bord. — Le 13, à une heure du matin, le mât de misaine de notre pauvre *Jeannette* tombe ; à trois heures le sommet de la cheminée disparaît, à quatre heures le navire reprend soudain son équilibre, puis il coule peu à peu... Nous demeurons désormais sous la tente. »

Le martyre des infortunés commence.

Ils se mettent en marche parmi des blocs amoncelés, des fondrières de neige molle ; en dix heures d'efforts surhumains, on avance de huit cent vingt-six mètres. La saison est déplorable : c'est la débâcle. En hiver et au printemps l'air est sec, la glace solide ; en automne la fonte des neiges superficielles aplanit les difficultés. « Pauvres naufragés, nous pataugeons dans les neiges molles », et quand il pleut les chiens se glissent sous les bateaux comme des poules, ou se serrent contre les portes des tentes. Et pour comble de désespoir, tandis que les malheureux cheminaient vers le sud, vers la Sibérie, la banquise continuait sa route au nord-ouest.

Enfin ils prennent terre dans l'île Bennett, pays de cocagne, où ils dégustent des oiseaux gras frits dans de la graisse d'ours.

Ils s'embarquent, mais une tempête les sépare (12 septembre 1881). Le capitaine aborde en Sibérie avec trois jours et demi de ration! Erichsen ne peut plus marcher. « Nous sommes au quinzième dimanche après la Trinité et le passage inscrit sur ce livre contient quelques promesses qui me semblent particulièrement adaptées à notre situation ; c'est le verset 25 du chapitre VI selon saint Mathieu : « C'est pourquoi je vous dis : ne prenez donc aucun souci de votre vie ni de ce que vous mangerez, ni de ce que vous boirez, ni comment vous serez vêtu; la vie n'est-elle pas plus que la nourriture, et le corps plus que le vêtement? »

« Le 4 octobre, cent quatorzième jour sur la glace, le docteur trouve Erichsen très mal; il en a pour quelques heures peut-être. J'invite tous ses camarades à se joindre à nous pour dire la prière des agonisants avant de nous livrer au repos. Tous l'écoutent, profondément recueillis, mais ma voix, entrecoupée par l'émotion, prononce confusément les paroles du service. — Le 6 octobre, à huit heures quarante-cinq du matin, notre camarade Erichsen a quitté cette vie, le fleuve sera son tombeau; on le coud dans les lambrequins d'une tente, je le couvre de mon pavillon. Mais aurons-nous la force de le transporter à la rivière? A midi quarante je lis le service des morts; le convoi atteint la glace, on y creuse un trou et on y descend le cadavre. On taille l'inscription suivante sur une planche que l'on fixe à la berge, vis-à-vis de l'endroit où les flots l'ont recouvert :

A LA MÉMOIRE DE H.-H. ERICHSEN
6 octobre 1881
NAVIRE DES E. U. « LA JEANNETTE ».

« 7 *octobre*. Cent dix-septième jour. Déjeuner : notre dernière portion de chien, notre dernière feuille de thé. C'est avec deux litres deux cent soixante-quinze millièmes d'alcool et des fonds de théière que nous allons reprendre notre marche.

« 10 *octobre*. Hier matin j'ai mangé mes souliers-guêtres. Tous fourbus. Lee supplie qu'on le laisse en route. Souper : une cuillerée de glycérine.

« 12 *octobre*. Déjeuner : notre dernière glycérine, une couple de poignées de saule arctique en infusion dans la marmite. Il nous reste à peine assez de force pour rapporter du bois.

« 13 *octobre*. Rester ici, c'est la mort par la faim ; marcher, ce n'est pas possible contre cette bise. Lee s'est couché sur la neige, attendant la mort.

« 17 *octobre*. Alexey rend le dernier soupir. Mort de faim.

« 21 *octobre*. Vers minuit, trouvé Keers mort entre le docteur et moi. Lee mort à midi.

« 27 *octobre*. Mes yeux se ferment.

« 27 *octobre*. Iversen agonise.

« 28 *octobre*. Iversen a passé ce matin de bonne heure.

« 29 *octobre*. Dressler mort cette nuit.

« 30 *octobre*. Boyd et Grötz morts dans la nuit. M. Collins (le docteur) mourant. »

Le capitaine mourut le dernier, fidèle à son rôle d'abnégation sublime.

Il fut retrouvé quelques mois plus tard par l'équipage de la chaloupe que la tempête avait séparée de lui le 12 septembre 1881, et qui, plus heureux, avait échappé à la mort. Ils avaient cependant mangé des semelles de bottes bouillies à l'eau chaude, puis grillées sur la braise, des os de renne charbonnant sur le feu, du poisson pourri s'émiettant sous les doigts, et un pantalon de peau de phoque, lanière par lanière. Ils crachèrent le sang et eurent la dysenterie.

Toute infortune pâlit à côté de ce long supplice et semble presque du bonheur.

La plupart de ces malheureux marins ou voyageurs sont enterrés (quand ils ont la consolation suprême d'une sépulture!) dans des régions inhabitées ou peuplées de personnes indifférentes, sinon hostiles. C'est à leurs compatriotes à réparer cette injustice qui les poursuit au delà de la tombe en vénérant leur mémoire.

DEUXIÈME PARTIE

HOMMES DE PENSÉE

A lire l'histoire et à comparer la vie des hommes d'action et des hommes de pensée, on est tout d'abord tenté d'attribuer aux premiers un rôle prépondérant.

Le récit de leurs faits frappe vivement l'imagination et la laisse longtemps émue; on s'enthousiasme pour leur gloire et il se dégage de l'histoire de leurs aventures et de leurs combats comme un brillant cliquetis d'armes. Ils furent vaillants, et, vainqueurs ou vaincus, le laurier ceint leur front; ils jouissent dans la postérité du prestige qu'ils exerçaient sur leurs contemporains, et nous avons pour eux les yeux de leurs sujets ou de leurs partisans, selon qu'ils doivent leur célébrité à leur naissance ou à leurs hauts faits.

Combien, à côté de ces exemples, paraît terne et froide la vie des hommes qui ont tenu, non l'épée, mais la plume! Pour champ de bataille, le Forum ou l'École, pour armes la parole et l'écriture, pour cri de guerre une doctrine ou un poème : qu'est cela à côté des rudes combats où coulait le sang vermeil, où étincelait l'acier, où se choquaient durement les armes?

Et cependant pour beaucoup de ces humbles combattants la lutte a été aussi meurtrière que si elle n'eût pas eu lieu seulement dans le domaine des idées, et leur sang aussi a coulé, et leurs larmes, sang du cœur, ont brûlé leurs yeux. Bien plus, à considérer l'héritage laissé à la postérité par les uns et par les autres, c'est aux hommes de vie obscure et d'âme rayonnante que reviennent les palmes.

Des conquêtes des premiers il n'est souvent resté que le souvenir; de celles des seconds sont faits le progrès et la civilisation. « On peut dire, écrivait Chateaubriand, que les batailles de Leuctres et de Mantinée effacèrent le nom de Sparte de la terre, tandis qu'Athènes, prise par les Lacédémoniens et ravagée par Sylla, n'en conserve pas moins l'empire. »

Parmi les nations, le premier rang appartient à celles qui font des livres : les hommes passent, les œuvres restent. Sans les livres de la Palestine, de la Grèce et de Rome, le monde serait encore dans les ténèbres, et ce sont les livres qui forment les sublimes degrés par lesquels l'Humanité, malgré les misères qui lui sont inhérentes, malgré les défaillances qui lui sont naturelles, monte invinciblement vers l'idéal de Bien et de Beau auquel Dieu l'a destinée.

Mais, pour moins matériels, les combats entrepris par les hommes de pensée n'en furent pas moins terribles, et c'est de leur sang que fut fécondée la glorieuse semence qu'ils apportaient à la Terre.

CHAPITRE VI

INVENTEURS ET MÉDECINS

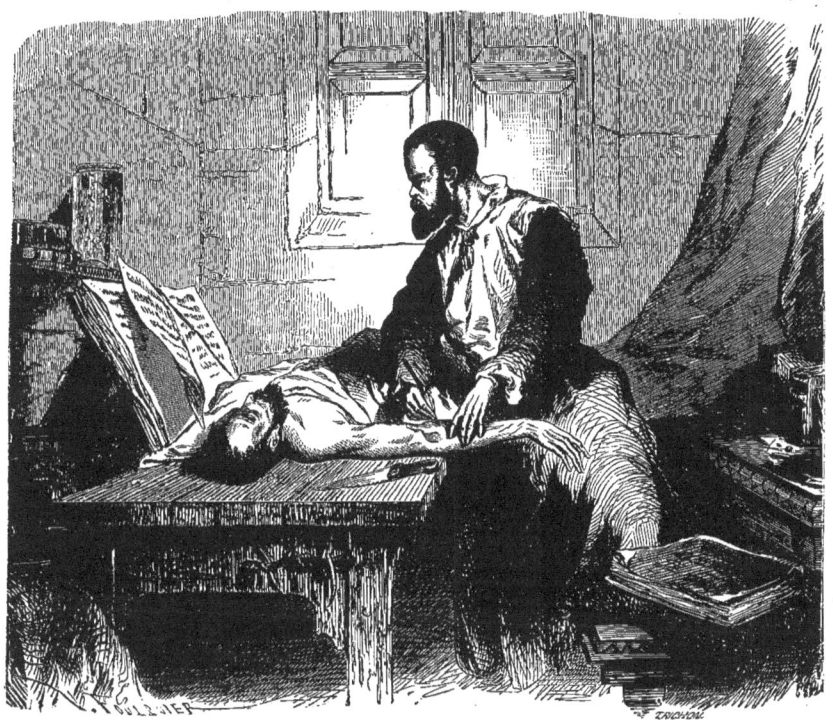

ANDRÉ VÉSALE. — La leçon d'anatomie.

CHAPITRE VI

INVENTEURS ET MÉDECINS

Inventeurs.

Avant d'entrer dans les détails de leur vie et de leurs infortunes, il convient tout d'abord de rendre à ces hommes, qu'on peut appeler les bienfaiteurs de l'humanité, l'hommage d'admiration et de reconnaissance dont leurs contemporains ont été trop souvent avares.

A la lecture de leur biographie, on est frappé des difficultés inouïes que leur ont opposées l'ignorance et l'envie ; chaque âge a eu son système d'obstruction, et quand on n'essaya pas d'arrêter l'essor de leur génie par des persécutions politiques ou religieuses, ils eurent à remonter un tel courant d'indifférence et de malveillance que beaucoup ont été emportés avant d'atteindre le but.

Quand on écrit l'histoire de ceux qui vécurent au cours, ou plutôt au commencement de ce siècle, un mot vient presque à chaque ligne sous la plume. C'est la prison pour dettes. Elle constitue, à vrai dire, un progrès sur le bûcher du Moyen Age, mais, à considérer le nombre et la valeur des hommes qu'elle a enfermés, on est tenté, à première vue, d'appliquer ironiquement à cette institution la célèbre inscription : « Aux grands hommes la patrie reconnaissante. »

Et cependant, de ces infortunes et de ces souffrances il se dégage autre chose qu'un grief contre l'humanité ou contre la patrie ; il s'en dégage, au contraire, une haute morale qui honore l'une et glorifie l'autre.

En dépit de tous les obstacles accumulés devant leurs pas, nés la plupart de familles nécessiteuses, sans instruction, sans appui moral ni matériel, ces hommes, par la seule puissance de leur énergie ou de leur talent, ont fini par triompher pendant leur vie même, ou triomphent dans la postérité ! Quel plus noble exemple de la volonté et du génie humain ? — Beaucoup, hélas ! brisés par leurs efforts mêmes, n'ont pas eu assez de souffle pour atteindre le but qu'ils ont indiqué ; d'autres, après avoir enrichi leurs semblables ou leur pays, sont morts de misère et de privations, et, ayant semé le bonheur et la gloire, ont récolté le désespoir et l'obscurité ; tous, peut-on dire, ont laissé un héritage aussi précieux peut-être que leurs découvertes mêmes, l'exemple d'une vie sans faiblesse consacrée tout entière au travail.

Et, malgré les fausses attributions dont la postérité, qui ne se trompe pas, a déjà fait justice, l'histoire des inventeurs révèle encore qu'à la base de toutes les découvertes qui ont contribué à la civilisation et qui marqueront à notre siècle une place à part dans l'histoire des temps, à l'origine de toute idée généreuse ou utile dont a frissonné ou profité le monde, à chaque échelon du progrès, c'est un Français que l'on trouve, et dans l'industrie et les sciences exactes aussi bien que dans les arts et dans le domaine de la pensée, la France reste à son rang habituel, le premier.

Si donc il faut plaindre ces hommes de génie, il faut aussi les féliciter, et il est probable que si, au début de la carrière qui devait les mener à une mort misérable ou à la folie, cette autre mort, on leur avait montré en une grandiose vision les déboires et les épreuves de toutes sortes qui les attendaient, mais aussi dans un lumineux lointain, le glorieux résultat de leur sacrifice, il est probable

Archimède. (Tableau de Courtois.)

qu'aucun d'eux n'aurait reculé et n'aurait hésité à payer de sa vie ou de sa raison le bonheur de l'humanité où la gloire de sa patrie.

La plupart des découvertes qui nous occupent ont eu lieu à des époques relativement modernes et ne pouvaient, du reste, se produire que comme résultante de certaines aspirations sociales ou morales, mais l'Antiquité figure aussi avec honneur dans les annales des inventions, et c'est à elle qu'il faut emprunter le nom qui résume toute la puissance du génie inventif et qui s'applique à un grand patriote autant qu'à un grand savant, Archimède.

Quand Marcellus se présenta à la tête des légions romaines devant Syracuse, la cité fut saisie de terreur, car elle était peu préparée à soutenir un siège contre de tels assaillants; mais elle devait être mieux défendue par le génie d'un de ses citoyens que par la force de ses murailles.

Archimède, né l'an 287 avant J.-C., est le plus grand géomètre de l'antiquité. C'est à lui qu'on doit la quadrature de la parabole et le rapport entre la sphère et le cylindre qui, maintenant encore, forme le plus beau théorème de la géométrie élémentaire.

Mais ce ne sont pas là ses découvertes les plus populaires. On sait surtout que la vis d'Archimède n'est autre chose que l'hélice. Son exclamation : « Eureka (J'ai trouvé) » est célèbre. Il était au bain quand il trouva le principe, cherché depuis longtemps, par le moyen duquel il découvrit la fraude dont était accusé l'orfèvre du roi Hiéron. Sa joie fut telle qu'il se précipita dans les rues de la ville en criant : « J'ai trouvé ! » sans s'apercevoir qu'il avait oublié de se vêtir. On lui doit aussi la théorie du levier : il prétendait qu'il aurait pu soulever le monde s'il avait eu un point d'appui.

Tel était l'homme qui se montra l'adversaire redoutable des Romains. Il construisit des machines qui lançaient avec force d'énormes pierres; d'autres laissaient tomber des poutres sur les vaisseaux romains et les faisaient couler; d'autres encore saisissaient les galères et, les tenant droites par la proue ou la poupe, les plongeaient ensuite dans la mer. La terreur des Romains était telle que, dès qu'apparaissait sur les murs de Syracuse un inoffensif bout de corde ou de poutre, ils prenaient la fuite, croyant à une nouvelle invention meurtrière d'Archimède. Celui-ci incendia leur flotte avec des miroirs ardents. Le fait, contesté, fut renouvelé par Buffon sur du bois placé à 150 pieds de distance et eut un plein succès.

Mais tous ces efforts ne firent que retarder la prise de la ville. Les Romains s'en emparèrent par surprise, et Archimède périt par la brutalité d'un soldat. Tite-Live raconte qu'assis dans la place publique, il examinait attentivement des figures qu'il avait tracées sur le sable, quand un soldat romain parut, le glaive à la main. « Ne dérange pas mes cercles », lui cria Archimède absorbé dans ses pensées. Mais le légionnaire, sans tenir compte de cette prière, le frappa et le tua.

Archimède attachait tant d'importance à sa découverte de la proportion de la sphère et du cylindre qu'il avait ordonné de placer sur son tombeau une sphère inscrite dans un cylindre, avec les nombres qui expriment leur rapport.

*
* *

De longues périodes de temps s'écoulèrent avant que la société, anéantie et noyée sous des hordes barbares, pût se relever de ses ruines et reprendre sa marche vers la civilisation, et ce n'est qu'au XVe siècle que se produisit l'invention qui a le plus fait pour la civilisation : l'imprimerie.

« On a dit que les chemins de fer et la vapeur supprimaient la distance, a écrit Lamartine, on peut dire que l'imprimerie a supprimé le temps. Grâce à elle, nous sommes tous contemporains; je converse avec Homère et Cicéron, et l'on peut se demander si une presse n'est pas autant un sens intellectuel révélé à l'homme par Gutenberg qu'une machine matérielle, car il en sort sans doute du papier, de l'encre, des caractères, des lettres qui tombent sous le sens, mais il en sort en même temps de la pensée, du sentiment, de la morale, de la religion, c'est-à-dire une portion de l'âme du genre humain. »

L'auteur d'une telle invention devait pourtant vivre et mourir misérablement. Il paraît certain que Gutenberg a le premier conçu l'idée de sculpter les lettres sur des planches de bois, et que plus tard il fit sculpter des caractères mobiles en bois. Il naquit à Mayence en 1400. Ses recherches l'obligèrent à des dépenses considérables, et par deux fois, il dut prendre des associés à qui, malgré tous ses soins, il ne put cacher sa découverte. Il dut même soutenir des procès contre eux, à Strasbourg d'abord, à Mayence ensuite.

En 1439 s'engagea un procès au sujet de l'exploitation des procédés secrets inventés par Gutenberg. C'était au couvent abandonné de Saint-Arbogaste que s'exécutaient les travaux, dans le plus profond mystère. Les termes employés en ce procès sont à dessein d'un vague et d'une incertitude singuliers. Gutenberg dut néanmoins initier à son secret ses associés qui espéraient en tirer un parti considérable lors de la foire d'Aix-la-Chapelle en 1440. L'association prit fin par la mort d'un des associés, et l'on ignore si Gutenberg continua seul ses travaux ou s'appliqua à d'autres recherches. Toujours est-il qu'il fut ruiné par le procès jugé en 1439.

En 1448, il était à Mayence et dans une situation précaire. C'est alors qu'il s'associa avec Jean Fust; des presses de cette société est sortie probablement la Bible latine dont un volume est à la Bibliothèque Mazarine. Fust résista difficilement à la tentation de s'approprier la gloire de Gutenberg. Sous le prétexte que Gutenberg lui devait une certaine somme, il le cita devant le tribunal et le força à lui abandonner la plus grande partie de l'imprimerie et des impressions.

Gutenberg continua cependant ses travaux, mais sans grand succès, car en 1461 il fut assigné en payement d'une rente de quatre livres qu'il ne payait plus depuis cinq ans, et il ne put remplir ses engagements. Il serait tombé dans la misère si Adolphe de Nassau ne l'avait pris sous sa protection. Il mourut à soixante-neuf ans, ne laissant aucun héritage à sa sœur.

*
* *

Après la mort de Gutenberg, sa merveilleuse invention se répandit partout, mais non sans de grands périls pour ceux qui la pratiquèrent, et les plus célèbres des imprimeurs qui suivirent Gutenberg eurent à affronter de terribles épreuves.

Alde Manuce, qui fonda une imprimerie à Venise en 1490, fut jeté en prison et soumis aux plus mauvais traitements. Relâché grâce au dévouement de ses amis, il se trouva sans aucune ressource et, quand il mourut, il ne laissa à ses enfants, dit Erasme, que l'estime d'un nom sans tache. Il avait imprimé les œuvres d'Aristote, de Platon, de Galien et des meilleurs auteurs de l'antiquité. Deux ou trois phrases de lui le peignent tout entier et font foi de son caractère aussi noble que vaillant : « J'ai fait vœu, dit-il dans une des préfaces de ses livres, de me consacrer au bien public et Dieu est témoin de ce vœu. » Plus tard, quand Charles VIII envahit l'Italie, Alde Manuce se plaint de la rigueur des temps, « où l'on manie plus volontiers les armes que les livres », mais fait serment que rien ne saura l'empêcher de remplir le devoir qu'il s'est imposé.

Son fils Paul Manuce continua sa tâche, mais essuya bien des revers, lui aussi.

⁎
⁎ ⁎

En France, le nom d'Estienne est célèbre dans l'imprimerie, et nombreux furent les membres de cette illustre famille; on ne compte pas moins de huit imprimeurs de ce nom. Le premier en date fut Henri Estienne, qui vécut de 1460 à 1520, mais le plus connu est Robert Estienne, fils du précédent, qui naquit à Paris en 1503, et qui mérite la première place dans l'art de l'imprimerie. Sa courte existence, car il mourut à cinquante-quatre ans, fut troublée par les persécutions, malgré la protection que lui accordèrent François Ier, qui l'avait nommé son imprimeur, et Henri II, mais le sentiment de son devoir lui fit braver l'hostilité des docteurs de la Sorbonne. En 1550 cependant, le danger devenant pressant, Robert Estienne dut quitter la France et se réfugier à Genève. C'est là qu'il mourut neuf ans après.

Il avait dix-neuf ans quand il composa l'édition latine du Nouveau Testament; c'est à cette occasion qu'ayant apporté quelques améliorations au texte il excita la colère des théologiens de la Sorbonne, indignés de ce qu'un laïque eût osé toucher aux Saintes Écritures. Estienne ne s'en émut pas; au contraire, il étudia avec plus d'ardeur les Écritures dans les textes hébraïques, grecs et latins. C'était en effet un profond érudit, et sa maison constituait un centre littéraire où l'on parlait couramment le latin, le grec et même l'hébreu. On rapporte même que dans sa maison chacun parlait latin, sa femme, ses enfants, ses amis et ses clients.

Les éditions qu'il a laissées font encore l'admiration des bibliophiles. On a dit de certaines qu'elles étaient si parfaites qu'on n'était pas seulement invité à les lire, mais qu'on y était forcé.

Et pourtant ce grand artiste, ce grand érudit, devait finir ses jours en exil et mourir hors de la patrie à laquelle il avait donné honneur et gloire.

⁎
⁎ ⁎

Un peu plus d'un siècle après, naissait l'homme dont le nom est illustre à juste titre dans l'histoire de la machine à vapeur, et qui est aussi célèbre par ses découvertes que par ses malheurs.

En effet, Denis Papin, qui, s'il ne peut être nommé inventeur de la machine à vapeur, fait trop complexe pour être sorti d'une seule pièce du cerveau d'un homme, a du moins réalisé des progrès considérables en cette science et a su le

Denis Papin. — Les bateliers du Weser mettant son bateau en pièces.

premier faire fonctionner un bateau à vapeur, vit le résultat de ses travaux détruit par une troupe de bateliers ignorants et effrayés du tort qu'apporterait à leur industrie l'application d'une précieuse découverte. Ils retardèrent d'un siècle le progrès. De quelles conséquences n'aurait pas été suivie l'application de la vapeur si elle se fût produite un siècle plus tôt! Et quels tourments sont réservés aux bienfaiteurs de l'humanité par ceux mêmes qui doivent profiter de leurs efforts!

Denis Papin, né à Blois en 1647, se prépara d'abord à la médecine et étudia à Paris dans cette intention, mais son goût pour la mécanique le détourna de ses premiers projets. Il trouva dans Huygens une puissante protection et une affable bienveillance qui lui facilitèrent les débuts de sa carrière. Denis Papin lui apportait son aide dans ses travaux astronomiques, il apporta même quelque perfectionnement à la machine pneumatique que venait de découvrir Otto de Guerick.

En 1676, il se rend à Londres auprès de Robert Boyle qui l'associe à ses travaux; ensemble ils font de nombreuses et profondes recherches sur les propriétés de la vapeur d'eau bouillante. C'est ainsi que Papin fut amené à la découverte de son digesteur ou marmite de Papin. Ce digesteur consistait en un vase de cuivre étamé, hermétiquement fermé par un couvercle en fer vissé. C'est dans le digesteur qu'apparaît pour la première fois la soupape de sûreté. Les expériences précédentes de Papin lui avaient démontré que l'eau en ébullition ne change pas de température (100 degrés centigrades) à l'air libre, mais qu'en vase clos cette température s'élève rapidement et peut reproduire des effets considérables.

Robert Boyle l'avait fait admettre parmi les membres de la Société Royale de Londres. Après un séjour de deux ans en Italie, Papin revint en Angleterre. C'est alors qu'il inventa et présenta à la Société Royale la première machine qui devait l'amener à sa découverte définitive de la vapeur employée comme force motrice.

Cette machine était formée de deux corps de pompe dont les pistons étaient actionnés par une chute d'eau; ces pistons faisaient le vide, par leur mouvement, dans un tuyau de métal. Une corde fixée au piston transmettait une force considérable quand le piston était violemment chassé dans l'intérieur du tuyau par la pression de l'air. Mais l'expérience n'eut pas grand succès.

Papin songea alors à rentrer en France, mais l'édit de Nantes venait d'être révoqué et sa religion lui interdisait le retour. Il se réfugia en Allemagne, où le landgrave de Hesse lui conféra la chaire de mathématiques de Marbourg. Il reprit là ses expériences. Il avait essayé de produire le vide dans sa pompe par la détonation de la poudre à canon sous le piston, mais il avait dû abandonner ce système, qui avait de grands inconvénients; c'est alors qu'il pensa à utiliser la vapeur d'eau pour obtenir le vide : c'était le principe même de la machine à vapeur. Papin l'appliqua à un bateau qu'il essaya avec succès sur la Fulda.

Mais ayant eu maille à partir avec certains personnages de Marbourg, il voulut faire connaître à Londres son premier bateau à vapeur. Il fallait alors une permission expresse pour faire passer un bateau de la Fulda dans le Weser. Denis

Papin la sollicita; on la refusa. Il insista inutilement. Alors, il essaya de passer outre. Le 24 septembre 1707, il s'embarque avec sa femme et ses enfants. Le bateau se comporte fort bien et arrive au confluent du Weser. Mais là commence la juridiction de la corporation des bateliers; ceux-ci arrivent, s'emparent de l'embarcation en prétendant qu'elle leur appartient puisqu'elle navigue sans permission, et s'armant de leurs outils détruisent et mettent en pièces le bateau de Papin, malgré les protestations et le désespoir de celui-ci.

Hélas! c'est l'inventeur qu'ils frappaient dans son œuvre. A partir de ce moment, Papin revenu à Londres traîna une existence misérable. Sans ressources, chargé de famille, il ne put songer à renouveler son expérience et mourut dans la pauvreté en 1714.

Après la mort de Denis Papin, son expérience ne fut plus reprise qu'en 1784, et en Amérique. Nous citerons pour mémoire le remarquable essai fait par un Français, le marquis de Jouffroy, et qui n'eut pas de suite, malgré sa complète réussite

*
* *

John Fitch, également, après avoir construit et fait fonctionner avec un plein succès une galiote à vapeur en Amérique, se vit complètement délaissé, par un phénomène illogique, et ne put jamais vaincre l'indifférence ou les préventions du public. On le traitait de visionnaire et l'on se moquait de lui quand il disait que son bateau, sans mât ni voiles, permettrait un jour de traverser l'Atlantique. Découragé, et désespérant de convaincre ses compatriotes, Fitch quitta l'Amérique et vint en France.

Débarqué à Lorient en 1792, l'inventeur eut une lueur d'espoir. Brissot, député à la Convention, lui avait promis sa protection. Mais l'année suivante il fut décapité, et Fitch sans argent, sans amis, loin de son pays, se trouva sur le pavé. Il obtint cependant, à force de prières, d'être rapatrié. Mais son existence était brisée. Il ne vivait que pour faire triompher son idée; quand il comprit qu'il fallait y renoncer, il préféra renoncer à la vie elle-même. Il se précipita dans le Delaware du haut d'une falaise.

Un Américain, Fulton, né en 1765, reprit à son tour l'application des principes découverts par Denis Papin, mais, comme ses deux prédécesseurs, il fut abreuvé de déboires et de chagrins. Il s'était d'abord livré à l'étude de la peinture non sans succès, car la vente de ses tableaux lui procura, en quatre ans, une somme suffisante pour acheter une petite ferme qu'il donna à sa mère. A vingt-deux ans, il fit la rencontre de Samuel Scorbitt : cet événement devait décider de sa vie. Envoyé à Londres par son protecteur chez West, alors dans tout l'éclat de sa célébrité, le jeune peintre ressentit soudain une ardente vocation pour la mécanique et abandonna sa première carrière. Il fit la connaissance de Ramsey, qui précisément cherchait à résoudre le problème de la navigation à vapeur. Entre temps, Fulton inventait diverses machines pour scier et polir le marbre, pour filer le chanvre, etc. Il s'occupait aussi beaucoup de canalisation et préconisait la substitution de plans inclinés aux écluses. Venu à Paris en 1796, il comprit quels étaient les terribles effets de la tyrannie que l'Angleterre exerçait alors sur les mers, rendant tout commerce impossible et ruinant les nations incapables d'exporter leurs produits ou d'importer ceux qui leur étaient nécessaires.

Il fallait donc attaquer l'Angleterre et pour cela imaginer des armes nouvelles, auxquelles elle ne fût pas préparée et dont elle ne pût parer les coups.

C'est alors que Fulton inventa deux engins dont l'effet, encore aujourd'hui, serait formidable : le navire sous-marin et la torpille. Il offrit son bateau au Directoire qui le refusa. Bonaparte, devenu Premier Consul, nomma une commission pour examiner ces découvertes ; elle se composait de Volney, Monge et Laplace. Fulton leur communiqua le résultat de deux expériences qu'il venait de faire au Havre ; dans la première, son bateau était resté trois heures au-dessous de l'eau, dans la seconde, il y était resté six heures et n'était remonté à la surface qu'à cinq lieues de son point de départ.

L'expérience fut recommencée à Brest avec succès, sous les yeux de l'amiral Villaret. Fulton alla, dans son bateau sous-marin, attacher une torpille à un vieux navire destiné à cet usage et le fit sauter.

Il voulut appliquer ce système contre les vaisseaux anglais qui croisaient devant les côtes, mais ne put y parvenir, aucun d'eux ne s'étant approché suffisamment. Cependant Bonaparte, fatigué de ces lenteurs, déclara que l'invention était impraticable.

L'inventeur revint alors à son premier projet d'appliquer la vapeur à la navigation, comprenant que la solution ne dépendait que de l'emploi d'un mécanisme assez puissant. Il fit un petit modèle de navire où les palettes étaient actionnées par une chaîne sans fin, et le 9 août 1803, le bateau à vapeur fonctionna sur la

Seine, remontant le courant avec une vitesse de 1 mètre 6 par seconde. M. Louis Figuier a donné le récit de cette expérience, d'après un témoin oculaire : « A six heures du soir, aidé seulement de trois personnes, il mit en mouvement son bateau et deux autres attachés derrière, et pendant une heure et demie il procura aux curieux le spectacle étrange d'un bateau mû par des roues, comme un chariot, ces roues armées de volants ou rames plates, mues elles-mêmes par une pompe à feu. Il monta et descendit quatre fois depuis les Bons-Hommes jusque vers la pompe de Chaillot ; il manœuvra à droite et à gauche avec facilité, s'établit à l'ancre, repartit et passa devant l'école de natation. »

Mais l'attention était trop absorbée par les guerres et les victoires de ce temps et cette grande expérience passa presque inaperçue. Bonaparte resta sourd aux sollicitations de Fulton. « J'intervins deux fois, dit le maréchal Marmont dans ses *Mémoires*, sans pouvoir faire pénétrer le doute dans l'esprit de Bonaparte. Il est impossible de calculer ce qui serait arrivé s'il eût consenti à se laisser éclairer. C'était le bon génie de la France qui nous envoyait Fulton. Le Premier Consul, sourd à sa voix, manqua sa fortune. » L'inventeur découragé passa en Angleterre où il fut accueilli plus chaudement. Rentré en Amérique, ce n'est qu'en 1807 qu'il lança un bateau de son invention sur l'Hudson, le *Clermont*. Ce fut une journée pleine d'émotions pour lui. La foule, pressée sur les quais, l'accueillit par des huées quand il monta sur son bateau ; mais quand le navire se mit en mouvement et sortit majestueusement du port de New-York, l'étonnement et l'admiration des spectateurs ne connurent plus de bornes.

La navigation à vapeur était réalisée.

Peu après, Fulton fit annoncer qu'il organisait un service régulier entre New-York et Albany. Nous emprunterons encore à M. Figuier le récit du premier voyage. Personne n'avait osé s'embarquer à l'aller ; au retour, un voyageur se présenta. « C'était un Français, nommé Andrieux, qui alors habitait New-York. Il osa tenter l'aventure et eut le courage de revenir chez lui sur le *Clermont*. En entrant dans le bateau pour y régler le prix de son passage, Andrieux n'y trouva qu'un homme occupé à écrire dans la cabine. C'était Fulton.

— N'allez-vous pas redescendre à New-York avec votre bateau ?

— Oui, répondit Fulton, je vais essayer d'y parvenir.

— Pouvez-vous me donner passage à votre bord ?

— Assurément, si vous êtes décidé à courir les mêmes risques que moi.

Andrieux demanda alors le prix du passage, et six dollars furent comptés pour ce prix. Fulton demeurait immobile et silencieux, contemplant, comme absorbé dans ses pensées, l'argent déposé dans sa main ; le passager craignit d'avoir commis quelque méprise.

« Mais n'est-ce pas là ce que vous m'avez demandé ? »

A ces mots Fulton, sortant de sa rêverie, porta ses regards sur l'étranger et laissa voir une grosse larme roulant dans ses yeux.

« Excusez-moi, dit-il d'une voix altérée, je songeais que ces six dollars sont le premier salaire qu'aient encore obtenus mes longs travaux sur la navigation à vapeur. Je voudrais bien, ajouta-t-il, en prenant la main du passager, consacrer le souvenir de ce moment en vous priant de partager avec moi une bouteille de vin, mais je suis trop pauvre pour vous l'offrir. »

En 1814, il construisit une frégate à vapeur, nommée *Fulton* ; elle avait 145 pieds de long sur 55 de large ; elle était formée de deux bateaux réunis, séparés par un espace de 66 pieds de long et 15 de large ; c'est dans cet espace qu'était placée la roue. Sur le pont, un rempart pouvait protéger plusieurs centaines d'hommes. Le navire avait deux beauprés et deux gouvernails, des faux mises en mouvement par la machine le rendaient inabordable, et de puissants jets d'eau bouillante, lancés par de nombreux tuyaux de fer, pouvaient inonder et brûler tout un vaisseau ennemi.

Fulton n'était cependant pas à la fin de ses chagrins ; un grand nombre de bateaux s'établirent sur les eaux qu'on lui avait concédées par un privilège exclusif, et il eut à soutenir de nombreux procès. Comme il revenait de Trenton où l'avait appelé un procès, avec son ami et défenseur Emmet, le froid prit celui-ci, sur l'Hudson gelé. Fulton voulut préserver à tout prix la vie de son compagnon, mais il s'exposa à la rigueur excessive de la température, et contracta une fièvre inflammatoire des suites de laquelle il mourut en 1815, à peine âgé de 50 ans. Le jour de sa mort fut décrété jour de deuil public par ses concitoyens.

*
* *

On ne peut parler des bateaux à vapeur sans citer le nom de Charles Dallery qui est l'auteur d'inventions fort importantes. En butte pendant toute sa vie à une sorte de fatalité cruelle, il semble que le destin ait voulu le poursuivre jusqu'après sa mort, car son nom est à peine connu, et on donne communément une date postérieure ou même d'autres auteurs à ses inventions. On ne saurait trop réparer cette injustice de la postérité et rendre à cet obscur héros les honneurs qu'il mérite; plus malheureux que Fulton, il ne recueillit jamais le fruit de ses efforts et de ses chagrins.

Il naquit à Amiens en 1754 : doué d'une vive intelligence, il fut tout jeune attiré vers les arts mécaniques. On lui doit une foule de perfectionnements ou d'inventions dont il n'eut jamais nul profit. A douze ans, il construisait des horloges à équation; plus tard il apporta quelques améliorations aux orgues, il inventa un mécanisme pour les harpes, mais ayant communiqué son système à un facteur de harpes celui-ci s'empressa de prendre un brevet à son propre nom et frustra complètement Dallery du bénéfice de son invention. Une circonstance heureuse se présenta cependant, Dallery put espérer que le sort allait réparer sa cruauté : on lui confia l'exécution de l'orgue de la cathédrale d'Amiens. Ce travail devait lui rapporter 400 000 francs. Dallery se mit à l'œuvre : elle était en bonne voie quand la Révolution éclata. On sait qu'elle n'encouragea guère ces sortes de travaux, et Dallery dut renoncer à son œuvre.

Passons sur ses autres inventions pour arriver au fait qui, en consacrant son mérite, consomma sa ruine. Dallery avait été frappé des diverses expériences qui avaient pour but d'étudier l'emploi de la vapeur; il avait compris quels nombreux et précieux emplois on pouvait tirer de ce puissant moteur et avait même proposé de construire un moulin à vapeur. Le gouvernement lui promit des subsides qui ne lui furent jamais octroyés. Il ne se découragea pas cependant, et comme Napoléon préparait alors une descente en Angleterre, Dallery se rendit compte des services que rendraient des bateaux à vapeur. Sûr de son idée, il n'hésita pas à mettre toute sa fortune dans des essais; enfin, en 1803, un bateau à vapeur construit par lui flotta sur la Seine à Bercy et Dallery prit un brevet.

Mais, désespéré de l'indifférence avec laquelle on accueillit ses demandes de secours, découragé par le refus du gouvernement de s'intéresser à une invention qui contenait toute la fortune d'un pays, Dallery se rendit à son bateau et ordonna de le mettre en pièces.

La description et les dessins, ainsi que l'original du brevet, se trouvent au Conservatoire des Arts et Métiers.

Après cette suprême épreuve, Dallery se retira dans l'humble profession d'apprêteur d'or et mourut pauvre et ignoré en 1835.

Le type de l'inventeur malheureux, du génie exploité, est bien Frédéric Sauvage. Il naquit en 1785. Il était doué d'une intelligence supérieure et spéciale, si l'on peut s'exprimer ainsi, pour inventer; toute sa vie il inventa, tantôt créant de toutes pièces des procédés nouveaux, tantôt modifiant et perfectionnant ceux qui existaient déjà. C'est ainsi qu'on lui doit un moulin horizontal donnant un mouvement continu, quelle que soit la direction du vent; plus tard il inventa le physionomètre, sorte de daguerréotype qui prend l'empreinte des objets à leur contact. Pendant qu'il perfectionnait cette dernière œuvre au prix de sacrifices énormes, des spéculateurs s'en emparèrent, et l'exposèrent sous le nom de physionotype après y avoir fait des modifications insignifiantes pour justifier ce nouveau nom. Le réducteur, le souffleur hydraulique, par lequel on élève l'eau par le poids d'une colonne d'eau, sont aussi les produits de son génie.

Mais l'invention qui immortalise son nom, celle à qui il doit toute sa gloire comme tous ses chagrins, est celle de l'hélice.

Depuis longtemps Sauvage avait été frappé des nombreux inconvénients que présentait le système des roues à aubes; elles alourdissaient les navires, gênaient beaucoup les manœuvres, et, en temps de guerre, risquaient d'être facilement brisées. Il avait vaguement l'idée d'un propulseur fonctionnant au-dessous de l'eau, quand cette idée se précisa en voyant comment un homme placé à l'arrière d'une embarcation peut, à l'aide d'un seul aviron et sans le sortir de l'eau, manœuvrer son esquif; c'est ce qu'on nomme la godille. Là était le germe de son invention. En effet, en déterminant l'angle sous lequel l'aviron produit le plus de force, Sauvage fut amené à découvrir l'hélice, sa forme la plus favorable, et même sa position la plus avantageuse sous le bateau. Mais cette découverte ne fut pour lui que le point de départ de tourments indicibles. Il avait engagé toute sa fortune pour arriver à réaliser son idée, et quand il voulut propager son invention, il se heurta à des difficultés sans nombre. Dix ans il lutta pour convaincre ses contemporains; il fit au Havre des expériences concluantes que l'on s'obstina à ne pas trouver décisives. Enfin ruiné, à bout de ressources, Sauvage fut jeté en prison pour dettes. Pendant ce temps, son invention était appliquée en Angleterre; on en fit même de nouvelles expériences au

FRÉDÉRIC SAUVAGE.

Havre avec de grossières modifications, et bientôt malgré son brevet, malgré la généreuse défense d'Alphonse Karr, elle tombait dans le domaine public; l'inventeur était frustré du fruit de tous ses efforts, de tout son génie.

Sa raison n'y résista pas; il devint fou et fut enfermé dans la maison de santé de Picpus. Là, paraît-il, son plus grand plaisir était de jouer du violon et d'écouter chanter un oiseau en cage; son esprit brisé retombait à l'état d'enfance. Il mourut au moment où, par un cruel contraste, le *Napoléon*, le plus beau de nos navires à hélice, dépassait triomphalement toute l'escadre anglaise dans la rade de Constantinople!

***

L'histoire des chemins de fer révèle aussi bien des déboires et des épreuves dans la vie de ceux qui contribuèrent à créer, puis à généraliser une telle invention. On sait quelle opposition l'on fit en France aux chemins de fer.

Même après que l'Angleterre les avait adoptés, et qu'ils fonctionnaient à la satisfaction générale en ce pays, des hommes illustres, comme Thiers et Arago, ne cessaient de s'y opposer de toutes leurs forces et soutenaient des théories d'une fausseté et d'une puérilité singulières.

Tout le principe des chemins de fer se trouvait dans le « fardier à vapeur » venté par Cugnot pour transporter le matériel de l'artillerie.

en Lorraine en 1725, il avait déjà inventé un fusil que le maréchal de Saxe avait adopté pour ses uhlans, quand il construisit sa voiture mue par la vapeur. On en fit l'épreuve à Paris, dans la cour de l'Arsenal; mais la voiture ne fonctionna pas très bien, à cause de la violence de ses mouvements, et renversa même un pan de mur. On en resta là. Cugnot tomba plus tard dans la misère. Il mourut au moment où les chemins de fer s'établissaient en Angleterre.

*
* *

L'histoire de l'industrie montre que les hommes à qui elle doit le plus ne furent pas épargnés davantage par le sort.

Jacquart, l'inventeur du métier à tisser, eut à subir bien des épreuves avant d'obtenir justice et avant de voir son invention appréciée comme elle le méritait. Il était né à Lyon en 1752. Dès son enfance, il avait donné les preuves d'un esprit singulièrement inventif; il avait même, en 1790, imaginé un mécanisme pour perfectionner le métier à tisser, mais il était trop pauvre pour l'exploiter. Pressé par la misère, il fut réduit pendant quelque temps à faire le métier de manœuvre, tandis que sa femme faisait des chapeaux de paille. Puis la Révolution survint et quand Lyon se révolta contre la tyrannie de la Convention, Jacquart s'enrôla. Le siège fut terrible. Le conventionnel Javogues, qui le dirigeait, écrivait à ses collègues : « Je vous annoncerai que beaucoup de l'élite des muscadins ont été tués, entre autres le ci-devant marquis de Vichy, riche à 100 000 écus de revenu. Nous avons quatorze prisonniers muscadins des plus huppés : *la boucherie a été bonne*. Nous avons fait brûler toutes les maisons qui joignent l'entrée de la Saulée à Perrache. » Lyon vaincu, Jacquart fut dénoncé et dut quitter la ville. Au milieu de tous ces événements il avait oublié sa première invention quand un journal anglais lui tomba sous les yeux. Il y lut l'annonce d'un prix destiné à quiconque construirait une machine à fabriquer des filets ou de la dentelle. Jacquart reprit son invention.

Le bruit en parvint au gouvernement, et Jacquart fut appelé à Paris pour soumettre sa machine à l'examen d'une commission spéciale. « C'est donc toi, lui dit Carnot avec ironie, qui prétends faire un nœud avec un fil tendu. » L'expérience le convainquit. Jacquart, attaché au Conservatoire à la suite de cette expérience, apporta toute son attention au perfectionnement du métier à fabriquer la soie. Une médaille de bronze à l'exposition de 1801 ratifia sa réussite. Quatre ans plus tard, le gouvernement lui accorda une pension de 3 000 francs à condition qu'il ferait adopter sa machine dans les manufactures, et qu'il tâcherait de la perfectionner.

Mais quand on apprit à Lyon que cette machine allait être employée et qu'elle allait restreindre considérablement la main-d'œuvre, les ouvriers proférèrent des menaces contre l'inventeur; il ne pouvait sortir dans la rue sans être hué et insulté; une fois même, poursuivi par une foule furieuse, il faillit être précipité dans le Rhône. D'un autre côté, cité par ceux qui ne savaient pas se servir de sa machine et qui se prétendaient volés devant le conseil des prud'hommes, il se vit condamner, son métier fut brisé publiquement, le fer vendu comme vieux fer, le bois comme bois à brûler.

Malgré la haine et l'injustice qu'on lui témoignait, il ne voulut pas quitter sa ville natale, convaincu qu'on finirait par lui rendre justice, et ne voulant pas porter son invention ailleurs. Il demanda plus tard une prime de 50 francs pour chacun de ses métiers. Napoléon s'écria, en signant le décret : « En voilà un qui se contente de peu! »

Jacquart ne se trompait pas dans ses prévisions; les Lyonnais pressés par la concurrence étrangère finirent par reconnaître les mérites de son invention. Dès ce moment Jacquart obtient le prix de ses efforts et de ses épreuves. Sa machine se répand de plus en plus; en 1819, il est décoré de la Légion d'honneur, et, se contentant de sa modeste pension, il se retire à Ouilliers, où il meurt à quatre-vingt-deux ans, en 1834.

*
* *

L'inventeur de la filature du lin ne fut pas plus heureux que le créateur de l'industrie de la soie. Non seulement il ne retira aucun profit matériel de la découverte qui engloutit son patrimoine, mais encore ce n'est qu'à grand'peine qu'il réussit à garder la gloire de son invention qu'en France même on s'obstinait à attribuer à des étrangers.

Philippe de Girard était né à Lourmarin (Vaucluse), le 1er février 1775. Comme pour la plupart des inventeurs, sa vocation se révéla dès son enfance. Ses jeux consistaient à construire de petites roues que faisait tourner le ruisseau du jardin de son père; à quatorze ans, il inventait une machine pour utiliser le mouvement des vagues. Son esprit fécond était également ouvert à tous les arts, peinture, sculpture, poésie. Obligé de se réfugier dans l'île de Minorque avec sa famille qui avait combattu contre les révolutionnaires du Midi, il demanda à son pinceau le moyen de faire vivre les siens, puis, suivant son goût pour l'industrie, établit une fabrique de savons à Livourne. Quand le 9 thermidor lui permit de rentrer en France, il fonda une fabrique de produits chimiques à Marseille ; chassé de nouveau par le 13 vendémiaire, il se réfugia à Nice, où il obtint les chaires de chimie et d'histoire naturelle : il n'avait pas encore dix-neuf ans.

Enfin au 18 brumaire sa vie errante cessa, et Philippe de Girard, revenu à Paris, put se livrer en sécurité à l'étude de ses projets. Parmi les différentes inventions qu'il fit figurer à l'exposition de 1806, une surtout eut un grand retentissement et créa une véritable révolution dans l'éclairage domestique : ce fut celle des lampes hydrostatiques à niveau constant. Par un système de tuyaux, l'huile qui se trouvait dans le pied de la lampe montait sans aucun rouage jusqu'à la mèche et l'humectait. Des globes de verre dépolis, tout nouveaux alors, ne contribuèrent pas peu au succès de ces lampes.

Philippe de Girard présentait aussi à cette exposition des innovations d'une haute importance dans les machines à vapeur. Tombées dans l'oubli, elles furent reprises et revendiquées comme siennes par un Anglais en 1815 : le brevet pris par de Girard en 1806, fit la preuve de l'imposture.

C'est de 1810 que date l'invention qui fait le plus honneur à Philippe de Girard et dont l'importance n'est pas à décrire. Napoléon, qui avait fermé aux Anglais tous les ports de l'Europe par le blocus continental, voulut frapper encore davantage leur industrie cotonnière et décréta qu'un prix d'un million serait accordé à l'inventeur, de quelque nation qu'il fût, de la meilleure machine propre à filer le lin. « Quelques jours après la publication du décret impérial, dit Ampère, Philippe de Girard, alors âgé de trente-cinq ans, était chez son père à Lourmarin ; pendant le déjeuner de la famille, on apporta le journal qui contenait ce défi magnifique jeté à l'esprit d'invention sans exclure aucun peuple. M. de Girard passa le journal à son fils en lui disant : « Philippe, voilà qui te regarde. » Après le déjeuner, celui-ci se promenait seul, décidé à résoudre le problème. Jamais il ne s'était occupé de rien qui eût rapport à l'industrie dont il s'agissait : il se demanda s'il ne devait pas étudier tout ce qui avait été tenté sur le sujet proposé ; mais bientôt il se dit que l'offre d'un million prouvait qu'on n'était arrivé à rien de satisfaisant. Il voulut tout ignorer, pour mieux conserver l'indépendance de son esprit. Il rentra, fit porter dans sa chambre, du lin, du fil, de l'eau, une lampe, et, regardant tour à tour le lin et le fil, il se dit : « Avec ceci il faut que je fasse cela. » Après avoir examiné le lin à la loupe, il le détrempa dans l'eau, l'examina de nouveau et le lendemain à déjeuner il disait à son père : « Le million est à moi. » Puis il prit quelques brins de lin, les décomposa par l'action de l'eau, de manière à en séparer les fibres élémentaires, les fit glisser l'une sur l'autre, en forma un fil d'une extrême finesse et ajouta : « Il me reste à faire avec une machine ce que je fais avec mes doigts, et la machine est trouvée. » Elle l'était pour lui : le germe de la découverte était éclos dans son cerveau. » Deux mois après en effet, il prenait un premier brevet d'invention, et deux filatures établies à Paris réalisèrent l'invention. Philippe de Girard avait hautement gagné le million promis.

Mais alors le gouvernement, regrettant sans doute d'avoir offert une somme aussi forte pour une invention obtenue si rapidement et par un seul homme, mit des conditions restrictives à l'exécution de son engagement. Un nouveau programme parut, qui, entre autres conditions singulières, exigeait que le fil mesurât 400 000 mètres au kilogramme, et imposait en outre l'obligation de produire ce prodige avec une économie de huit dixièmes sur le prix du fil à la main. On espérait sans doute que ces conditions ne pourraient être remplies ; Philippe de Girard, sans se laisser décourager, se remit à l'œuvre, et réussit à l'aide d'une machine spécialement destinée au concours. Le jury allait rendre son verdict quand l'Empire fut renversé et le concours n'eut pas lieu. Il n'y manquait qu'une chose : c'était le million.

Entre temps Ph. de Girard faisait servir ses brillantes facultés à la défense de son pays ; il avait imaginé une arme à vapeur qui tirait 180 coups par minute, perçait à dix pas la tôle à cuirasse et à cent pas une planche épaisse de 4 centimètres. C'est en cette arme qu'il faut voir l'origine de la mitrailleuse. Adoptée par une commission militaire composée du duc de Bassano, du duc de Rovigo, du général Gourgaud et de plusieurs officiers d'artillerie, dont le général Paixhans, la construction en grand en fut ordonnée. Mais les étrangers approchaient rapidement et les événements furent plus prompts que l'exécution de cette découverte. Elle ne fut pas appliquée non plus après les désastres qui la firent oublier. Aussi, suivant l'usage constant qui prive la France de la plupart des inventions qui lui sont dues, douze ans plus tard, l'Américain Perkins annonça-t-il l'invention sous son nom, et fut-il regardé longtemps comme en étant le véritable auteur.

Cependant Ph. de Girard, confiant dans le décret de 1810, avait épuisé pour exécuter et soutenir ses inventions toute sa fortune et celle de ses frères qui s'étaient joints à lui. La prison pour dettes ne lui fut pas plus épargnée qu'à beaucoup de ses émules en génie. Arrêté au milieu de ses ateliers, il n'eut d'autre ressource que d'accepter les offres que lui faisait l'Autriche. Il s'y rendit, emportant la moitié de son matériel, laissant l'autre à ses frères pour continuer l'entreprise ; la ruine ne tarda pas pour ceux-ci, le gouvernement ayant refusé le prêt qui leur était nécessaire. Ph. de Girard avait espéré reconstituer sa fortune à Vienne; il en revint au bout de deux ans sans y avoir réussi. Il trouva tous les biens de sa famille dispersés et vendus par des créanciers. Il lui fallut repartir. Sur l'invitation de l'empereur de Russie, il établit une grande filature de lin en Pologne; l'entreprise prospéra au point qu'une petite ville se forma autour de l'établissement; elle fut nommée Girardow. « En acceptant l'emploi d'ingénieur en chef des mines de Pologne, dit M. Ampère, Philippe de Girard se réserva expressément dans son serment la qualité de Français. Les nobles expressions de ce serment honorent aussi le gouvernement qui les accepta. » Cet emploi fut pour lui l'occasion de nouvelles inventions, roue hydraulique pour utiliser les grandes chutes d'eau, chronothermomètre indiquant la température de chacune des vingt-quatre heures précédentes, météorographe donnant la température, la hauteur du baromètre, la quantité de pluie tombée, la vitesse et la direction du vent, etc.

Quand il revint en France en 1844, un triste événement l'y attendait. Un créancier des anciennes filatures, faisant revivre un titre un mois avant la prescription, saisit ses machines en pleine exposition. L'inventeur lui-même dut chercher une retraite chez des amis à la campagne.

Quatre ans auparavant il avait protesté par un mémoire adressé au Roi, aux ministres et aux Chambres contre l'opinion répandue en France même que l'invention de sa machine à tisser le lin était due à l'Angleterre.

« Je viens réclamer, disait-il, devant mon Souverain et devant les représentants de mon pays, pour l'honneur du génie français, le mérite d'une invention qui fixe aujourd'hui l'attention de l'Europe, invention qui appartient incontestablement à la France et dont l'on veut pourtant l'obliger à faire hommage à l'Angleterre. Je viens protester contre cet acte de lèse-patrie; je viens réclamer pour mon pays et pour moi cette invention dont tous les pays de l'Europe, excepté la France, ont fait honneur à la France et à moi. »

Il vivait d'une petite pension que lui faisait l'empereur de Russie, mais jamais il ne put obtenir le moindre secours du gouvernement national. Il mourut en 1845. Après sa mort, comme il arrive souvent, une sorte de mouvement eut lieu en sa faveur et la commission des pétitions fut favorable aux réclamations que produisait la famille de l'inventeur. Ce n'est qu'en 1853, après adoption de ces réclamations, avis favorable de la commission, projet de loi voté au Conseil d'État, présenté au Corps Législatif, adopté à l'unanimité par cette assemblée, présenté au Sénat, adopté par lui et promulgué enfin qu'une récompense nationale fut accordée à son frère et à sa nièce. Les formalités administratives avaient duré cinq ans; l'un des bénéficiaires mourut l'année suivante à quatre-vingt-treize ans!

*
* *

Il est d'autres inventions qui, pour être plus humbles, n'en sont pas moins précieuses, et dont l'importance, moins éclatante, n'est pas moins considérable. Celle de la machine à coudre est du nombre.

L'on ne peut dire que les épreuves des inventeurs sont proportionnées à l'apparente importance de leurs découvertes, car Thimonnier, qui imagina la machine à coudre, eut une existence des plus malheureuses.

Il était né à l'Arbresle (Rhône), en 1793. A cette époque la ville de Tarare faisait exécuter beaucoup de broderies au crochet dans les montagnes de la région. C'est à cette occasion que Thimonnier conçut la première idée de la couture mécanique.

En 1825, étant tailleur à Saint-Étienne, il se mit à l'œuvre, et, pendant quatre ans, ignorant les premiers éléments de la mécanique, il s'ingénia à réaliser son idée. Ses ressources s'épuisèrent, mais il réussit et prit un brevet. Venu à Paris, il entra comme directeur dans une maison qui confectionnait des vêtements militaires et établit un atelier de 80 machines, mais, par une erreur commune à cette époque, les ouvriers, furieux de la concurrence de la mécanique, envahirent l'atelier et mirent en pièces les machines. Le chef de la maison étant mort sur ces entrefaites, Thimonnier dut reprendre le chemin de son pays.

Deux ans après, il veut tenter de nouveau la fortune à Paris : nouvel échec. Il refait la route à pied, portant sa machine sur le dos et l'exhibant dans tous les endroits qu'il traverse comme une curiosité! De retour, il construit des machines et s'associe avec un industriel de Villefranche ; l'entreprise prospérait quand la Révolution de 1848 vint l'arrêter net. En 1851, Thimonnier envoie la machine à Londres pour la faire figurer à l'Exposition. La fatalité veut qu'elle arrive après l'examen du jury!

Thimonnier, découragé, se résigna. Il fit encore quelques essais de machine à coudre, mais il était épuisé de misère et de travail et il mourut en 1857.

*
* *

Quand de l'industrie on passe à l'étude des progrès de la chimie, un grand nom nous frappe tout d'abord, celui de Lavoisier, que l'on peut considérer comme le véritable fondateur de la chimie moderne.

Son existence, consacrée tout entière à la science, et féconde en grandes découvertes, se termina sur l'échafaud. On s'étonnerait de voir un homme d'une telle valeur scientifique et morale, et d'une intégrité au-dessus de tout soupçon, finir d'une telle mort, si l'on ne connaissait la tragique époque qui s'enivra du sang le plus pur et le plus noble de la France. Une véritable fièvre de sang régnait alors, et la seule défense, s'il en est une qu'on puisse invoquer pour les auteurs de ces boucheries, est de les considérer comme des déments.

Lavoisier s'était adonné à la science dès sa jeunesse la plus tendre; à vingt ans, il concourait pour le prix de l'Académie des sciences, qui avait proposé le sujet suivant : *De la meilleure manière d'éclairer les rues d'une grande ville*. On dit qu'il fit tendre sa chambre de noir et qu'il s'enferma pendant six semaines sans voir le jour pour rendre sa vue plus sensible aux différents degrés de lumière des lampes. Il obtint le prix et l'Académie décréta l'impression de son mémoire. Des travaux sur les couches des montagnes, sur les gypses des environs de Paris, sur le tonnerre, sur l'aurore boréale, etc., lui valurent un fauteuil à l'Académie, il avait à peine vingt-cinq ans.

Il continua ses recherches et ses expériences en chimie, mais pour subvenir aux dépenses considérables qu'elles lui causaient, il réussit à obtenir en 1799 une place de fermier général. Avec les ressources que lui donna cette charge, il put se livrer entièrement à ses études scientifiques. Il y déploya la plus grande activité, faisant des conférences, réunissant les savants français et étrangers pour discuter les nouvelles formules de la science. Un de ses principaux résultats fut l'analyse de l'air atmosphérique; il y reconnut la présence de deux gaz, l'oxygène et l'azote; il établit aussi la composition de l'eau et de l'acide carbonique. La formule de sa doctrine pourrait être : « Rien ne se crée et rien ne se perd. »

Il fut envoyé comme député suppléant à l'Assemblée Nationale, et nommé membre, en 1790, de la fameuse commission des Poids et Mesures à laquelle il apporta un concours précieux. Mais les événements se précipitaient. L'année fatale sonnait à l'horloge des temps. Lavoisier ne devait pas être plus épargné que tant d'autres innocentes victimes. Il avait été fermier général ; on massacrait les gens pour moins que cela.

L'illustre chimiste est cité au tribunal révolutionnaire par Fouquier-Tinville. Pendant deux jours, un homme de cœur, Lucas, lui offre un asile sûr au Louvre, mais il apprend que ses anciens collègues sont arrêtés, que son beau-père est en prison ; il n'hésite pas, et court partager le sort commun. On essaya de le sauver ; le bureau des consultations présenta un rapport détaillé de ses travaux. Peine inutile ! de pareils titres ne comptaient plus ; il fallait du sang. L'acte de condamnation serait risible s'il n'était odieux. Il portait que Lavoisier était « convaincu d'être auteur ou complice d'un complot tendant à favoriser le succès des ennemis de la France, notamment en exerçant toutes espèces d'exactions et de concussions sur le peuple français, en mêlant au tabac de l'eau et des ingrédients nuisibles à la santé des citoyens qui en faisaient usage, en pillant le peuple et le trésor national pour enlever à la nation des sommes immenses et nécessaires à la guerre contre les despotes, etc. » Il fut guillotiné le 8 mai 1794, le quatrième des vingt-huit fermiers généraux qui périrent le même jour. Son beau-père fut guillotiné le troisième.

*
* *

Avant lui, la même science avait été illustrée par un homme qui expia cruellement sa gloire et qui mourut de chagrin, loin de sa patrie, Priestley. Il était né en 1733 dans le Yorkshire, en Angleterre. Son père, fabricant de draps, espérait trouver un successeur dans son fils, mais celui-ci ne ressentait aucun goût pour le commerce et en montrait beaucoup pour la théologie.

Il se fit recevoir prédicateur, mais ne réussissant guère en ces fonctions, il obtint de diriger une école ; dès qu'il eut quelques économies, il s'acheta quelques instruments de physique et de chimie, entre autres une machine électrique et une machine pneumatique. C'est là la première manifestation de son goût pour la science.

Peu après il épousa la fille d'un maître de forges du pays de Galles et put désormais s'occuper de science plus librement.

Ayant fait la connaissance de Benjamin Franklin, il fut vite attiré par les questions d'électricité; il s'y adonna, écrivit un traité important, et grâce à des expériences qui répandirent son nom, fut reçu docteur, puis membre de la Société Royale de Londres.

Le voisinage d'une brasserie attira son attention vers l'étude de la chimie, et trois ans après il communiqua à la Société Royale des *Observations sur les différentes espèces d'air*, qui lui valurent une médaille. « Il possédait une sagacité que ne décourageait aucun obstacle, dit Thomson, et un talent d'observation qui le rendait habile à tirer parti de tout phénomène qui s'offrait à lui. Il était si régulier dans ses habitudes qu'il n'omettait jamais d'enregistrer exactement le moindre détail qu'il observait. Aussi sincère que désintéressé, il semblait avoir fait de la recherche de la vérité l'unique but de ses constants efforts. »

Priestley étudia d'abord l'acide carbonique que l'on nommait l'*air fixe* et se rendit compte de certaines de ses propriétés; puis il découvrit le bioxyde d'azote, qu'il appela air vitreux et dont il reconnut les principes antiseptiques. Mais la plus importante de ses découvertes fut celle de l'air atmosphérique, que sous le nom d'oxygène la chimie moderne regarde comme l'agent le plus universel de la nature. En somme, Priestley a dévoilé les gaz principaux dont les propriétés sont aujourd'hui utilisées.

Quand le capitaine Cook entreprit sa seconde expédition, il offrit à Priestley de l'accompagner, comme chapelain; celui-ci, chargé de famille, dans une situation gênée, aurait accepté volontiers, mais, heureusement pour la science, il ne passa pas pour suffisamment orthodoxe aux yeux de l'Amirauté. Il trouva cependant un protecteur généreux dans le comte de Shelburne, qui lui accorda une place de bibliothécaire chez lui. L'année suivante, il suivit ce seigneur en France, en Allemagne et dans les Pays-Bas. A Paris, ses travaux scientifiques lui procurèrent un facile accès près des chimistes et des philosophes.

Il semblait se trouver dans la position la plus avantageuse, quand, au bout de quelques années, sans que l'on sache à quelle raison attribuer exactement sa conduite, Priestley se sépara de son protecteur. Son indépendance lui fit refuser aussi une pension du gouvernement. Lorsque éclata la Révolution française, il salua en elle l'aurore d'une rénovation sociale. Ses efforts en faveur de la liberté, du progrès, de la tolérance, et surtout sa *Réponse* aux fameuses *Réflexions* de Burke sur les conséquences probables de la Révolution, lui valurent l'honneur d'être candidat à la Convention et d'être nommé citoyen français. Il fut même élu député par le département de l'Orne. Il refusa d'exercer ces fonctions, mais fut profondément touché de ce témoignage d'estime.

Ce fut là la cause de tous ses malheurs. Le 14 juillet 1791, quelques-uns de ses amis politiques, habitant comme lui Birmingham, voulurent fêter l'anniversaire de la prise de la Bastille. Priestley évita par prudence d'assister à cette fête, mais on l'accusa de l'avoir provoquée; on fabriqua de faux billets d'invitation, conçus en termes injurieux comme venant de sa part. Enfin, à l'instigation des ministres anglicans et des partisans du gouvernement, le peuple s'ameute; on envahit la salle de la réunion, on saccage tout, mais on en voulait à Priestley et il était absent. On court à sa recherche, on arrive à sa maison, « foyer d'où étaient sorties tant de vérités nouvelles, tant de découvertes utiles à ces furieux eux-mêmes, car c'étaient presque tous des ouvriers de Birmingham », et en quelques minutes tout fut mis en pièces, instruments, manuscrits, bibliothèque, puis l'on y mit le feu. L'émeute dura trois jours; suivant l'usage, on accusa les victimes d'en être les auteurs et l'on répandit le bruit que les papiers de Priestley fournissaient la preuve d'une grave conspiration.

L'infortuné vieillard supporta vaillamment l'adversité, pas une plainte ne s'échappa de ses lèvres. Mais sa patrie lui devint un séjour intolérable. En 1794, il s'embarqua pour l'Amérique et se fixa en Pensylvanie. Mais il n'y trouva pas le repos; les préventions anglaises le poursuivirent et l'on fit courir le bruit qu'il était un agent salarié de la République française.

D'autres malheurs plus cruels fondirent sur lui : il vit mourir sa femme et son plus jeune fils, lui-même fut, dit-on, empoisonné dans un repas, et, usé par le chagrin et les déboires, il ne put résister au mal et succomba. « Ses derniers moments, dit Cuvier, furent remplis par les épanchements de cette piété qui avait animé toute sa vie. Il se faisait lire les Évangiles et remerciait Dieu de lui avoir donné une vie utile. Il mettait au rang des principaux bienfaits qu'il en avait reçus celui d'avoir connu personnellement presque tous ses contemporains célèbres. « Je vais m'endormir comme vous, dit-il à ses petits-enfants qu'on emmenait, mais, ajouta-t-il en regardant les assistants, nous nous réveillerons tous ensemble, et j'espère, pour un bonheur éternel », témoignant ainsi dans quelle croyance il mourait Ce furent ses dernières paroles.

***

Un autre inventeur, Nicolas Le Blanc, dont la découverte fut pour son pays une source de richesses, mourut dans la misère, ou même, suivant une autre version, se suicida de désespoir. Un associé infidèle essaya même d'usurper la gloire de sa découverte, et il fallut l'autorité de l'Académie des Sciences pour établir en 1856 que Le Blanc seul a le mérite de l'invention et qu'à lui seul doit s'adresser la reconnaissance nationale. Il est le créateur de la fabrication de la soude artificielle. L'importance de ce produit est vitale. Chaptal, pour en donner une idée, a dit de la production de l'acide sulfurique. : « C'est un véritable thermomètre, où peut se lire le degré de prospérité commerciale d'un peuple. » On peut en dire autant du carbonate de soude : la fortune industrielle d'un pays est en raison directe de sa production et de sa consommation de soude. Ses principaux emplois sont dans la fabrication du verre et du savon, et c'est par quantités immenses, qu'on l'utilise. Avant la Révolution, la France était tributaire de l'Espagne qui extrayait ce produit des plantes marines qu'on trouve en abondance sur les côtes d'Alicante et de Malaga. Ces végétaux, coupés et séchés, étaient entassés dans des fossés; on y mettait le feu, et la soude brute n'était que la transformation des cendres. On obtenait ensuite du sel de soude par une opération facile, en traitant cette soude par l'eau.

Ces plantes marines se trouvaient aussi sur les côtes qui avoisinent Narbonne, mais en trop petite quantité pour alimenter toutes les fabriques de France. On devait donc demander le surplus, c'est-à-dire presque la totalité de ce qu'il fallait, à l'Espagne. Mais quand survint la guerre, il fallut vivre de ses propres ressources et c'est alors que les chimistes français furent appelés à trouver un moyen de tirer ce produit de matières extraites du sol national. Plusieurs systèmes furent présentés; un seul fut admis à l'unanimité, celui d'un chirurgien nommé Nicolas Le Blanc.

Celui-ci, né à Issoudun en 1753, était attaché à la maison du duc d'Orléans en qualité de chirurgien depuis 1780. Il s'était occupé de chimie, avait même présenté à l'Académie des Sciences un mémoire assez apprécié sur les phénomènes de la cristallisation, quand fut proposée la recherche des moyens propres à fabriquer de la soude. Il comprit que le sel marin devait lui donner le résultat demandé. En effet, ce sel, traité par de l'acide sulfurique avec une certaine adjonction de craie, produit de la soude. Cette méthode fut établie par son inventeur avec une telle précision qu'on n'a pas eu à la modifier en rien jusqu'à présent.

Le Blanc venait de doter son pays d'une richesse énorme. En effet désormais la France non seulement pouvait se passer de la production étrangère, mais encore devait fournir les nations voisines. L'inventeur n'eut pas la plus petite part des ressources qu'il venait de créer. Il avait d'abord formé une société, dont faisaient partie le duc d'Orléans et un nommé Dizé, pour exploiter cette découverte; une usine avait été construite et l'affaire donnait les plus grandes espérances, quand l'exécution du duc d'Orléans et les troubles de la Révolution vinrent ruiner l'entreprise. Le Blanc fut forcé de livrer le secret de la fabrication qui fut publié comme étant d'utilité publique. C'était un coup terrible pour l'inventeur; il essaya de fonder une autre société, mais cette fois encore il ne réussit pas, et il vit vendre à la criée ses meubles, avec les appareils et les produits de l'établissement qu'il avait fondé. Dépouillé du fruit de ses travaux, il n'obtint qu'une indemnité dérisoire et le reste de sa vie se passa en démarches inutiles. Pendant ce temps, son secret était exploité et enrichissait tous ceux qui en tiraient parti : en 1810, on put même fermer complètement la France à la soude étrangère!

Le Blanc mourut en 1806.

Ses héritiers mêmes ne purent retirer aucun fruit de sa découverte. Sa famille n'obtint que longtemps après que l'on consacrât solennellement sa gloire, à laquelle son ancien associé, Dizé, élevait perfidement des prétentions.

*
* *

L'histoire de Philippe Le Bon, l'inventeur du gaz d'éclairage, est aussi des plus touchantes. Il était né à Brachay, près de Joinville, en 1769. L'instituteur du village fut son premier maître. A vingt ans, il entrait à l'École des ponts et chaussées; nommé ingénieur peu après, il y professa la mécanique.

La remarque d'un phénomène banal fut le point de départ de sa découverte. Un jour, il jette une poignée de sciure de bois dans un flacon de verre qu'il tenait au-dessus du feu ; une fumée épaisse se forme dans le flacon, puis soudain une flamme lumineuse en jaillit ; le principe même de la lampe à gaz était trouvé. Mais il restait à perfectionner ce principe et à le rendre pratique. Le gaz produit par la combustion du bois est propre à l'éclairage et au chauffage, mais il est accompagné de vapeurs noires et nauséabondes qui le rendraient impossible à employer s'il n'était purifié. Le Bon imagina de faire passer le tuyau de dégagement à travers de l'eau froide : dès lors le résultat était obtenu. Il continua ses expériences à Brachay ; il avait construit lui-même un appareil grossier en briques ; après l'avoir rempli de bois et fermé hermétiquement, en laissant toutefois un tuyau pour la cheminée, il faisait passer ce tuyau, assez large pour former condensateur, dans une cuve remplie d'eau. Il allumait alors du feu dans l'appareil. Le bois qui y était contenu se carbonisait, la fumée produite par la combustion passait par le tuyau, et abandonnait, en traversant la cuve d'eau, le goudron et l'acide acétique qu'elle contenait, et, purifiée, sortait à l'orifice en gaz lumineux. Encouragé par des savants qui assistèrent à ses expériences, Le Bon fit de grandes dépenses pour perfectionner son invention et prit un brevet. Ce brevet donne la description de la thermo-lampe, qui produisait par une même opération du gaz d'éclairage, du goudron et de l'acide acétique, et préconisait l'emploi de la houille comme pouvant remplacer le bois. Mais ces expériences ne se poursuivaient pas sans difficulté ; Le Bon, que ses fonctions d'ingénieur plaçaient sous les ordres d'un chef jaloux, était en butte aux préventions de son supérieur et dénoncé dès qu'il essayait de quitter Angoulême, où son service le retenait, pour aller reprendre ses expériences à Brachay, et, sans ressources suffisantes pour abandonner ses fonctions, il devait se plier à toutes les exigences. Bientôt même ses appointements ne lui furent plus payés, dans le trouble où les guerres de la Révolution jetaient le gouvernement, et Le Bon eut à subir de cruelles angoisses.

En 1801, les mauvais jours passés, ayant sollicité en vain la charge d'éclairer au gaz les monuments publics, il en appela au public même. Il loua l'hôtel Seignelay, rue Saint-Dominique, y établit un appareil à gaz qui distribua la lumière dans les appartements et les jardins, et convia la foule à venir admirer l'éclairage. Des milliers de jets de lumière, en forme de rosaces, de fleurs, une fontaine dont les eaux habilement éclairées semblaient lumineuses, conquirent l'admiration générale et établirent enfin la réputation de Le Bon. Il obtint l'adjudication d'une partie de la forêt de Rouvray, où il devait trouver le bois nécessaire à ses opérations, à la condition de fabriquer cinq quintaux par jour.

Le succès venait enfin ; les princes russes Galitzin et Dolgorouski, attirés par sa renommée, vinrent lui proposer de transporter ses procédés en Russie, en le laissant libre de fixer ses conditions. Le Bon refusa, ne voulant pas donner à d'autres pays que sa patrie le bienfait de son invention.

La fortune lui souriait donc quand, étant venu à Paris pour le sacre de l'Empereur, il fut trouvé dans les Champs-Élysées, le jour même du couronnement, le 2 décembre 1804, inerte et sans vie, percé de treize coups de poignard. La main criminelle qui l'avait frappé est toujours restée inconnue. Le Bon avait trente-six ans!

∴

Claude Chappe, l'inventeur du télégraphe, neveu de l'astronome Chappe d'Auteroche qui périt victime de sa passion pour la science, eut lui-même une fin tragique.

Claude hérita de l'ardeur de son oncle pour le travail. Il était né en 1763 à Brûlon, dans le département de la Sarthe. Cadet d'une famillle nombreuse, il entra dans les ordres et eut l'attribution d'un bénéfice situé près de Provins dont le revenu lui permit de se livrer à son goût pour la physique. Étant au séminaire d'Angers, il s'était trouvé séparé par quelques lieues de son frère qu'il aimait beaucoup. Le désir de communiquer avec lui lui inspira la première idée du télégraphe qui rendit tant de services aux armées de la République et qui fut usité dans toute l'Europe jusqu'à l'adoption du télégraphe électrique; il établit une pièce de bois, tournant au moyen d'un pivot, sur une longue perche verticale; cette pièce de bois portait elle-même à ses extrémités deux règles de dimensions proportionnées : c'était le télégraphe. Quand plus tard il voulut faire adopter ce système, il eut à lutter contre des obstacles invraisemblables; enfin, en 1792, il obtint l'autorisation d'établir un télégraphe sur un des bâtiments de la barrière de l'Étoile. L'inventeur se croyait arrivé au but de ses efforts quand une nuit l'appareil fut renversé et brisé par des malveillants.

Cette entreprise découragea Claude Chappe, après toute la peine qu'il avait dû se donner pour faire admettre son invention. Il eût renoncé à son projet si un événement n'était venu à temps lui rendre espoir; un de ses frères fut nommé membre de l'Assemblée législative. Chappe, soutenu par l'influence de son frère, recommença ses démarches. Une nouvelle autorisation lui fut enfin accordée, et il plaça un télégraphe à Ménilmontant. Là encore il eut de nouveaux déboires. Un matin il vit se diriger vers son poste un groupe menaçant. C'étaient des citoyens qui, intrigués par la manœuvre de l'appareil, s'étaient imaginés qu'il servait à correspondre avec le Roi prisonnier; on criait à la trahison et ces excellents patriotes voulaient la tête du malheureux inventeur. Il put s'enfuir, mais son télégraphe fut incendié.

Une troisième fois enfin, grâce au crédit de son frère, il put rééditier son appareil sur trois points, distants de trois lieues chacun, Ménilmontant, Écouen et Saint-Martin-du-Tertre. Les expériences qu'il y fit étaient concluantes; cependant il fallut une année d'efforts et de démarches de toutes sortes pour obtenir qu'une commission officielle, après avoir constaté la réussite de plusieurs essais, demandât une subvention de six mille francs pour propager l'établissement du télégraphe. En 1793, la Convention autorisa la construction d'une ligne de Paris à Lille, construction qui dura près d'un an et qui exigea un travail incessant de l'ingénieur. Enfin en 1794, la première nouvelle qu'apporte le télégraphe à peine terminé fut la prise de Condé sur les Autrichiens. La dépêche est lue à la tribune au milieu des acclamations et l'Assemblée répond sur-le-champ par la même voie que l'armée du Nord a bien mérité de la patrie. La Convention ayant décrété en même temps que Condé porterait désormais le nom de Nord-Libre reçut avant la fin de la séance l'avis que le décret était parvenu, proclamé, et que déjà des exemplaires imprimés de la délibération circulaient dans les rangs de l'armée.

Mais alors, devant la complète réussite du télégraphe aérien des contestations surgirent et l'on voulut ravir à l'inventeur la gloire de sa découverte. Celui-ci, vivement affecté de la malveillance qui s'efforçait de déprécier son mérite et essayait de lui enlever toute récompense, tomba dans un profond découragement; plusieurs personnes proposèrent des systèmes qui n'étaient que d'insignifiantes modifications du sien. Il se vit au moment d'être frustré du profit de tant d'efforts et de désespoir il se jeta dans le puits de la maison où était établi son atelier.

Enfin, il faut terminer cette longue liste de martyrs par le nom d'Étienne Choron, que l'on doit ranger au nombre des infortunés qui, après avoir consacré leur vie entière et sacrifié toute leur fortune à une invention, meurent dans l'oubli et la misère.

Né à Caen en 1772, son goût l'avait entraîné tout jeune vers la musique, qu'il apprit sans maître; ayant lu les ouvrages de Rameau, d'Alembert, J.-J. Rousseau, qui contenaient des notions théoriques de cet art, ses lectures le conduisirent à l'étude des mathématiques, et ses progrès furent tellement rapides que le célèbre Monge se l'attacha comme élève. Choron comprit vite qu'il existe entre les mathématiques et la musique des rapports étroits. Tout en se livrant à ses travaux, il avait composé une méthode pour apprendre à lire et à écrire. Cette méthode a servi dès lors de base à l'enseignement mutuel.

Désireux de répandre en France le goût des belles œuvres musicales, il consacra la plus grande partie de sa fortune à la publication d'œuvres étrangères. Il avait conçu l'idée d'un enseignement nouveau de la musique, et, sous l'Empire, il avait été chargé de la réorganisation des maîtrises et des chœurs des cathédrales, ainsi que de la direction de la musique dans les cérémonies religieuses. Mais, ennemi de certains systèmes appliqués au Conservatoire, il eut l'imprudence de critiquer cet établissement et il s'attira des inimitiés implacables. En 1815, il fut chargé de diriger l'Opéra, mais incapable de résister aux attaques de toutes sortes qui l'assaillirent, il dut donner sa démission en 1817.

Loin de se plaindre de l'ingratitude dont il était victime, il résolut d'appliquer un mode d'enseignement musical d'après ses idées. Sans grandes ressources, il parvint, à force d'énergie et de patience, à réunir un certain nombre d'enfants, noyau de son école qui s'accrut peu à peu sous l'influence de son ardeur; il parcourut les provinces du nord et du midi de la France et ramena à Paris les plus belles voix de basse et de ténor qu'il put trouver.

Son école ne tarda pas à attirer l'attention publique; il obtint en 1824 une subvention qui lui permit de rendre plus fréquents ses concerts. Là, pour la première fois en France, on entendit exécuter par des masses considérables de voix, et avec ce sentiment de l'art que Choron savait inspirer à ses élèves, les sublimes compositions de Bach, Hændel, Palestrina, etc. Choron pouvait donc fonder les plus hautes espérances sur son entreprise, quand la révolution de 1830 vint lui porter un coup fatal. Sa petite subvention fut réduite des trois quarts; c'était lui supprimer tout secours.

Le musicographe essaya cependant de reprendre son œuvre; il voulait répandre le goût de la musique dans les masses, en la rattachant au culte catholique. Il parcourut dans ce but les départements, ne cessant de publier des ouvrages d'enseignement et de propagande, mais, au bout de peu de mois, il mourut à la peine. Exténué de fatigue, sans ressources, il succomba en 1834 sans avoir pu réaliser le projet qu'il avait caressé toute sa vie.

Médecins.

Si le titre de bienfaiteurs de l'humanité peut s'appliquer à tous les inventeurs en général, il est dû, d'une manière plus spéciale et plus directe, aux hommes dont la vie se consacre à soulager les souffrances de leurs semblables et à écarter la maladie : les médecins. Avant d'arriver au degré de science où elle se trouve aujourd'hui, la médecine dut, elle aussi, avoir ses inventeurs pour découvrir les principes mêmes sur lesquels elle repose, et parmi ces passionnés de science qui souffrirent pour cette grande cause, il faut citer André Vésale.

Le chirurgien André Vésale peut être regardé comme le fondateur de l'anatomie. A une époque où les mœurs s'opposaient à tout progrès de la science, en quoi que ce fût, il lui fallut une ténacité, et souvent un courage physique remarquables pour pouvoir étudier cette base de la médecine. On raconte que pour obtenir les cadavres nécessaires à ses dissections, il était obligé d'aller les disputer aux chiens et aux oiseaux de proie à la butte de Montfaucon. Malgré toutes ces entraves, son ardeur et son intelligence étaient telles qu'il parvint à des résultats qui devaient changer la face de la science. Adversaire résolu des doctrines de Galien, il mit contre lui presque tous les médecins pour qui ces doctrines étaient des articles de foi ; et quand il publia son ouvrage sur l'anatomie il fut attaqué violemment. Un de ses anciens maîtres se distingua par la violence de ses pamphlets. Vésale ne répondit rien, mais s'étant procuré des pièces de dissection, il convoqua ses contradicteurs à une opération publique et triompha complètement.

Attaché à l'armée de Charles-Quint, il visita Venise, Padoue, Pise, Ratisbonne, Bâle, profitant de son séjour dans chaque ville pour s'instruire et pour répandre ses doctrines.

Doué d'une activité dévorante, partout où il passait il faisait des conférences, professait des cours publics, soutenait des thèses avec opiniâtreté et sortait vainqueur de toutes les controverses.

Quand Charles-Quint abdiqua, Vésale le suivit en Espagne. C'est alors que l'Inquisition le condamna à mort; on a prétendu que la cause de cette condamnation était l'autopsie anticipée d'un Espagnol de qualité qu'il avait cru mort, mais cette version a été démentie: une telle erreur est invraisemblable de la part d'un homme de sa valeur. Quoi qu'il en soit, sa peine fut commuée par le roi en un voyage expiatoire en Terre-Sainte.

Vésale partit, et séjourna quelque temps en Palestine. Comme il en revenait, le vaisseau qui le portait fit naufrage sur les côtes de l'île de Zanthe, et Vésale périt en cette île de misère et de maladie, en 1564. Un orfèvre, qui l'avait reconnu, le fit inhumer.

La ville de Bruxelles, où il était né en 1514, a élevé une statue pour consacrer sa mémoire.

.˙.

On ne peut parler de la médecine sans citer William Harvey, dont le nom est attaché à la découverte de la circulation du sang. Bien qu'il ne puisse figurer parmi les héros de ce volume, il faut mentionner les difficultés de toutes sortes qu'il dut surmonter pour répandre ses doctrines.

Joseph Dombey, plus connu comme botaniste que comme médecin, présente l'exemple d'un homme de grand cœur et de haute conscience en butte à la mauvaise fortune dès sa prime jeunesse.

Poussé à bout par la rigueur de sa famille, il s'enfuit de Mâcon à Montpellier chez l'un de ses parents, le célèbre Commerson, qui lui inspira la passion de la botanique. Quelques années plus tard, s'étant distingué par des travaux originaux, il reçut de Turgot la mission de rechercher dans l'Amérique espagnole les plantes susceptibles de s'acclimater en France. Il s'embarqua à Cadix avec deux botanistes espagnols, et, après de nombreuses herborisations au Pérou, expédia en France le résultat de ses travaux. Le vaisseau qui transportait sa collection fut pris par les Anglais et les précieux envois de Dombey furent dispersés! Autre déboire : à Callos, on saisit les dessins originaux de 300 plantes nouvelles, que Dombey avait fait exécuter à ses frais, et on les confisque sous le prétexte que ces dessins, étant l'œuvre d'artistes espagnols, ne peuvent être exportés.

Comme Dombey arrivait à la Concepcion, au Chili, une maladie contagieuse décimait la ville; le savant français se dévoua au bien public et prodigua ses soins aux malades. Il refusa ensuite toute indemnité. L'Espagne le récompensa mal de sa délicatesse. Quand il revint à Cadix, ses caisses, qui contenaient le produit de ses longues recherches, furent confisquées au profit du Roi. On l'obligea en outre à s'engager par serment à ne rien publier avant le retour des botanistes espagnols qui étaient partis avec lui et qui ne devaient revenir que dans quatre ans. On voulait même assurer son silence avec plus de certitude : un homme qu'on avait pris pour lui fut assassiné devant sa maison. Et cependant Dombey, rentré en France, ne trahit jamais son serment, malgré les conditions où il lui avait été arraché, malgré les prières pressantes de Buffon. Ce n'est qu'après sa mort que ses travaux furent publiés! Buffon voulut le récompenser de ses travaux et réparer ses malheurs, mais le savant, découragé par les épreuves qu'il avait subies, se refusa aux honneurs. Il se retira à Lyon, puis, en 1793, chargé d'une mission pour les États-Unis, il s'embarqua. Obligé par une tempête de relâcher à la Guadeloupe, il faillit périr dans une émeute; à peine son vaisseau avait-il repris la mer qu'il fut capturé par des corsaires. Dombey, jeté dans les prisons de Mont-Serrat, y mourut de douleur et de misère.

*
* *

Enfin, on ne peut clore cette liste sans signaler la mort tragique d'Horace Wels.

Il fut le premier à utiliser la merveilleuse découverte du chimiste Davy, le protoxyde d'azote. Il est inutile d'insister sur l'extrême importance des anesthésiques : supprimer la douleur, permettre des opérations que la souffrance des patients rendait jadis impossibles, c'était assurer un progrès considérable à la science médicale. Horace Wels, dentiste aux États-Unis, voulut appliquer en 1844 la découverte de Davy. Il respira le protoxyde d'azote, et se fit arracher une dent sans souffrir.

Après de nombreuses expériences sur ses clients, toutes couronnées d'un plein succès, Wels se rendit à Boston pour signaler ces faits à la Faculté de médecine. Il y rencontra un ancien associé, Morton, et le docteur Jackson, à qui il confi[a] toute son histoire. Peu après, une expérience publique eut lieu en présence d[e] nombreux étudiants, mais, par un malheureux hasard, elle échoua complètement. Wels, hué par les assistants, ressentit un tel découragement qu'il abandonna s[a] profession.

Cependant les deux hommes à qui il avait eu l'imprudence de livrer son secret Morton et Jackson, l'exploitaient avec succès. Leur réputation grandissait et leu[r] nom, attaché à ce procédé magique, se répandait dans toute l'Europe.

Wels, oublié maintenant, voulut faire valoir ses droits en Angleterre; il vint [à] Londres, puis à Paris, partout éconduit.

Sans aucune ressource, il retourna en Amérique; là, désespéré, découragé, i[l] se réfugia dans la mort; il s'ouvrit les veines dans un bain. On trouva un flaco[n] d'éther dans sa main crispée; le malheureux avait demandé au produit qu[i] devait faire sa gloire d'adoucir ses derniers moments.

Il faut ajouter que peu après l'Institut de France décernait à Jackson le prix Montyon, tandis que Morton réalisait une fortune considérable.

Pour nous, qu'il nous soit permis, en citant le nom de ces deux hommes, non seulement de déplorer les erreurs fréquentes des jugements humains, mais encore et surtout de flétrir, au nom de la conscience, ceux qui élevèrent leur réputation et leur fortune sur le cadavre de l'homme qu'ils avaient dépouillé, qu'ils avaient tué.

∴

Les temps changent, non les mœurs, et des exemples trop récents montrent que les épreuves des inventeurs sont souvent aussi complètes aujourd'hui qu'autrefois. Combien en est-il, à l'heure même où nous écrivons, qui luttent et qui souffrent pour des découvertes dont ils ne connaîtront pas toute la portée! Combien meurent, inconnus et obscurs, ayant contribué à des progrès dont nous bénéficions dès maintenant et dont ils n'auront eu ni la gloire, ni le profit!

C'est l'histoire d'Adolphe Archereau que l'on vient de conduire à sa dernière demeure. Sa mort aura passé inaperçue, annoncée en dix lignes par un journal au cours des faits divers de la journée, et le public ingrat n'aura pas compris toute la souffrance contenue en cette rapide nouvelle. Et pourtant, aucune oraison funèbre ne saurait produire une impression aussi triste et aussi poignante que celle qui se dégage de la concision même de l'article que nous citons tel quel :

« Encore un inventeur qui a fait la fortune de beaucoup, mais qui n'a pas pu faire la sienne :

« Adolphe Archereau était venu à Paris à la fin du règne de Louis-Philippe. Passionné pour l'électricité, il s'établit dans la Cité et y fit de nombreuses expériences sur la lumière électrique.

« Il inventa un régulateur très simple qui est le premier de tous ceux qui ont été établis depuis.

« Plus tard il utilisa les débris de charbon en les agglomérant et cette invention a été la source d'une immense industrie qui a été très utile aux chemins de fer. Mais il n'en tira aucun profit personnel, et malgré les efforts de ses amis, il ne put arriver à vaincre la misère.

« On l'a enterré hier dans le cimetière de Pantin. Il laisse une fille et des petits-enfants. »

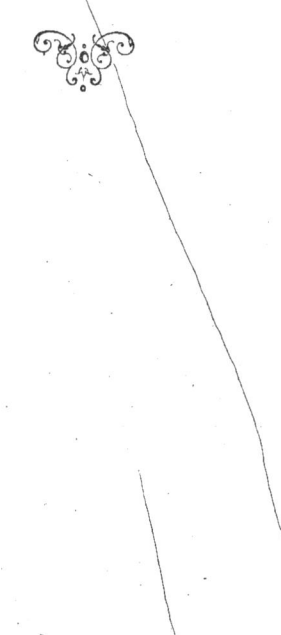

CHAPITRE VII

SAVANTS ET PHILOSOPHES

Mort de Socrate. (David.)

CHAPITRE VII

SAVANTS ET PHILOSOPHES

La philosophie est, suivant une définition classique, l'étude des causes et des effets; c'est dire qu'elle embrasse toutes les branches de la science et que son domaine n'a pas de limites. S'il est des voiles qui ne peuvent être soulevés, s'il est des problèmes devant lesquels la raison de l'homme reculera toujours, il n'en faut pas moins voir dans l'aspiration naturelle qui la porte à s'élever et à percer l'inconnu, l'une de ses plus belles prérogatives et la preuve même de son caractère immortel.

Honneur donc à ces hommes qui, unissant la profondeur de l'esprit à la noblesse du cœur, ont cherché à reculer les bornes du savoir et se sont consacrés, comme à un sublime sacerdoce, au culte du Bien, du Beau et du Vrai, ce triple symbole de la Divinité.

C'est au péril de leur vie qu'ils ont défriché le domaine inculte de la Pensée et qu'ils ont ouvert la voie à la marche triomphale de l'Idée. Supérieurs à leurs temps, la tyrannie contre laquelle ils s'insurgeaient a souvent terrassé leurs corps et ils ont souvent arrosé de leur sang la semence de vérité qui devait fleurir plus tard. Mais leur sacrifice n'a pas été inutile, et la postérité a orné leur mémoire des palmes réservées à ceux qui, ayant vécu en héros, sont morts en martyrs!

Lorsqu'on parcourt l'histoire de l'esprit humain, certains noms s'éclairent étrangement et semblent se détacher de la longue liste des hommes qui sont l'honneur de notre race.

Dès une antiquité reculée, certains, touchés d'une sorte de prescience surhumaine, ont, peut-on dire, devancé les temps; envoyés sur terre comme en mission divine, ils ont traversé les ténèbres de leur époque, les yeux emplis de la lumière qu'ils voyaient seuls encore et sont morts incompris; des siècles avant le Christianisme, ils ont mérité le titre sublime d'apôtres.

L'une des plus belles figures de l'antiquité, celle du moins qui a laissé, après le modèle de la vie la plus noble, l'exemple de la mort la plus sereine et la plus intrépide et que l'on s'imagine presque rayonnant de l'éclat de l'auréole accordée aux élus de Dieu, est bien celle de Socrate.

Né cinq siècles avant notre ère, avec une largeur de conception extraordinaire à l'époque de paganisme où il a vécu, le premier il a eu la notion de la Providence, le premier il a adoré le Dieu unique, le Dieu inconnu que saint Paul devait révéler plus tard sur le même sol. Saint Justin a été jusqu'à dire que Socrate était chrétien et connaissait le Christ par une grâce spéciale.

Il a jeté les bases de la philosophie moderne et jamais les principes fondamentaux du bien n'ont été proclamés avec plus de grandeur et de simplicité; toute sa doctrine philosophique est enfermée dans ce précepte qui fut sa devise : « Connais-toi toi-même. » « En effet, disait-il, ceux qui se connaissent eux-mêmes savent ce qui leur convient, et distinguent les choses dont ils sont capables ou incapables. Ils se bornent à faire ce qu'ils savent, cherchent à acquérir ce qui leur manque et évitent les erreurs et les fautes. Au contraire, ceux qui ne se connaissent pas eux-mêmes ne savent ni ce qui leur manque, ni ce qu'ils sont, ni ce qui leur sert, ils laissent échapper les biens et ne s'attirent que des maux. » Enfin il sut accorder entièrement sa vie avec ses doctrines; faire l'histoire de son existence est faire celle de son enseignement.

Il naquit à Athènes; son père était sculpteur, sa mère, sage-femme. L'histoire est muette sur son enfance et sa jeunesse; deux anecdotes seulement s'y rapportent. Socrate, on le sait, était extrêmement laid : comme il conversait un jour familièrement avec ses disciples, un certain Zopyre, connu par son habileté à deviner le caractère des gens d'après leur physionomie, vint à passer. Il remarqua le philosophe qu'il ne connaissait pas, et, ayant examiné sa figure avec soin, il déclara comme conclusion : « Cet homme a tous les vices. » L'auditoire éclata de rire, mais Socrate, gardant tout son sang-froid, répondit qu'en effet il était né avec tous les mauvais penchants, mais que sa volonté lui avait fait vaincre sa nature vicieuse.

D'après l'autre anecdote, le père de Socrate, frappé de ses facultés merveilleuses, avait demandé à l'oracle à quel emploi il devait les destiner; il reçut comme réponse qu'il devait se garder d'engager son fils dans aucune profession, car celui-ci avait pour le conseiller et le diriger un guide plus sûr que n'importe quel maître. Ce guide était le démon ou l'esprit familier de Socrate, dont on a si souvent parlé et au sujet duquel se sont même élevées de curieuses controverses. On ne peut supposer en effet que Socrate ait voulu en imposer par un mensonge grossier; il faut donc croire qu'il désignait par cette expression sa raison ou sa conscience.

Mais son père, négligeant les ordres de l'oracle, lui fit apprendre son propre art, la sculpture. Socrate pratiqua cet art quelque temps, puis l'abandonna pour la philosophie où le portaient tous ses goûts.

Après de profondes études sur les principales sciences, il enseigna lui-même le résultat de ses travaux, et surtout celui de ses longues méditations. On le voyait se promenant çà et là dans Athènes, entouré de disciples et d'interlocuteurs; tous les endroits lui étaient bons pour discuter : l'Agora, les portiques, les gymnases, les boutiques des artisans. Il savait se mettre à la portée de tous, parlant à chacun de ce qui l'intéressait. Aux artistes il parlait de poésie, de peinture, de sculpture, leur expliquait les principes de leur art; aux hommes politiques, il parlait de législation, des besoins et des ressources de l'État; il entretenait les pères de famille d'économie domestique, il prêchait aux enfants l'amour de leurs parents; à tous, il proclamait que tout doit être attribué à un Dieu, souverain principe du Bien et du Beau. Quand il rencontrait chez quelqu'un des opinions contraires aux siennes, loin de les contredire, il feignait de les accepter, priait son interlocuteur de les lui expliquer, et, jouant la naïveté, posait des questions sur certains points. Comme il arrivait habituellement de question en question à prouver la faiblesse des doctrines qu'on lui opposait, Socrate sortait vainqueur de ces discussions. C'est ce qu'on a appelé l'ironie de

Socrate. La persuasion coulait sans effort de ses lèvres; il exerçait, par sa douceur seule, une grande autorité sur tous ses disciples. Platon, le plus illustre, en a laissé le touchant témoignage :

« Pour moi, a-t-il écrit, en l'écoutant je sens palpiter mon cœur avec violence; ses paroles font couler mes larmes, et beaucoup d'autres que moi éprouvent ces mêmes impressions. Périclès et nos autres orateurs m'ont paru sans doute éloquents, mais sans me faire éprouver rien de semblable; toute mon âme n'était pas bouleversée, elle ne s'indignait pas contre elle-même de se sentir dans un honteux esclavage, tandis qu'auprès de Socrate je me suis souvent trouvé ému au point de penser qu'à vivre comme je fais ce n'est pas la peine de vivre. »

Socrate s'attaquait surtout aux sophistes; ceux-ci avaient pour principes que toute cause est également soutenable et que toute affirmation peut être combattue. On voit tout de suite quels étaient les résultats de ce système : absence absolue de conviction, scepticisme desséchant, éloquence fausse ou spécieuse. Socrate les haïssait; il condamnait l'esprit qui les animait et les accusait de tout détruire sans être capables de rien édifier. Il poursuivait aussi de son indignation les démagogues qui flattaient le peuple pour mieux le tromper et qui abusaient sans pudeur de la confiance de leurs concitoyens.

Aussi Socrate avait-il des ennemis nombreux. Mais, dédaigneux de leur haine et de leurs attaques, il continuait au grand jour la propagande de ses nobles doctrines.

Il se tenait éloigné des affaires publiques, ce qui ne l'empêcha pas en plusieurs circonstances de faire acte de bon citoyen et de soldat intrépide. Il figura au siège de Potidée; il sauva Alcibiade blessé. A Délium, il se distingua par son sang-froid pendant une retraite où, paraît-il, il sauva la vie à Xénophon, renversé de cheval. Appelé aux fonctions de prytane, il eut à juger les dix généraux accusés d'avoir abandonné leurs morts sur le champ de bataille. Le peuple demandait leurs têtes; le sénat, effrayé, était d'avis de céder à la populace; Socrate seul, s'inspirant de la justice, s'opposa à leur condamnation, et, avec un courage rare en tous les temps, osa résister à la foule. Sous la domination des Trente, il garda toute l'indépendance de son langage. Aussi Socrate eût-il payé de sa vie la fierté de ses opinions si le gouvernement des Trente n'eût été aboli.

Alors les démagogues, dont il avait si souvent démasqué l'hypocrisie et la bassesse, s'efforcèrent de lui nuire et firent circuler sur lui des bruits fâcheux. N'avait-il pas attaqué des magistrats légalement appelés aux fonctions qu'ils remplissaient, sous prétexte de dénoncer ceux qui trompaient le peuple? Portait-il aux dieux le respect qu'on leur doit et n'en parlait-il pas avec une certaine ironie? Qu'était ce génie familier qui, à son dire même, lui dictait toutes ses actions? Et qu'était-ce aussi que ce Dieu sans nom qu'il proclamait et que leurs ancêtres ne connaissaient pas? On n'attendait qu'une occasion pour produire ces accusations ouvertement. Elle se présenta dans la personne d'un certain Melitus qui cita Socrate devant les tribunaux comme coupable de ne pas reconnaître les dieux de la cité et de corrompre la jeunesse; il demandait la mort comme châtiment.

En réalité c'était un procès politique que l'on dissimulait sous ces accusations et le parti populaire voulait se venger. Socrate n'avait pourtant pris aucune part aux affaires publiques; il s'était contenté de blâmer certains excès et de dire que la tyrannie de la multitude ne vaut pas mieux que le despotisme de quelques-uns. Or, la multitude n'aime pas ces sortes de vérités. Socrate s'était constamment tenu en dehors des partis; mais, en politique, n'appartenir à aucun parti, c'est les avoir tous contre soi.

Il se doutait du sort qui l'attendait; il eût pu s'enfuir : il resta. « As-tu préparé ta défense? lui dit un de ses amis, étonné de son calme. — Je m'en suis occupé toute ma vie, répondit Socrate. — Et comment? — En ne commettant jamais d'injustice. Voilà ma plus belle défense. » Il comparut entouré de ses disciples. Le plus grand orateur du temps avait composé pour lui un brillant plaidoyer. Il le refusa, et se défendit avec la noblesse et la simplicité d'un homme qui ne craint pas la justice humaine. « Il s'exprimait, a dit Cicéron, non comme un coupable, mais comme le juge de ses propres juges. » Il répondit à l'accusation d'impiété que, loin de nier l'existence de la divinité, il la voyait présente en tous lieux et en toutes choses, dans l'âme humaine comme dans la nature. Mais ce qui lui aliéna ses juges plus que ses réponses mêmes, ce fut l'espèce de fierté qui semblait inspirer ses paroles. On alla aux voix; ses juges étaient au nombre de 559. Il fut déclaré coupable à une majorité de trois voix. Pour la peine à appliquer, l'usage voulait que l'on demandât à l'accusé même la fixation d'une peine, les juges se réservant d'opter entre celle à laquelle il se condamnait et celle que demandait l'accusateur. La réponse de Socrate est célèbre :

« Quelle peine corporelle ou quelle amende je mérite, moi qui, pendant toute ma vie, ai négligé ce que l'on recherche avec tant d'empressement, les richesses, les affaires publiques, les emplois militaires, moi qui ne suis jamais entré dans une des conjurations si fréquentes dans la République, me trouvant trop honnête homme pour ne pas m'abaisser en prenant part à tout cela, moi qui n'ai voulu d'autre occupation que celle de vous rendre à chacun en particulier le plus grand des services, en vous exhortant à ne songer qu'à ce qui peut vous rendre vertueux et sages? Athéniens, telle a été ma conduite : que mérite-t-elle? Une récompense, et, si vous voulez être justes, une récompense qui puisse me convenir. Or, il n'y a rien qui convienne plus à un homme dans ma situation que d'être nourri dans le Prytanée aux frais de l'État; et il le mérite bien plus que celui qui a remporté aux Jeux Olympiques le prix de la course à cheval. Si donc je dois déclarer ce que je mérite, en bonne justice, je déclare que c'est d'être nourri au Prytanée. »

Une telle réponse parut une provocation : Socrate fut condamné à boire la ciguë. Les dernières paroles qu'il adressa à ses juges sont sublimes : « Quand mes enfants seront grands, s'ils recherchent les richesses et les mettent au-dessus de la vertu, punissez-les; et si, n'étant rien, ils se croient quelque chose, faites-les rougir de leur présomption. C'est ainsi que je me suis conduit avec vous. Si vous agissez ainsi, mes enfants et moi n'aurons qu'à vous louer de votre justice. Mais il est temps de nous séparer, moi pour mourir, vous pour vivre. Qui de nous a le meilleur partage? Personne ne le sait, excepté Dieu! »

La veille du jugement, le prêtre d'Apollon était parti sur une galère décorée de fleurs pour porter, suivant l'usage, les offrandes des Athéniens à Delos; or la loi défendait de mettre à mort aucun condamné tant que durait son absence. Socrate dut donc attendre en prison trente jours avant que la sentence fût exécutée; il passa ce temps dans un calme admirable, entouré de sa femme, de ses enfants et de ses disciples, conversant familièrement avec tous. On l'engageait à s'enfuir; le geôlier était gagné à sa cause et un asile était préparé. Socrate refusa; il devait, disait-il, obéir à la loi, de même qu'on obéit à un père, même désagréable. Un de ses disciples lui manifestait son indignation de le voir condamné, alors qu'il était innocent. « Aimerais-tu mieux, répliqua Socrate en souriant, que je meure coupable ? »

Jusqu'au dernier moment il garda son calme et sa sérénité, consolant ses amis, leur parlant de la vie future où il espérait trouver des hommes meilleurs, des dieux justes et bons. Platon a laissé le plus éloquent témoignage de cette fin sublime : « Socrate prit la coupe avec la plus parfaite sécurité, sans la moindre émotion, sans changer de couleur, mais regardant cet homme (qui lui avait apporté le poison) d'un œil ferme et assuré, comme d'habitude : « Dis-moi, est-il permis de répandre un peu de ce breuvage pour en faire une libation? — Socrate, lui répondit cet homme, nous n'en broyons que ce qu'il est nécessaire d'en boire. — J'entends, dit Socrate, mais au moins il est permis de faire ses prières aux dieux, afin qu'ils bénissent notre voyage. C'est ce que je leur demande. Puissent-ils exaucer mes vœux! » Disant cela il porta la coupe à ses lèvres, et la vida avec une tranquillité et une douceur merveilleuses. Jusque-là, nous avions eu presque tous la force de retenir nos larmes, mais en le voyant boire, nous n'en fûmes plus les maîtres. Pour moi, malgré tous mes efforts, mes larmes s'échappèrent avec tant de violence que je me couvris de mon manteau pour pleurer sur moi-même, car ce n'était pas le malheur de Socrate que je pleurais, mais le mien, en songeant quel ami j'allais perdre. Criton, avant moi, n'ayant pu retenir ses larmes, était sorti ; et Apollodore qui n'avait cessé de pleurer auparavant, se mit alors à crier et à sangloter avec tant de force qu'il n'y eut personne dont le cœur ne se fendît, excepté Socrate. « Que faites-vous, dit-il, ô mes bons amis? N'est-ce pas pour éviter des scènes semblables que j'ai éloigné les femmes? Car j'ai toujours entendu dire qu'il faut mourir avec de bonnes paroles. Tenez-vous donc en repos et montrez plus de fermeté. » Ces mots nous firent rougir et nous retînmes nos pleurs. Cependant Socrate, qui se promenait, dit qu'il sentait ses jambes s'appesantir, et il se coucha sur le dos, suivant le conseil de l'homme. En même temps le même homme qui lui avait apporté le poison s'approcha, et après avoir examiné quelque temps ses pieds et ses jambes, il lui serra le pied fortement et lui demanda s'il le sentait ; Socrate répondit non. Il lui serra ensuite les jambes, et, portant les mains plus haut, il nous fit voir que le corps se glaçait et se raidissait, et il nous dit que dès que le froid gagnerait le cœur, Socrate nous quitterait. Déjà tout le bas-ventre était glacé. Alors, se découvrant, car il était couver : « Criton, dit-il, et ce furent ses dernières paroles, nous devons un coq à Esculape, n'oublie pas d'acquitter cette dette. — Cela sera fait, répondit Criton, mais vois si tu as encore quelque chose à nous dire. » Il ne répondit pas, et peu après il fit un mouvement convulsif ; alors l'homme le découvrit tout à fait : ses regards étaient fixes. Criton, s'en étant aperçu, lui ferma les yeux et la bouche. Voilà quelle fut la fin de notre ami, le meilleur des hommes de ce temps que nous ayons connus, le plus sage et le plus juste de tous les hommes. »

Sa mort fut le digne couronnement de sa vie.

*
* *

Socrate n'a laissé aucun ouvrage, mais il a eu pour répandre ses doctrines mieux que des livres : des disciples. Il avait formé une école d'où sortirent tous les philosophes qui ont illustré la Grèce : Platon, Xénophon, Aristippe, Aristote, Zénon.

La plupart d'entre eux, sans cependant que leurs infortunes pussent être comparées à celles de leur maître, n'eurent pas une vie exempte d'épreuves.

Platon, qui tenait de Socrate son nom, ou plutôt son surnom, dû à la largeur de ses épaules, ayant osé blâmer les excès de Denys l'Ancien, souverain de Syracuse, à la cour duquel il se trouvait, fut condamné à mort par ce prince. Il réussit à sauver sa tête, mais non sa liberté; il fut vendu comme esclave à un Lacédémonien grossier pour la somme de vingt mines (environ deux mille francs). Conduit à Egine, il fut racheté par d'autres philosophes qui se cotisèrent; il rentra à Athènes et dans la suite inaugura l'école célèbre qu'on appelle l'Académie. Il a donné son nom à son époque et le siècle de Platon marque l'apogée du génie grec en toutes ses manifestations, art, éloquence, philosophie, poésie; il y eut à ce moment une extraordinaire floraison de talents et l'on peut dire que vingt-quatre siècles avant nous une civilisation extrêmement raffinée, et qu'on a rarement égalée, a régné sur une infime partie du monde. Sophocle, Euripide, Aristophane, Ménandre, Thucydide, Xénophon, Praxitèle, Périclès sont restés, chacun en leur art, de sublimes modèles.

Xénophon, célèbre par ses expéditions militaires autant que par son talent d'écrivain, et son caractère philosophique, fut longtemps exilé d'Athènes, sa patrie. Il était à l'étranger quand Socrate mourut. On se rappelle quel lien de reconnaissance les unissait : Socrate avait sauvé la vie de son disciple à la bataille de Delium. Leur affection datait de plus longtemps encore. Xénophon était tout jeune quand Socrate, le rencontrant, fut frappé de sa beauté et de sa modestie. Il lui barra le passage avec son bâton, et employant son procédé habituel d'ironie, lui demanda où l'on pouvait acheter ce qui est nécessaire à la vie : « Au marché, répondit le jeune homme. — Et, reprit Socrate, où apprend-on à devenir vertueux? » Xénophon ne sachant que répondre : « Suis-moi et tu le sauras », ajouta le philosophe.

Aristote, dont les doctrines ont eu force de loi jusqu'au Moyen Age, accusé, comme Socrate, d'impiété et condamné à mort par l'Aréopage, se retira à Chalcis en Eubée et mourut en exil. Il avait été le précepteur d'Alexandre le Grand et avait fondé le Lycée, pépinière de philosophes qui répandirent son enseignement dans tous les pays.

Zénon périt dans les tortures en voulant délivrer sa patrie de la tyrannie. On raconte que, pressé par le tyran de dénoncer ses complices, il nomma tous les amis de celui-ci, et comme on lui demandait s'il n'avait plus personne à dénoncer :

« Si, toi encore, fléau de ma patrie! » s'écria-t-il. Et s'étant coupé la langue avec ses dents, il la lui cracha à la face. Il est le digne chef de l'école stoïcienne.

Enfin Diogène, célèbre par ses reparties et par l'originalité de ses mœurs, fut capturé par des pirates et vendu à l'encan. Le crieur lui demandant ce qu'il savait faire : « Commander à des hommes », répondit Diogène.

On sait qu'il s'était fait une habitation d'un tonneau, qu'il avait pour toute vaisselle une écuelle de bois qu'il cassa un jour qu'il vit un enfant boire dans le creux de sa main et qu'il avait l'habitude de tenir une lanterne à la main, disant qu'il cherchait un homme.

Bien qu'il sorte un peu du cadre de ce livre, on ne peut passer à l'antiquité romaine sans saluer le nom de son plus grand orateur, Cicéron, et sans rappeler les circonstances tragiques de sa mort.

Il avait débuté au barreau à vingt-six ans et s'y était fait tout de suite remarquer : puis, dès qu'il eut atteint l'âge nécessaire pour briguer les fonctions publiques, il fut nommé questeur en Sicile. Il laissa de tels souvenirs en ce pays que les Siciliens le chargèrent de poursuivre Verrès, qui les avait odieusement pillés. Ce procès eut un immense retentissement et acquit une grande réputation à l'accusateur ; les *Verrines* sont restées un admirable plaidoyer.

Nommé consul, il déjoua la conjuration de Catilina. Celui-ci tout en affectant une complète indifférence, ambitionnait le gouvernement suprême et avait déjà formé ses partisans en deux armées; c'est alors que Cicéron, le démasquant soudain, s'écria : « Jusques à quand, Catilina, abuseras-tu de notre patience? Quoi! ni la garde qui veille la nuit sur le mont Palatin, ni les troupes réunies dans la ville, ni la consternation du peuple, ni les regards indignés que tous ici jettent sur toi, rien ne t'arrête!.... O temps! ô mœurs! tous ces complots, le sénat les connaît, le consul les voit, et cet homme vit encore. » Il poursuivit les conspirateurs avec la dernière rigueur et les fit exécuter.

C'est en résignant ses fonctions que, accusé par ses ennemis politiques, il prononça pour toute réponse la célèbre phrase : « Je jure que j'ai sauvé la République. »

A ce cri éloquent Caton et les sénateurs répondirent en le saluant du nom de Père de la patrie.

Partisan de Pompée, il se retira de la vie publique à la défaite de celui-ci, et se livra exclusivement à la philosophie et à la littérature. Cependant à la mort de César il crut que la liberté allait fleurir de nouveau et il rentra dans l'arène. Mais dès qu'il comprit qu'Antoine serait un autre César, il l'attaqua avec violence ; les *Philippiques* resteront comme un éternel monument de la haine des tyrans.

Cette conduite courageuse fut chèrement expiée. Un jour, comme Cicéron se trouvait à sa villa de Gaëte, la maison est envahie par les sicaires d'Antoine. Ses esclaves qui l'aimaient veulent le sauver et, moitié par prières, moitié par force le font entrer dans une litière qu'ils emportent aussitôt du côté du rivage. Mais les soldats s'en aperçoivent et se mettent à sa poursuite. Dès que Cicéron entendit leurs pas qui s'approchaient il ordonna d'arrêter la litière, et portant sa main gauche à son menton, geste qui lui était familier, il regarda fixement ses meurtriers. La plupart, honteux de leur crime, se voilèrent la face pendant que leur chef l'égorgeait. Il tendit le cou de lui-même hors de la litière ; on lui trancha la tête et la main qui avait écrit les *Philippiques*. Antoine les fit attacher à la tribune aux harangues. Ainsi mourut cet honnête homme et ce grand citoyen. Avec lui mourait la liberté.

Il a laissé des ouvrages considérables embrassant toutes les branches de la science, philosophie, histoire, politique, poésie ; ses discours et sa correspondance suffiraient pour inspirer l'admiration de l'orateur et l'estime de l'homme privé.

Son rôle comme philosophe a été moins considérable, mais, s'il a peu innové, il a excellé du moins à répandre de grandes et nobles doctrines qui font de lui un des précepteurs du genre humain. L'immortalité de l'âme, la liberté et la responsabilité humaines, la sanction des peines et des récompenses dans une autre vie : telles sont les principales conclusions qui se dégagent de son enseignement.

∴

Disciple de Zénon, le philosophe Sénèque a laissé l'exemple d'une mort digne des grands principes stoïciens. Il était né à Cordoue, 58 ans avant Jésus-Christ. Venu à Rome tout enfant, il manifestait une telle ardeur à étudier que Caligula, jaloux de tous ceux qui semblaient destinés à un grand rôle, en prit ombrage et voulut le faire mourir, mais on lui représenta que la faiblesse de constitution du jeune homme était un sûr garant qu'il ne vivrait pas longtemps et que la nature accomplirait d'elle-même les projets de l'Empereur. Exilé par Claude pendant huit ans en Corse, il fut rappelé par Agrippine lors de son mariage. On a vivement reproché à Sénèque d'avoir pu vivre à cette cour ensanglantée et éhontée, où les pires crimes se commettaient; on lui a surtout reproché d'avoir osé écrire l'apologie du meurtre d'Agrippine, sa bienfaitrice, par Néron. On a prétendu qu'il appliquait rarement dans sa vie privée les sentiments grandioses et généreux qu'il professait.

Quoi qu'il en soit, la morale qu'il enseignait est des plus hautes. Il pensait, non en sectaire étroit d'une école, mais avec toute l'indépendance et toute la puissance d'un esprit libre. Le vrai philosophe, d'après lui, doit être le médecin des âmes; il doit les fortifier, les guérir si elles sont malades, enfin offrir un remède ou un secours à toutes les faiblesses morales. Il atténue ce que la doctrine stoïcienne a de brutal et d'impitoyable. Sa doctrine est douce, humaine, élevée, religieuse, chrétienne, peut-on dire. Alors que l'esclavage était admis par la loi et par les mœurs, Sénèque a protesté contre cette pratique au nom de la raison, qui veut que tous les hommes soient naturellement égaux. « Les hommes sont au monde, écrit-il, pour s'entr'aider mutuellement; il faut faire du bien, même aux inconnus, même aux méchants, même à ses ennemis. » Le *De Ira* ou le *De Beneficiis* contiennent des maximes sublimes. Nous le répétons, sa doctrine semblait inspirée du Christianisme, et sa mort fut la grandiose application de ses principes.

Impliqué dans la conspiration de Pison, il était dans sa maison de campagne, à 4 milles de Rome, avec Pauline, sa femme, et deux amis, lorsqu'un tribun vint l'interroger. Il répondit avec assurance et se défendit simplement. On lui annonça qu'il fallait mourir. « Les amis qui l'entouraient fondaient en larmes, dit Tacite, et lui les rappelait à la fermeté, tantôt avec douceur, tantôt avec le ton d'un maître qui réprimande. « Que sont devenus, disait-il, les préceptes de la sagesse? Était-il un seul homme à qui la cruauté de Néron ne fût connue? » Il s'ouvrit les veines des bras; sa femme voulut mourir avec lui et suivit son exemple. La mort était lente à venir : Sénèque avala de la ciguë, mais le poison resta sans effet. Enfin on le porta dans une étuve dont la vapeur l'étouffa. Pauline, sauvée, lui survécut quelques années et garda fidèlement son souvenir.

∴

Quatre siècles après lui, un philosophe, presque inconnu aujourd'hui, ou du moins oublié, joua un rôle considérable à l'aurore de notre civilisation. Son influence fut grande du vi° au xiii° siècle de notre ère et peut être comparée à celles que possédèrent Platon, Aristote ou Descartes. Sans qu'il fût chrétien, ses doctrines nous révèlent une rare élévation d'âme. Il fut en toutes circonstances le défenseur inflexible du Bien, et c'est dans la hardiesse de ses idées généreuses qu'il faut chercher la cause du supplice horrible où il expira.

Boèce naquit à Rome l'an 470 de notre ère, peu avant la prise de la ville par Odoacre. Sa vie commença sous les plus heureux auspices; il fut nommé patrice, harangua en cette qualité le roi des Goths, Théodoric, qui, après avoir vaincu et tué Odoacre, régnait à son tour sur Rome, et produisit une si heureuse impression sur ce prince qu'il l'attacha à sa personne. Dès lors, il était au rang des hommes considérables. Les fonctions les plus importantes de l'État lui furent confiées. Il avait épousé Rusticiana, femme d'un grand caractère, et qui a laissé des souvenirs historiques; il en eut deux fils, qui devaient être élevés en même temps à la dignité consulaire. Le jour où ses fils reçurent les insignes de leurs fonctions, Boèce prononça le panégyrique de Théodoric; quand il eut fini, on lui posa sur la tête une couronne d'or et il fut proclamé prince de l'éloquence. Tant de bonheur dura peu et l'horreur de sa mort compensa largement les honneurs dont il avait joui.

Le philosophe, dans son équité, froissait souvent les idées de domination des conquérants; il attaquait le mal, où qu'il se trouvât, et cette indépendance n'était pas pour plaire à des maîtres qui sortaient à peine de l'état de barbarie. Il réprima les concussions de deux généraux goths, soutint les revendications des Italiens contre les étrangers, enfin, quoiqu'il ne fût pas catholique, il défendit souvent les intérêts des catholiques contre Théodoric lui-même, qui était arien. Aussi avait-il excité contre lui de terribles animosités. Le Roi, qui connaissait sa valeur, le couvrit de sa protection tant qu'il fut jeune, mais quand Théodoric commença à vieillir, son caractère s'aigrit et il fut plus accessible aux griefs de ses compatriotes. Une circonstance, tout à l'honneur de Boèce, déchaîna la haine que les Goths portaient au philosophe.

Un délateur, nommé Cyprien, ayant accusé un innocent, Boèce prit en main la cause de ce dernier et le défendit avec tant de chaleur et d'énergie, que lui-même fut accusé publiquement de vouloir renverser la domination des Goths, et de nouer des rapports séditieux avec l'empereur grec Justin. On l'accusait en outre de sacrilège et de magie, crimes auxquels prêtait son caractère de philosophe et de savant. Il n'eut même pas à se défendre ; l'équité ne règne pas en politique, et Boèce fut condamné à mort. Ses biens furent confisqués. La sentence que Théodoric avait laissé rendre contre lui ne fut pas exécutée immédiatement. Boèce languit quelque temps en prison. C'est pendant sa captivité qu'il composa la « *Consolation de la philosophie* », considérée comme son chef-d'œuvre.

Le supplice dont il mourut fut atroce. On lui serra la tête avec une corde jusqu'à ce que les yeux jaillissent de leur orbite, puis, étendu sur une planche, il fut frappé de verges, et enfin achevé à coups de hache.

Sa gloire littéraire éclipsait sa réputation de savant ; il était cependant remarquablement versé dans les sciences mathématiques. Son habileté lui avait valu d'être placé à la tête de la fabrication de la monnaie ; il avait aussi construit une clepsydre de son invention fort curieuse. Cette horloge sans roues, sans poids et sans ressorts indiquait le cours du soleil, de la lune et des astres au moyen d'une boule d'étain remplie d'eau qui tournait sans cesse par l'effet de son propre poids.

*
* *

Puis s'écoulèrent de longs temps où, dans la lutte sanglante des races, dans les perturbations sociales causées par les invasions, les travaux de l'esprit avaient moins de part que les actions corporelles. Comme une trombe dévastatrice, les Barbares avaient détruit les fruits obtenus par des siècles d'efforts : la civilisation était à recommencer. Les mœurs étaient donc ce que sont celles d'une société naissante, grossières et violentes.

A part les noms d'Alcuin et de son disciple Eginhard, chancelier et historien de Charlemagne et qui partage avec lui la gloire de la régénération des lettres, peu sont à citer.

Il reste de l'enseignement d'Alcuin un curieux échantillon ; c'est un colloque, marqué au coin de la poésie la plus naïve et la plus gracieuse. Nous nous permettons d'en citer quelques mots.

Pépin, fils de Charlemagne, interroge. Alcuin répond. « Qu'est-ce que l'écriture? — La gardienne de l'histoire. — Qu'est-ce que la parole? — L'interprète de l'âme. — Qu'est-ce que la vie? — Une puissance pour les heureux, une douleur pour les misérables, l'attente de la mort pour tous. — Qu'est-ce que la mort? — Un événement inévitable, un voyage incertain, la confirmation des testaments, le larron des hommes. — Qu'est-ce que l'homme? — L'esclave de la mort, un voyageur passager, l'hôte de sa demeure. — Comment l'homme est-il placé? — Comme une lanterne exposée au vent. — Qu'est-ce que la liberté de l'homme? — L'innocence. — Qu'est-ce que le jour? — Une provocation au travail. — Qu'est-ce que l'herbe? — Le vêtement de la terre. — Quel est le sommeil de ceux qui sont éveillés ? — L'espérance. — Qu'est-ce que l'amitié? — La similitude des âmes. »

Cependant un obscur et ardent travail se faisait; des hommes aux noms oubliés, consacrés à la foi et à la science, isolés d'un monde barbare par les murailles des cloîtres, travaillaient sans relâche et préparaient les matériaux de la civilisation. C'est en effet des monastères qu'elle est sortie; le clergé était la seule école des lettres et des sciences et les noms des savants sont, pendant longtemps, des noms de religieux.

Alcuin finit ses jours à l'abbaye de Saint-Martin de Tours, Eginhard quitta la cour de l'Empereur pour le cloître. Plus qu'en aucun temps du reste, le cloître est le refuge de tous ceux dont le cœur ou l'esprit est froissé par la brutalité des mœurs de l'époque; le guerrier était tout, la force matérielle régnait et le cloître, par son calme et sa fraîcheur d'oasis en ces temps stériles, permettait seul au moine l'absorption dans la foi.

> « Rien ne venait troubler tes longues oraisons,
> Ni l'heure, ni les mois, ni l'ordre des saisons,
> Et tous les bruits impurs qui s'élèvent de terre
> Venaient mourir au seuil de ton blanc monastère.
> Tu parlais avec Dieu, Dieu n'était pas muet;
> Tu connaissais sa voix : quand rien ne remuait
> Dans les champs endormis, le soir, dans le silence,
> La brise qui passait sur la campagne immense
> Te murmurait tout bas des mots qui bénissaient,
> Et quand tes yeux ravis se levaient et cherchaient
> De la voûte infinie à soulever les voiles,
> Dieu savait te répondre en ses regards d'étoiles.

Les ans s'accumulaient sur ton front pur toujours,
Lentement s'égrenait le rosaire des jours
Entre tes doigts bénis. Ainsi passa ta vie,
Sans faiblesse et sans peur, sans haine et sans envie,
Et lorsque vint le jour d'aller au Tout-Puissant
Ton âme s'envola sur des vapeurs d'encens ! »

*
* *

Le savant qui joua dans les temps modernes le rôle que Socrate joua dans l'antiquité, et qui a eu un pressentiment singulier des découvertes qui n'eurent lieu que des siècles après sa mort, Roger Bacon, appartenait aussi au clergé régulier. Il est un des premiers apôtres de l'indépendance spirituelle, et, se révoltant contre l'autorité scolastique, il a osé affirmer la puissance de l'expérience personnelle.

Il vivait à un temps où l'on n'admettait comme vraies que les doctrines professées par les philosophes anciens; il secoua le joug qui pesait sur les esprits, et mérita le nom de révolutionnaire par son acharnement à discréditer les méthodes admises. Il prétendit que l'homme avait un autre rôle que de marcher servilement dans la trace de ses devanciers, qu'il devait regarder autour de lui et que le grand Maître de toutes les sciences était là nature. « Si je pouvais, disait-il, je ferais brûler tous les écrits d'Aristote, car on perd son temps à les étudier et ils ne servent qu'à propager l'erreur. » Il est donc le chef de la méthode expérimentale.

Roger Bacon, ou le « docteur admirable », comme on l'a appelé, naquit en 1214 à Ilchester, en Angleterre.

Il étudia d'abord à Oxford, puis compléta ses études à Paris, dont l'Université avait alors une grande réputation et était très fréquentée par les Anglais. Reçu docteur en théologie, il entra dans l'ordre des Cordeliers. Il se fit d'abord connaître par un sermon qu'il prononça devant le roi Henri III, à Oxford, en 1259, et dans lequel il ne craignait pas de reprocher au roi de donner à des étrangers les premiers emplois du royaume.

Il se consacra ensuite à l'étude de la nature. Convaincu que la connaissance des lettres est intimement liée à celle des sciences, il apprit à fond le grec, le latin, l'hébreu et l'arabe pour lire dans le texte les ouvrages écrits en ces diverses langues. Il s'entoura de nombreux disciples, dont le concours lui fut précieux pour ses recherches expérimentales. En même temps qu'il étudiait les auteurs anciens il s'occupait d'astronomie, de physique, de chimie, de médecine, menant de front avec un égal succès tous ces travaux. C'est au couvent des Cordeliers à Paris qu'il commença l'étude des sciences. Il s'aperçut le premier de l'erreur du calendrier Julien et demanda au pape Clément IV de le réformer. Son désir ne fut exaucé que trois siècles plus tard. Il sut démontrer l'action des verres concaves et convexes et on doit le compter parmi les fondateurs de l'optique. Il donne fort exactement la théorie des miroirs ardents et dit qu'il en fabriquait lui-même « de très bons en acier pour la somme de dix livres ».

Il avait toujours été en butte à la malveillance et aux tracasseries de ses compagnons, mais ce furent ses observations astronomiques qui déchaînèrent contre lui la haine de ses contemporains. On l'accusa de magie, et il n'y eut pas d'embarras ou de chagrins qu'on n'essayât de lui causer. Les supérieurs de l'ordre dont il faisait partie avaient édicté un règlement lui interdisant de communiquer ses écrits à qui que ce fût sous peine de les voir confisqués, et d'être mis lui-même « au pain et à l'eau ». Cependant le pape Clément IV lui ayant demandé l'exposé de ses découvertes, Bacon lui envoya son *Opus Majus* par son disciple favori, Jean de Paris, et offrit même au Souverain Pontife d'aller à Rome lui porter l'explication verbale de son ouvrage.

Une telle infraction au règlement excita la colère et la haine de ses confrères, mais, n'osant les manifester ouvertement, ils se vengèrent par mille tourments, s'efforçant de lui rendre la vie insupportable et surtout de l'empêcher de se livrer à ses études.

A la mort de Clément IV, il fut dénoncé comme magicien et accusé de pactiser avec le diable. Bacon protesta avec indignation.

« Parce que les choses sont au-dessus de votre intelligence, disait-il, vous les appelez œuvres du démon. » Mais toute défense était inutile. Bacon devait expier cruellement son génie. Ses ouvrages furent condamnés comme des « nouveautés dangereuses et suspectes » et lui-même fut emprisonné. Jamais l'envie et l'ignorance ne montrèrent plus cruellement la haine insatiable qu'elles portent au génie et au progrès. La détention de Bacon dura quinze ans. On ne le rendit à la liberté que quand il ne fut plus redoutable, accablé d'infirmités et brisé par toutes les douleurs dont on l'avait abreuvé. Un an après, il mourait à Oxford, en 1294. Ses dernières paroles donnent la mesure de ce qu'il avait souffert :

« Je me repens, dit-il, de m'être donné tant de peine dans l'intérêt de la science. »

Son génie avait devancé les siècles. Ses ouvrages sont empreints d'une sorte de prescience des grandes découvertes, et l'on pourrait croire qu'il connaissait la machine à vapeur, et même les aérostats. « On pourrait construire, a-t-il écrit, des machines propres à faire marcher les plus grands navires plus rapidement que ne le ferait toute une garnison de rameurs : on n'aurait besoin que d'un pilote pour les diriger. On pourrait aussi faire marcher les voitures avec une vitesse incroyable sans le secours d'aucun animal. Enfin, il ne serait pas impossible de faire des instruments, qui, au moyen d'un appareil à ailes, permettraient de voler dans l'air, à la manière des oiseaux. » Que faut-il voir en ces mystérieuses paroles? Dieu avait-il doué cette âme d'élite de la vision du futur? A quels surprenants résultats serait-il arrivé s'il eût été libre de poursuivre ses expériences et de développer ses pensées? Bacon brilla comme une flamme ardente dans les ténèbres de son temps, mais étouffée sous les efforts de l'ignorance, la flamme s'éteignit et Bacon emporta dans la tombe le secret de ces merveilleuses prophéties.

*
* *

Deux siècles après, un autre religieux, Savonarole, se posa en réformateur des mœurs et périt victime de ses convictions.

Tous ses actes semblent inspirés par une exaltation mystique. Dès sa jeunesse il manifestait un goût singulier pour la solitude. Il avait reçu, disait-il, communication de plusieurs signes de la vérité par une illumination spirituelle; toujours est-il que certaines de ses prédictions se réalisèrent.

A vingt-trois ans, suivant son irrésistible penchant, il entra dans l'ordre de Saint-Dominique.

Après quelques années consacrées à la prédication et à l'enseignement, sa parole contenue jusqu'alors dans les limites ordinaires s'inspira soudain d'un ardent mysticisme. L'Italie était à ses yeux une terre de corruption, et son luxe était un outrage au christianisme. Alors ses prédications enflammées, et quelquefois prophétiques, attirèrent une foule d'auteurs. Il n'osait encore parler de ses visions que sous forme de paraboles, mais la passion qui l'animait se manifestait avec audace; appelé au lit de mort de Laurent de Médicis, il refusa sa confession parce que le prince refusa de rétablir la République à Florence. « Peuple italien, disait-il en l'un de ses sermons, qu'as-tu fait? La mesure de l'iniquité est comble et tu vas être châtié! Un homme va venir, qui envahira l'Italie et passera les monts, et sans tirer l'épée verra les forteresses s'effondrer devant lui. » Il voulait aussi réformer le clergé, lui imposer des règles plus sévères et il établit une chaire de langues orientales pour préparer les moines à la prédication des peuples infidèles. Le pape Alexandre VI lui offrit le chapeau de cardinal. Savonarole refusa, disant qu'il ne voulait d'autre chapeau que celui du martyre, rougi de son propre sang.

Mais la politique allait le saisir, et lui permettre de jouer son rôle de réformateur, mais aussi le conduire à sa perte. Charles VIII, réalisant sa prophétie, entrait en Italie; dans un soulèvement populaire les Médicis furent chassés, et Savonarole fut chargé de donner une constitution à la cité; il prit le nom de conseiller de Florence et, donnant libre carrière à ses doctrines, entreprit d'appliquer ses idées.

Le trait le plus curieux de sa réforme fut la constitution en une espèce de milice, préposée à la garde des mœurs publiques, des quinze mille enfants de la cité. Ils étaient chargés de maintenir l'ordre dans les rues, dénonçaient les scandales, enlevaient des maisons les instruments de jeux et de musique. Le jeudi gras, Savonarole fit réunir par eux, sur une place de Florence, tous les objets de luxe, meubles, tapis, statues, tableaux, livres, bijoux, et y mit le feu.

Cependant ses réformes trop hardies suscitaient des mécontentements. La ville se partagea en deux camps : les Blancs, ses partisans, et les Gris, partisans des Médicis. Le pape, ému de sa conduite, l'appela à Rome; le réformateur refusa d'y aller et fut frappé d'excommunication. Ce fut le début de sa déchéance. Le peuple aux yeux de qui il se faisait passer volontiers pour prophète lui demanda de prouver sa qualité divine par un miracle. Un moine franciscain, pour justifier l'excommunication de Savonarole, proposa de traverser un bûcher ardent et assura qu'il en sortirait sain et sauf si le réformateur voulait l'accompagner. Ce dernier accepta le défi. Le bûcher fut allumé, mais les deux champions avant de s'y engager discutèrent longuement certaines des conditions, si bien qu'un violent orage survint qui éteignit et dispersa les flammes. La réputation de Savonarole en fut encore amoindrie, le peuple voulut se saisir de sa personne et attaqua le couvent de Saint-Marc dont il était prieur. Une lutte sanglante s'engagea à laquelle le gouvernement mit fin en ordonnant l'arrestation du prieur et de deux de ses disciples.

Savonarole comparut devant un tribunal de seize membres pris parmi ses ennemis, et auquel s'adjoignirent deux juges envoyés de Rome. Il fut soumis plusieurs fois à la torture pendant deux mois; il rétractait chaque fois les réponses que lui avait arrachées la douleur; enfin, il fut condamné à mort avec ses disciples. Monté sur le bûcher : « Florence, Florence! que fais-tu? » s'écria-t-il, puis il expira dans les flammes, en 1498. Ses cendres furent jetées dans le fleuve, et ses partisans persécutés.

L'Église reconnut cependant plus tard qu'il avait été égaré par son imagination et par sa foi exaltée et une commission formée par le pape Paul IV déclara ses œuvres irréprochables.

*
* *

Parmi les héros qui sacrifièrent leur vie à la cause de la vérité, Ramus, ou Pierre la Ramée, est une des plus belles figures du xvie siècle. Fils d'un humble laboureur, il parvint par son énergie à une haute situation parmi les érudits de son temps. Il naquit en 1515 à Cuth, petit village du Vermandois. A huit ans, poussé par le besoin de s'instruire, il fait seul et à pied le voyage de Paris. Deux fois la misère le force à quitter la capitale. Il y revient définitivement à douze ans et doit, pour vivre, entrer au service d'un écolier riche. Il fait alors deux parts de son temps : tout le jour, il remplit ses fonctions de domestique; dès que le soir arrive et qu'il est libre, il s'enferme avec ses livres et passe ses nuits à étudier. Il lit Xénophon et Aristote, il suit, quand il peut, les cours de philosophie de Jean Hennuyer, se gardant, dans sa méthode de travail, d'adopter les préjugés admis et de suivre servilement les doctrines reçues. C'est par sa propre raison qu'il cherche la vérité : il « socratise », suivant son expression.

Une telle ardeur de travail, une telle soif de vérité ne devaient pas être sans résultats, et, à vingt et un ans, il passe sa thèse de maître ès arts aux applaudissements de ses juges. Le sujet qu'il avait choisi n'était cependant pas sans quelque péril, à une époque où la doctrine péripatéticienne faisait loi : sa thèse était que « tout ce qu'avait dit Aristote n'était que fausseté » et ce choix seul prouve son indépendance et sa hardiesse d'esprit.

L'année suivante, il débute au collège du Mans et ouvre un cours public où l'on lisait les auteurs grecs et les auteurs latins dans la même classe, et où l'on étudiait l'éloquence en même temps que la philosophie. Il eut un nombreux auditoire; un enseignement aussi nouveau et aussi étendu lui acquit une grande réputation. Encouragé, Ramus suivit alors librement son goût pour la logique et entreprit de la perfectionner; il commença par bannir les discussions stériles qui étaient alors fort en honneur.

Ces innovations soulevèrent les protestations des partisans d'Aristote.

Ils attaquèrent violemment un traité de logique et une critique d'Aristote que venait de publier Ramus. La faculté de théologie de Paris leur donna raison et un édit royal condamna ces deux ouvrages à être supprimés. Quelque rigoureuse que fût la mesure, elle ne satisfit qu'à moitié les ennemis de Ramus qui avaient demandé les galères, pour l'auteur. « Je fus joué et farcé par toute l'Université de Paris, dit la victime de cette haine, puis condamné pour ignorant, impudent, malicieux, perturbateur et calomniateur; la main et la langue me furent liées par cette même condamnation, en sorte qu'il ne m'était loisible de lire ni écrire aucune chose ni publiquement ni privément. »

A l'avènement de Henri II, le cardinal de Lorraine, qui le protégeait, fit rapporter l'édit de 1544 et Ramus put se livrer de nouveau à ses études. C'est alors que Charpentier engagea contre lui une lutte qui devait durer plus de vingt ans et qui ne se termina que par l'assassinat de Ramus. En 1551, le cardinal de Lorraine voulant le soustraire aux attaques de ses ennemis le nomma à la chaire d'éloquence et de philosophie au Collège Royal. Mais à la mort de Henri II, s'étant converti au culte réformé, il fut arraché à ses études et à son repos. La première guerre de religion éclata bientôt. Dès lors Ramus mena une vie errante, quittant Paris, puis y revenant, mais refusant les offres qu'il recevait de l'étranger pour ne pas laisser sa tâche inachevée.

Il était à Paris quand eut lieu la Saint-Barthélemy. Il périt le troisième jour. Une bande d'assassins envahit sa cellule, le perça de coups et le jeta, encore vivant, dans la rue. L'historien de Thou a raconté cette fin terrible dont il attribue toute la responsabilité à Charpentier. « Charpentier excita une émeute et envoya des sicaires qui le tirèrent du lieu où il était caché, lui prirent son argent, le percèrent à coups d'épée et le précipitèrent par la fenêtre dans la rue; là, des écoliers furieux poussés par leurs maîtres qu'excitait la même rage, lui arrachent les entrailles, traînent son cadavre, le livrent à tous les outrages et le mettent en pièces. »

Ainsi mourut cette grande victime de la science. Il est le précurseur de Descartes en ce qu'il proclame la raison comme le critérium de la vérité; la logique est l'âme de sa doctrine.

Il ne fut étranger à rien. Ses travaux linguistiques sont célèbres. C'est lui qui fit adopter les lettres J et V, que l'on confondait auparavant avec l'I et l'U, et que l'on a appelées depuis consonnes ramistes.

Il faut mentionner aussi qu'il poursuivit la réforme de l'orthographe, voulant

Portrait de Ramus.

que l'on écrive comme l'on parle sans s'occuper de l'étymologie; on sait qu'actuellement cette question est à l'ordre du jour.

Il était le premier mathématicien de son temps, il avait traduit les *Éléments d'Euclide* et composé une arithmétique, une géométrie et une algèbre dont on se servait encore un siècle après lui.

Enfin en astronomie il est un des premiers partisans de Copernic.

∴

Après lui, et parmi les défenseurs de l'indépendance spirituelle, il faut citer Giordano Bruno, victime aussi de la hardiesse de ses doctrines. Né à Noles, dans le royaume de Naples, vers le milieu du xvi⁰ siècle, il entra de très bonne heure dans l'ordre de Saint-Dominique. Quelques années après, il se rendit à Genève; on peut croire que ses doutes sur certains points de la religion lui avaient attiré de violentes inimitiés. Il se convertit au calvinisme, mais son caractère ardent et paradoxal ne tarda pas à le séparer de ses nouveaux coreligionnaires et il quitta Genève pour Paris; là il se montra adversaire acharné de la philosophie d'Aristote; c'était provoquer le sentiment général. Retiré enfin à Pavie, il y vivait obscurément quand l'Inquisition de Venise le fit arrêter. Après deux ans de dure captivité, pendant lesquels il ne désavoua jamais ses doctrines, il fut brûlé le 17 février 1600, n'ayant pas voulu éviter le supplice par une rétractation. Les écrits qu'il a laissés font preuve d'une profonde érudition, d'une vive intelligence, d'une grande connaissance des anciens. Ses grands torts, aux yeux de ses contemporains, furent sa croyance à la pluralité des mondes et à l'infini de l'univers.

∴

Thomas Campanella fut un autre apôtre de la logique et de la raison. Il combattit la routine avec une fougue singulière et fit preuve d'une énergie surhumaine dans les épreuves atroces qui lui étaient réservées. Né en 1568 au village de Stilo en Calabre, il manifesta dès son enfance une ardeur extraordinaire à s'instruire et, dès quatorze ans, prit la robe des Dominicains. Il s'adonna alors à sa passion d'érudition, lut les œuvres de saint Thomas et d'Albert le Grand, et bientôt n'eut plus rien à apprendre de ce qu'on enseignait dans les écoles. Mais son esprit ardent et indépendant ne put se maintenir dans les limites de la science scolastique, et laissant là les livres des anciens il prétendit ne plus s'en rapporter qu'à sa raison.

Chargé d'enseigner la philosophie à Naples, il défendit ses idées du haut de la chaire avec autant de talent que d'énergie, mais sa conduite eut vite suscité contre lui la jalousie de ses rivaux; la calomnie s'y ajouta, et Campanella fut obligé de quitter Naples. Pendant dix ans il parcourut l'Italie, attaquant l'autorité d'Aristote, proclamant la puissance de la raison, prodiguant sa parole et ses efforts. Il visita Galilée à Florence, défendit le système de Copernic, soutenant avec une audace indomptable les thèses les plus indépendantes, et se révoltant contre la tyrannie spirituelle autant que contre la tyrannie matérielle.

C'est à cette époque qu'éclata en Calabre une conspiration de moines et de gentilshommes pour secouer le joug des Espagnols qui pesait sur Naples. Il semble que Campanella en fut, sinon le chef, du moins l'âme. Trahi et livré aux Espagnols, il fut conduit à Naples et jeté en prison. Ses ennemis eurent alors beau jeu, on lui reprocha des doctrines qu'il n'avait jamais professées, des ouvrages qu'il n'avait pas écrits. Sa captivité dura vingt-sept ans, pendant lesquels il fut soumis à des souffrances incessantes; on lui fit subir sept fois la torture. Une fois entre autres, on lui ouvrit les veines et on laissa son sang s'écouler si longtemps qu'on ne put qu'à grand'peine arrêter cette perte mortelle. Le supplice avait duré trente-cinq heures, et pas une fois Campanella n'avait laissé échapper un mot de rétractation.

Lui-même a raconté ses longues douleurs : « J'ai été renfermé dans cinquante prisons; j'ai été soumis sept fois à de cruelles tortures. La dernière fois la torture a duré quarante heures. Garrotté avec des cordes serrées qui me brisaient les os, suspendu au-dessus d'une pointe aiguë de bois qui a dévoré la seizième partie de ma chair et m'a tiré dix livres de sang, guéri par miracle après six mois de maladie, j'ai été plongé dans une fosse. J'ai passé quinze fois en jugement. La première fois quand on m'a demandé. « Comment savez-vous ce que vous n'avez jamais appris? Avez-vous donc un démon à vos ordres? » J'ai répondu : « Pour apprendre ce que je sais, j'ai usé plus d'huile que vous n'avez bu de vin. » Une autre fois on m'a accusé d'avoir écrit le livre des *Trois Imposteurs* qui a été publié trente ans avant ma naissance. On m'a aussi reproché d'avoir de mauvais sentiments contre l'Église, alors que j'ai écrit un ouvrage sur la monarchie chrétienne et que j'ai démontré qu'aucun philosophe n'avait jamais imaginé une république aussi belle que celle qui existait à Rome sous les apôtres. On m'a accusé d'être hérétique, moi qui ai composé un dialogue contre les hérétiques. — Enfin, on m'a accusé de rébellion pour avoir soutenu qu'il y a des taches dans le soleil, la lune et les étoiles, à l'encontre d'Aristote qui fait le monde éternel et incorruptible. »

Le pape Paul V sollicita en vain sa grâce : Philippe III le refusa. Ce n'est qu'à la mort du roi d'Espagne que Campanella sortit enfin de prison. Mais sa longue captivité n'avait pas brisé sa volonté ni son ardeur. Il reprend la lutte, défend ses doctrines, réfute les arguments de ses adversaires. La haine de ses ennemis augmente avec ses triomphes; ils soulèvent la populace contre lui et Campanella est obligé de s'enfuir de Rome à la faveur d'un déguisement, malgré la protection du pape. Le comte de Noailles, ambassadeur de Louis XIII près du Saint-Siège, facilita son passage en France.

Dès lors il était sauvé. Il vit Gassendi à Aix; Richelieu le présenta au Roi qui l'accueillit avec une grande faveur et lui fit une pension de 3 000 livres. La Sorbonne même approuva ses œuvres. En 1639, après un voyage en Hollande où il s'entretint avec Descartes, Campanella mourut à Paris, à soixante et onze ans, dans le couvent des Dominicains situé rue Saint-Honoré.

Il avait composé un grand nombre d'ouvrages. On peut dire qu'il a embrassé tout le domaine des connaissances humaines, mais ce qui domine ses œuvres, c'est sa lutte contre les doctrines d'Aristote. Plusieurs de ses ouvrages présentent certaines analogies avec Platon; il a écrit une *Cité du soleil* qui correspond à certains points de vue à la *République* de Platon. La *Cité du soleil* imagine une société parfaite, organisée comme un couvent, et reposant sur un communisme théocratique. Quoiqu'il ait les défauts de son siècle, Campanella est le premier de ces fiers et ardents génies de la Renaissance qui ne craignirent pas d'entrer en lutte ouverte contre la routine.

*
* *

En astronomie comme en morale, les hommes qui s'élevaient contre les anciennes erreurs devaient être victimes de leur courage et de leur génie. C'est par son humilité et son obscurité que Copernic avait pu échapper à la persécution. Galilée, qui vint après lui, n'échappa au supplice que par l'abjuration de ses découvertes, mais perdit sa liberté.

Né à Pise en 1564, il montra dès son enfance de remarquables dispositions

GALILÉE EN PRISON.

pour la mécanique, et ses jeux consistaient à inventer et à construire des machines. Destiné par son père à la philosophie et à la médecine, professions lucratives alors, il suivit des cours où son goût pour la discussion lui valut la réputation d'être entêté et d'avoir l'esprit de contradiction. A dix-neuf ans, dans la cathédrale de Pise, les oscillations d'une lampe suspendue à la voûte attirèrent son attention; il remarqua que, quelle que fût la longueur des arcs qu'elle décrivait, elle mettait le même espace de temps à les décrire. Ce fut pour lui la révélation d'une loi importante de physique. Il se livra alors à de longues études scientifiques et fut nommé professeur de mathématiques. Il commença aussitôt une série d'expériences sur le mouvement des corps, et, laissant tomber du haut de la tour penchée de Pise des corps différents de poids, de volume et de densité, il démontra qu'ils parcouraient des espaces égaux dans des temps égaux et conclut que la gravité est la même dans tous les corps. S'appliquant ensuite à l'examen des systèmes astronomiques, sa conclusion fut, à l'opposé de tous les principes admis, que la terre était mobile et accomplissait une rotation autour du soleil immobile.

Bien qu'il n'exprimât pas publiquement sa doctrine, elle transpira assez pour que Galilée fût fort heureux de quitter Pise, où l'on commençait à lui témoigner de l'hostilité, pour aller à Venise où on lui offrait une chaire de mathématiques. Dans cette ville les libertés intellectuelles étaient plus grandes; il put reprendre ses études et ses expériences, et construisit en 1609 le premier télescope. Les découvertes astronomiques qu'il fit à l'aide de cet instrument lui furent précieuses.

Cependant chacune de ses découvertes provoquait l'envie de ses ennemis et leur donnait de nouveaux motifs de persécution. L'Inquisition de Rome reçut des plaintes contre lui; on l'accusait d'attaquer la religion. Il alla à Rome deux fois pour se disculper, mais ses ennemis furent plus puissants et obtinrent contre lui, à défaut d'une condamnation, une admonestation sévère. Ceci ne leur suffit pas et plus tard ils réussirent à le faire déférer à l'Inquisition. Alors s'engagea le mémorable procès dont la conclusion fut de forcer Galilée d' « abjurer, maudire et détester ses erreurs ». Il se soumit, mais on rapporte qu'en se relevant il frappa du pied la terre en murmurant : « E pur si muove! (Et pourtant elle se meut). » C'est à ce prix qu'il eut la vie sauve, mais non la liberté, car jusqu'à sa mort, il vécut étroitement surveillé. Outre son procès, il subit encore de cruelles épreuves; il perdit une de ses filles en 1634; deux ans après, il était frappé de cécité. Il mourut en 1642, à soixante-dix-huit ans.

*
 * *

Képler, son rival en science, naquit sept ans après Galilée, en 1571, dans le Wurtemberg; il eut une jeunesse très malheureuse. Sa mère ne savait ni lire ni écrire; son père, soldat dans l'armée du duc d'Elbe, se fit aubergiste quand il revint dans ses foyers, et retira son fils de l'école pour l'aider à servir ses pratiques. Mais ses affaires ne prospérant pas, il reprit l'uniforme. L'enfant, peu aimé par sa mère qui préférait ses deux autres fils, véritables vauriens, se réfugia auprès de sa sœur, mariée à un ministre protestant. Celui-ci, peu soucieux de la présence de son beau-frère, le fit entrer au séminaire de Tubingue.

Mais le jeune homme, ayant assisté au cours de Mœstlin, grand partisan des doctrines de Copernic, résolut d'abandonner la théologie pour l'astronomie, et c'est ainsi qu'il entra dans la carrière qu'il devait illustrer. A force d'études il se fait nommer à vingt-deux ans professeur de mathématiques à Grœtz en Styrie. A ses fonctions s'ajoutait la charge de faire des almanachs. Képler y inséra des prophéties astrologiques, dont quelques-unes se réalisèrent et lui acquirent une certaine réputation. Képler en effet ne repoussait pas la croyance à l'influence des astres sur la vie humaine.

En 1599, chassé de Styrie par les persécutions religieuses, complètement ruiné, il accepta l'offre que lui faisait Tycho, astronome de l'empereur Rodolphe à Prague, de l'associer à ses travaux. Mais de nouveaux déboires l'y attendaient. « Tout est incertain ici, écrivait-il, Tycho est un homme dur avec qui il est impossible de vivre. » On lui avait promis de beaux appointements, mais c'est florin par florin qu'il obtenait l'argent nécessaire à son existence.

Képler, nommé astronome de l'empereur à la mort de Tycho, ne vit pas sa situation s'améliorer beaucoup malgré son traitement de 15 000 florins. « La solde est brillante, écrivait-il encore, mais les caisses sont vides. » Il était obligé de faire de petits almanachs et de tirer des horoscopes.

Fort heureusement, peu après il eut la libre disposition des papiers de Tycho; il oublia les durs moments qu'il avait passés, et sa gloire date de ce moment. Il étudia particulièrement la planète Mars et, après des années de dur labeur, parvint à déterminer exactement son mouvement par deux lois remarquables. En lisant avec attention certains chapitres de son ouvrage *De Motibus stellæ Martis* (Des Mouvements de la planète Mars), on est porté à diminuer un peu la gloire de Newton, car Képler contribue beaucoup à la découverte de l'attraction universelle. Le premier, Képler parle de la rotation du soleil autour de son axe. Ce qui devait être parfaitement démontré plus tard n'était alors qu'une hypothèse; l'auteur compare le soleil à un orateur qui au centre d'un groupe d'auditeurs tourne sur lui-même pour leur faire face à tous. Les lois qu'il a établies constituent les bases mêmes de l'astronomie moderne.

Mais Képler fut cruellement frappé dans sa vie intime. En 1611, il perdit ses trois enfants, puis sa femme, devenue épileptique et folle. Peu après, il apprit que sa mère était accusée de sorcellerie. Il s'empressa de courir à Stuttgard pour intercéder auprès du duc de Wurtemberg et réussit seulement à faire modifier la sentence; on décida que le bourreau terrifierait la vieille femme en lui présentant chacun des instruments de la torture et en lui en expliquant l'emploi. Elle résista à l'épreuve, protesta de son innocence et fut relâchée, mais la réputation de son fils en fut atteinte et ses ennemis l'appelèrent désormais « fils de sorcière ».

On lui rendit la vie tellement dure qu'il dut quitter l'Autriche. Il s'attacha au duc de Wallenstein, grand amateur d'astrologie, mais n'ayant pas su flatter le goût de ce général, il fut remplacé auprès de lui par l'Italien Zeno.

Il avait contracté un second mariage dont il eut sept enfants; pressé par les nécessités de la vie matérielle, il fit de fréquents et inutiles voyages pour réclamer l'arriéré de ses appointements. Sur ces entrefaites, sa santé s'altéra et il mourut à cinquante-neuf ans, à Ratisbonne. Il avait composé l'épitaphe qui se trouve sur son tombeau : « J'ai mesuré les cieux, à présent je mesure les ombres de la terre. L'intelligence est céleste; ici ne repose que l'ombre du corps. »

*
* *

Nicolas Saunderson, né à Thurlston, en Angleterre, en 1682, est le plus illustre exemple de la science acquise en dépit de la plus cruelle infirmité. Il avait un an lorsque la variole non seulement le priva de la vue, mais encore détruisit complètement ses yeux, de sorte que tout espoir de guérison dut être abandonné. Malgré cela, il fit des études très complètes et s'occupa surtout des mathématiques, où il parvint à un rare degré de science sans autre aide que des livres et un lecteur.

Le dénûment de sa famille l'obligea à donner des leçons publiques, suivies avec autant d'intérêt que de curiosité par une nombreuse assistance. C'était en effet un spectacle étrange que de voir cet aveugle, que l'on peut considérer comme n'ayant jamais eu la notion de la lumière, discourir sur les phénomènes de l'optique, parler des couleurs, de l'arc-en-ciel avec une exactitude rigoureuse.

Le toucher et l'ouïe suppléaient merveilleusement le sens qui lui manquait. Le toucher avait acquis chez lui une telle délicatesse qu'il put un jour distinguer, par ce seul moyen, des médailles anciennes authentiques mêlées à dessein à des médailles fausses. Il avait inventé pour son usage une planchette à calculer, percée de trous dans lesquels il plaçait des chevilles de différentes grosseurs; il parvenait à résoudre ainsi les problèmes de mathématiques les plus ardus, chaque cheville ayant une valeur spéciale d'après sa dimension et suivant la place qu'elle occupait.

A force de volonté et de patience il avait appris le latin et le grec, au point d'écrire en ces langues avec une grande facilité et de pouvoir comprendre à la lecture qu'on lui en faisait les ouvrages d'Euclide, d'Archimède et de Diophante.

Aussi quand la chaire de l'Université de Cambridge devint vacante, nul ne fut-il considéré plus digne que lui de l'occuper. Il y resta jusqu'à sa mort, survenue en 1739.

Il a laissé des ouvrages sur presque toutes les branches des mathématiques. On cite surtout ses *Éléments d'algèbre*, qui contiennent une méthode qu'on a nommée *arithmétique palpable* parce qu'elle permet de faire des opérations sans autre secours que le sens du toucher, des *Commentaires sur les principes de Newton*, et divers autres traités.

.·.

Bailly, qui fut la victime de la Révolution, après en avoir été le héros, mérite une place aussi remarquable parmi les savants que parmi les politiques.

Il était né à Paris le 15 septembre 1736. Après avoir cultivé la peinture et la littérature, il se lia avec l'abbé de la Caille qui le détermina à s'adonner à la science astronomique. Ses travaux en cette branche lui ouvrirent les portes des trois Académies de Paris, rare honneur qui n'avait encore été accordé qu'à Fontenelle.

C'est au sein de ces études laborieuses que le surprit la Révolution en 1789; les électeurs de Paris le choisirent pour secrétaire, puis, élu député du Tiers-État, il présida la fameuse séance où il demanda le premier de prêter serment de ne pas se séparer avant d'avoir établi la Constitution sur des bases solides. Nommé maire de Paris après l'assassinat de M. de Flesselles et la prise de la Bastille, en même temps que Lafayette était nommé commandant général de la milice parisienne, il reçut le roi à l'Hôtel de Ville le 17 juillet 1789. Le 20 juin 1791, après le départ du roi pour Varennes, les plus ardents révolutionnaires furent d'avis de proclamer la déchéance de Louis XVI, et provoquèrent des mouvements divers dans Paris pour forcer le gouvernement à prendre cette mesure, et Bailly, décidé à maintenir l'ordre, dut décréter la loi martiale. Lui et Lafayette firent leur devoir, quelque pénible qu'il pût être, et durent employer la force dans l'affaire du Champ de Mars (17 juillet 1791). Ce fut la cause de leur déchéance; ils devinrent odieux au parti populaire.

Bailly, obligé de céder sa place à Pétion, s'éloigna de Paris et se retira à Nantes chez son ami, l'illustre Laplace; on lui avait proposé de chercher en Angleterre un refuge contre les ressentiments qui le poursuivaient, il refusa. « L'homme, dit-il, qui s'est vu chargé d'une grande administration doit, quelque danger qui le menace, rester pour rendre compte de sa conduite. »

En 1793, il fut signalé aux agents de Robespierre, arrêté à Melun où il était allé chercher une retraite plus sûre, et traduit devant le tribunal révolutionnaire; il s'y défendit sans faiblesse et reçut sans pâlir son arrêt de mort.

Dans ses derniers moments Bailly montra la dignité d'un sage et la constance d'un martyr. Traîné lentement au supplice à travers une foule hurlante, des furieux le frappèrent avec tant de barbarie que les bourreaux eux-mêmes furent indignés. Arrivé au lieu de l'exécution, on poussa la cruauté jusqu'à lui passer sur la figure le drapeau rouge tout enflammé. La populace démolit l'échafaud préparé, pour ne pas souiller de son sang la place de la Fédération, et le rétablit sous ses yeux dans un fossé voisin. Pendant cette longue agonie, une pluie glacée tombait à torrents. « Tu trembles, dit à Bailly un de ses assassins. — Oui, mon ami, lui répondit-il, mais c'est de froid. » Il n'attendit pas que le bourreau portât la main sur lui; il se plaça lui-même, avec un courage héroïque, sous le couteau fatal. Il avait cinquante-sept ans.

CHAPITRE VIII

ARTISTES

CHAPITRE VIII

ARTISTES

Une idée sublime jaillit du cerveau d'un homme : il la fixe, l'habille de paroles, de musique ou de couleur, lui donne une forme de marbre ou de bronze : il a fait œuvre d'art, il s'appelle Homère, Phidias, Raphaël, Beethoven. Il peut mourir : son nom ne mourra pas. Dieu s'est départi pour lui de l'attribut même de la Divinité : le pouvoir de créer. A côté du monde réel, il a créé un autre monde, aussi admirable que celui de la nature, il a fixé une perfection de forme ou de pensée inconnue avant lui, il a réalisé l'idéal que percevait son âme, il a dégagé du corps ou du cœur humain, la noblesse et la grandeur qui s'y trouvaient, comme des diamants dans une mine, et souvent l'éclat dont il a brillé est si vif qu'il rayonne sur tout un siècle et lui donne son nom : on dit le siècle d'Homère, de Michel-Ange ; et son héritage subsiste aussi beau et aussi pur qu'au premier jour, alors que les bouleversements des empires n'ont laissé que poussière et que ruines.

C'est à l'Art que l'homme doit ses plus nobles émotions ; c'est l'Art qui sait parer tout le côté matériel de l'humanité, qui élève l'âme et la fait remonter aux sources mêmes de la Divinité.

L'Art est la fleur qui cache sous son parfum et sa délicatesse ce que la réalité a souvent de brutal et de grossier, et il n'y a pas d'objet, si humble fût-il, sur lequel il ne puisse étendre sa magie.

Il semblerait que les hommes vivant par leur génie à des sommets inaccessibles à la foule aient dû échapper au sort commun : il n'en est rien. Si du front ils touchaient les cieux, leurs pieds foulaient la terre, et les misères terrestres ne leur furent pas épargnées. L'envie, la jalousie, quelquefois l'aveugle indifférence de leur temps devaient les faire souffrir non seulement en leur âme d'artistes, mais aussi en leurs corps et souvent ils n'arrivèrent à l'immortalité que par un chemin d'amertume et de larmes.

On ne sait quelle époque, de l'Antiquité ou des temps modernes, est la plus féconde en artistes. S'il y eut du xve au xviie siècle une splendide floraison d'art en Europe, une Renaissance, suivant l'expression admise, ce terme même indique quel rôle a joué l'Antiquité dans l'histoire de l'Art. L'Art atteignit chez elle une perfection qui n'a jamais été égalée depuis, et l'art des anciens, comme leur littérature, est encore le modèle le plus parfait dont nos artistes puissent s'inspirer. La *Diane de Gabies*, le *Discobole*, les *Lutteurs*, le *Tireur d'Épine*, et surtout la Vénus de Milo, sont restés des types parfaits de grâce, de force, de beauté et d'harmonie. C'est dans l'Antiquité qu'il faut chercher le nom qui est devenu le symbole même de la sculpture, Phidias.

Avec lui, la statuaire s'anime et vit. Jusqu'à son époque, l'art grec n'existait pas ; seul l'art égyptien, inspiré des principes d'une religion sévère et funèbre, produisait des statues raides, majestueuses, les bras et les jambes collés au corps, les yeux fermés. La grande différence entre l'art égyptien et l'art grec, c'est la vie, et c'est Phidias qui crée l'art grec.

La fin de sa vie est un exemple insigne des chagrins que les plus grands artistes ont souvent éprouvés.

Il vivait à Athènes cinq siècles avant notre ère. Son père était peintre et lui-même commença par pratiquer le même art. C'est, paraît-il, par désespoir d'égaler jamais Polygnote, le premier peintre qui donna de l'expression aux visages, et dont il avait vu les œuvres à Athènes, que Phidias abandonna la peinture et se tourna vers la sculpture. Il ne reprit son pinceau que beaucoup plus tard pour faire le portrait de Périclès, son ami et son protecteur.

C'est à Minerve, déesse de la guerre et protectrice de sa patrie, qu'il consacra pour ainsi dire son talent. On croit que ses premiers ouvrages publics furent la *Minerve guerrière*, élevée avec le produit des dépouilles des Perses à Marathon, et la *Minerve protectrice d'Athènes*. Cette dernière, en bronze, était de dimensions colossales.

Elle devait être située sur le plateau même de l'Acropole dominant la ville et tout le golfe d'Athènes. On distinguait de très loin en mer la pointe de sa lance et l'aigrette de son casque. Appuyée de la main droite sur sa lance, présentant son bouclier de la main gauche, la déesse semblait défendre la ville qui l'invoquait. Sa hauteur devait dépasser d'un tiers celle du Parthénon.

Phidias fut chargé ensuite d'immortaliser le souvenir de Marathon en de nouvelles formes et fit treize statues des dieux ou des héros de l'Attique, qui furent envoyées à Delphes.

Plus tard, quand on construisit le temple de Minerve, le sculpteur fit encore une statue colossale de la déesse en or et en ivoire. Elle devait avoir, sans son piédestal, trente-sept pieds environ. Phidias, craignant que la dépense pour couvrir une pareille surface d'or et d'ivoire ne fût trop forte, avait proposé d'employer du marbre pentélique, mais les Athéniens s'écrièrent que rien n'était trop cher quand il s'agissait de la déesse qui les protégeait.

Elle était représentée debout, vêtue d'une tunique qui lui tombait jusqu'aux pieds. Sa poitrine était protégée par l'égide; sur l'égide même se trouvait une tête de Méduse en ivoire. Sur une de ses mains étendue se dressait une Victoire en ivoire aussi, avec des draperies et des ailes d'or. L'autre main tenait la lance. Son casque était surmonté d'un sphinx. Son visage, ses pieds, ses mains étaient en ivoire; pour ses yeux, deux pierres précieuses, d'une couleur approchant de celle de l'ivoire, rendaient l'éclat du regard humain.

Le bouclier était placé verticalement; aussi Phidias l'avait-il sculpté de chaque côté. Sur l'une des faces, il avait représenté parmi de nombreux personnages son propre portrait et celui de Périclès. Mais, sachant l'inconstance de ses compatriotes et prévoyant qu'on pourrait l'accuser d'avoir soustrait une partie de l'or nécessaire à cette statue, il avait disposé tout cet or de façon à ce qu'on pût l'enlever et le peser.

Enfin il faut parler de son *Jupiter Olympien*, sa plus belle œuvre, une des rares sur lesquelles il ait inscrit son nom. Le dieu était représenté assis, portant dans la main droite une Victoire d'ivoire et d'or, dans la gauche un sceptre formé des métaux les plus précieux et surmonté d'un aigle; le torse était en ivoire, drapé dans un manteau d'or. Cette statue n'était pas de dimensions inférieures aux autres; elle avait cinquante-deux pieds, aussi Strabon disait-il que si Jupiter se dressait debout, il emporterait le toit du temple.

Phidias avait été prudent en prévoyant les accusations de ses concitoyens. En effet, dans les temps troublés qui précédèrent la guerre du Péloponèse et qui menèrent Athènes à sa ruine, le grand sculpteur fut accusé par Ménon, un de ses élèves ou même son esclave affranchi, d'avoir volé une partie de l'or qu'on lui avait confié pour la statue de Minerve. Il répondit victorieusement en faisant constater que le poids était intégral. Mais son accusateur revint à la charge et déclara qu'il était coupable de sacrilège comme ayant osé graver son image sur un bouclier divin. Phidias fut saisi et jeté en prison ; peut-être le jugement populaire l'eût-il absous, mais il mourut dans sa prison, empoisonné, a-t-on dit. D'après une autre version, il se serait enfui de son ingrate patrie et serait mort en exil.

La guerre terrible qui désola la Grèce pendant vingt-sept ans a été considérée comme l'expiation de cette injustice. Phidias est la plus grande figure de son siècle et représente le génie de l'art antique dans toute sa pureté.

∴

Les œuvres des peintres grecs, plus fragiles que celles des sculpteurs, ne sont point venues jusqu'à nous, mais la renommée d'Apelle a traversé les siècles. Si le plus célèbre peintre de l'antiquité n'eut pas d'infortunes considérables, il encourut des périls auxquels il n'échappa que grâce à son sang-froid et à son talent. On sait que seul il avait obtenu le privilège de faire le portrait d'Alexandre le Grand ; ce prince ressentait autant d'amitié que d'admiration pour Apelle et une anecdote prouve que leur intimité était étroite. Un jour qu'Alexandre posait devant l'artiste et parlait de son art en amateur plutôt qu'en connaisseur : « Prends garde, lui dit Apelle, ne vois-tu pas que tu fais sourire même les esclaves qui broient mes couleurs? »

Ses rivaux étaient nombreux et deux fois il faillit périr victime de leur haine. Au cours de ses voyages, Apelle, obligé par la tempête de se réfugier à Alexandrie, où régnait alors Ptolémée avec lequel il avait été en très mauvais termes du temps d'Alexandre, fut reconnu par ses ennemis. Ils imaginèrent, pour le perdre, de lui envoyer un officier du palais pour lui dire que le roi le conviait à un festin. Le peintre sans défiance s'y rendit ; mais à peine était-il entré dans la salle du festin que le roi furieux se précipita vers lui et lui demanda qui l'avait prié de commettre cette insolence. Alors Apelle, saisissant un morceau de charbon éteint dans le foyer, dessina en deux traits sur la muraille le portrait de l'officier qui lui avait dit de se présenter. Le roi s'adoucit, et pardonna. Mais plus tard, ses ennemis réussirent encore à l'impliquer dans un complot tramé

ARTISTES 279

contre le roi, et il allait avoir la tête tranchée quand il parvint à donner la preuve de son innocence. Retiré à Cos, il avait entrepris de peindre une image de Vénus quand il mourut sans avoir achevé son tableau, et l'on ne put trouver d'artiste digne de terminer une œuvre commencée par Apelle.

**

Le génie dont le nom domine toute la Renaissance italienne, poète, peintre, sculpteur, architecte, l'auteur de l'église *Saint-Pierre de Rome*, de la statue de *Moïse* et du *groupe de la Pièta*, le peintre des *fresques du Jugement Dernier*, Michel-Ange, eut un épisode douloureux dans son existence, mais qui heureusement n'entrava pas son talent. Après avoir joui de la faveur de Laurent de Médicis, dit le Magnifique, il fut disgracié par le successeur de ce prince. Recueilli dans un couvent, il trouva heureusement dans le prieur, ému de sa douleur, une affection et un dévoûment qui lui furent précieux.

**

Son contemporain, Vanucchi, dit Andrea del Sarto, que l'on a appelé aussi Andrea senza errori (sans reproche), après une période glorieuse et féconde, mourut de la peste, seul et sans soins, à quarante-deux ans. Ses dernières années avaient été empoisonnées par mille chagrins, et, entre autres, le remords.

Né à Florence en 1488, d'un tailleur dont il devait illustrer l'humble profession (Andrea del Sarto signifie André du tailleur), il avait été d'abord placé chez un orfèvre, mais son goût pour le dessin lui fit abandonner cette voie, et après avoir pris quelques leçons d'un peintre obscur il s'associa avec un de ses amis, Franciabiggio. Ensemble ils firent plusieurs tableaux. Puis Andrea travailla seul à des fresques pour des couvents et à des tableaux d'église. Il acquit une grande réputation. François Ier, ayant entendu parler de son talent, lui fit demander quelqu'une de ses œuvres. Andrea lui envoya la *Madone* qui est au musée du Louvre. Le roi, saisi d'admiration pour ce tableau, voulut connaître l'artiste florentin et essaya de l'attirer à sa cour. Bientôt Andrea céda à ses sollicitations et fut accueilli en France avec une faveur marquée. Il se remit au travail et peignit la Charité que l'on peut admirer aussi au Louvre. Il semblait devoir se fixer en France quand il fut rappelé par une lettre de sa femme restée à Florence.

C'est ici le lieu de parler de cette femme, ou plutôt de l'influence qu'elle eut sur la destinée de son mari. Le goût effréné qu'elle avait pour le luxe et la dépense était une cause d'inquiétudes incessantes pour Andrea dont les travaux suffisaient à peine à satisfaire les fantaisies de sa femme. Il ne sut pas résister à sa prière quand elle le rappela et il supplia François Ier de le laisser partir, lui promettant du reste de revenir avec sa femme. Le roi y consentit et remit à l'artiste des sommes considérables destinées à l'acquisition d'objets d'art, mais celui-ci arrivé à Florence, incapable de s'opposer aux demandes de sa femme, vit bientôt se dissiper entre ses mains tout l'argent qu'il avait rapporté. Cependant François Ier lui écrivit et lui rappela la promesse faite avant son départ. Le peintre serait revenu en France avec joie, mais il lui fut impossible de décider sa femme à ce voyage. Il y renonça donc lui-même et perdit ainsi tout à la fois l'honneur, le repos de sa conscience, et la protection d'un roi puissant. Dès lors le remords ne lui permit plus d'être heureux. Voulant obtenir le pardon royal, il travaillait à un tableau qu'il destinait à François Ier quand la mort le surprit. Sa femme s'était enfuie devant le fléau, et les derniers moments du peintre ne furent même pas adoucis par la présence de celle à qui il avait sacrifié son honneur.

∴

« Et moi aussi, je suis peintre! » Celui à qui le premier tableau qu'il vit de Raphaël arrachait ce cri, et révélait subitement son génie, le Corrège, devait recevoir de la postérité le titre de divin, titre qu'il ne partage qu'avec Raphaël et Murillo. L'histoire de sa vie et de ses œuvres peut s'appliquer malheureusement à bien d'autres artistes. Vasali, son contemporain, écrivait :

« Il était d'un caractère très timide et se fatiguant sans relâche aux dépens de sa santé; il exerçait son art pour soutenir sa famille qui était la source de tous ses embarras. Il était chargé d'une famille nombreuse et continuellement tourmenté du désir d'épargner, ce qui l'avait rendu tellement misérable dans sa manière de vivre qu'il était difficile de l'être davantage. Il ne s'appréciait pas lui-même et se contentait de peu. » Ces œuvres qui lui assuraient à peine les moyens de vivre et de nourrir les siens, devaient valoir plus tard des sommes fabuleuses. Son chef-d'œuvre, le *Saint Jérôme*, fut payé 47 ducats par la ville de Parme qui plus tard offrit vainement un million à Napoléon pour rentrer en sa possession.

Son pinceau avait une grâce exquise, qui est la caractéristique de son talent; un goût profond du dessin, un coloris vigoureux, une harmonie parfaite, et surtout une remarquable intelligence du clair-obscur font de toutes ses toiles des œuvres de maître. Le premier, il a représenté des figures en l'air; il a pratiqué excellemment l'art des raccourcis et a orné des plafonds des merveilles de sa palette. Paris possède *Jupiter et Antiope*.

Après une vie écoulée dans la pauvreté et la gêne, il mourut misérablement; rapportant à pied chez lui le prix d'un ouvrage qu'on lui avait payé en grosse monnaie, pressé de remettre ce secours impatiemment attendu par les siens à bout de ressources, il contracta une pleurésie dont il mourut en 1534.

.˙.

A la même époque, deux ans après la mort de Gutenberg, venait au monde Albert Dürer à Nuremberg. Bien que pouvant prétendre aux titres de peintre, graveur, sculpteur et architecte, c'est surtout comme graveur qu'il est illustre. Dans ce dernier art, il est un des plus grands maîtres qui aient existé. Il avait d'abord appris l'orfèvrerie, qui était la profession de son père et dans laquelle il avait montré un réel talent, puis, attiré vers la peinture, il entra dans l'école de Wohlgemuth où il resta trois ans. Il avait vingt-trois ans quand il exécuta le dessin d'*Orphée* qui est réputé son chef-d'œuvre. Tout jeune encore, il fit le tour de l'Allemagne; plus tard il alla à Bologne en Italie et visita les Pays-

Bas. Cependant sa réputation s'était répandue : Maximilien le nomma peintre de la cour.

C'est à ce prince qu'on rapporte l'anecdote suivante : passant un jour avec sa suite dans une galerie du palais où travaillait Dürer, monté sur une échelle, il remarqua que l'échelle était mal assujettie et fit signe à un de ses gentilshommes de la tenir, mais celui-ci jugeant une telle action indigne de lui, l'Empereur s'écria avec colère : « Vous avez la noblesse de naissance, mais mon peintre a la noblesse du génie qui vaut la vôtre »; et il anoblit Dürer sur-le-champ, lui donnant pour armoiries « trois écussons sur champ d'azur, deux en chef et un en pointe ». Ces armoiries sont restées celles de la peinture.

Mais le peintre, comblé d'honneurs, n'était pas heureux : le bonheur domestique lui manqua toujours. Il avait épousé une femme d'un caractère avare et acariâtre. Pressé par elle, il quitta l'Italie pour vendre ses gravures dans les Pays-Bas. Ce voyage lui fut fatal : d'abord bien accueilli par la régente Marguerite d'Autriche, il tomba bientôt en disgrâce et n'obtint même pas le salaire de ses travaux. Rentré en Allemagne, ses forces s'épuisèrent dans le labeur incessant auquel le condamnait sa femme; les tourments qu'elle lui prodiguait finirent par causer sa mort, si l'on s'en rapporte aux paroles, trop vraisemblables, de son ami Hartmann :

« Elle l'avait tellement fait souffrir qu'il semblait avoir perdu la raison. Elle ne lui permettait pas d'interrompre son travail, l'éloignait de toutes sociétés et le harcelait de plaintes continuelles pour qu'il amassât de l'argent. Elle avait sans cesse la crainte de mourir dans la misère, elle était insatiable : elle a donc été la cause de sa mort. »

Il mourut à cinquante-sept ans, laissant 6 000 florins à celle qu'il appelait sa maîtresse en calcul. De viles questions de chiffres avaient eu raison de son génie et de sa vie.

Son talent symbolise son époque : d'une imagination inépuisable et qui souvent s'envolait dans le fantastique, il a admirablement exprimé la grâce naïve de son temps et ses estampes lui avaient acquis de bonne heure une réputation universelle. Bien que les chagrins intimes ne soient pas de ceux que l'histoire plaint toujours, ils eurent une influence trop considérable sur son existence pour ne pas être déplorés publiquement. Le caractère d'Albert Dürer était en effet tout l'opposé de celui qui le fit souffrir; généreux, libéral, il a fait bien des portraits qu'on ne lui payait pas, et il donnait ses dessins ou ses estampes plus souvent qu'il ne les vendait.

*
* *

Mazzola, dit le Parmesan, du nom de la ville où il naquit en 1503, ayant perdu son père, fut élevé par ses oncles qui étaient peintres. Les leçons qu'ils lui donnèrent lui profitèrent si bien qu'à quatorze ans il peignit un baptême de Jésus-Christ que l'on regarda comme très remarquable. S'étant rendu à Rome pour y étudier Michel-Ange et Raphaël, il fut bien accueilli par le pape Clément VII et était occupé à des travaux pour lui quand eut lieu le sac de Rome par le connétable de Bourbon.

Il s'enfuit, mais fut arrêté et dépouillé par un parti de lansquenets. A Bologne, autre mésaventure : le graveur à qui il avait confié ses dessins les emporta et ne reparut jamais. C'est de cette époque que datent ses principales œuvres. Cependant des religieux qui l'avaient chargé de certains travaux et qui lui avaient avancé une partie de la somme, trouvant qu'il ne travaillait pas avec assez de rapidité, le firent incarcérer pour exciter son zèle. Ils n'atteignirent pas leur but, car le Parmesan sorti de prison n'eut rien de plus pressé que de quitter la ville. Il se réfugia à Casal-Maggiore où il fit encore quelques tableaux, mais il avait aussi la passion de l'alchimie, et épuisé par des efforts inutiles pour découvrir le secret de cette science, il tomba dans la mélancolie, contracta des fièvres et mourut peu après sans avoir revu son pays. Il avait trente-sept ans.

*
* *

Barrocci, dit le Baroche, qui vécut à une époque où les grands principes laissés par Raphaël, le Titien et le Corrège commençaient à être abandonnés, et qui les remit en honneur par son exemple même, avait excité à ce point la jalousie de ses rivaux qu'ils avaient résolu sa mort. Le poison et le stylet jouaient alors un fréquent rôle dans les questions de rivalités. Invité à un luxueux banquet, pendant que le peintre sans méfiance goûtait fort la saveur des nombreux mets, on essaya traîtreusement de l'empoisonner.

Si l'on ne réussit tout à fait à le tuer, le Baroche fut quatre ans sans pouvoir reprendre son pinceau et resta toute sa vie d'une santé très délicate, qui l'empêcha d'accepter les offres que lui firent des princes étrangers. Il s'est beaucoup inspiré du Corrège dans sa manière de peindre ; la plupart de ses tableaux représentent des scènes religieuses. Il exécuta un grand nombre d'ouvrages pour des églises ou des couvents de l'Italie centrale : Urbin, Ravenne, Pesaro, Arezzo, etc. On a dit que ses couleurs étaient tellement fondues qu'il n'y a point de musique plus harmonieuse à l'oreille que sa peinture ne l'est aux yeux.

Il était né à Urbin en 1528 et y mourut en 1612.

∴

Les Carrache sont des noms célèbres parmi les peintres ; trois membres de cette famille sont illustres.

Augustin et Annibal Carrache étaient fils d'un tailleur. Augustin, qui était l'aîné de trois ans, né en 1557 à Bologne, avait d'abord été mis en apprentissage chez un orfèvre, mais il n'y était pas resté longtemps, emporté par son goût pour la gravure et la peinture. Malheureusement son caractère d'une extrême mobilité ne sut choisir exclusivement aucun de ces deux arts, et il faut le regretter, car il serait sûrement arrivé à une grande supériorité s'il eût pu se fixer, doué comme il l'était d'une organisation merveilleuse.

Après un séjour à Venise chez Corneille Cort, célèbre graveur hollandais qu'il surpassa vite et dont la porte lui fut fermée pour cette raison, Augustin appliqua dans sa patrie l'enseignement qu'il avait suivi. Il y avait entre les deux frères une sorte de rivalité, et leurs caractères étant tout à fait opposés, ils finirent par se brouiller complètement. C'est alors qu'ils s'aperçurent que leur affection était profonde. Augustin devint presque fou de chagrin à la suite de cette séparation ; pour le distraire le duc de Parme le fit venir à sa cour, mais rien ne put alléger sa douleur ; il était frappé au cœur et peu après il se retira dans un couvent de capucins où le chagrin l'acheva.

Annibal lui-même ressentit un affreux désespoir à la nouvelle que son frère était mort, il voulut se dépouiller complètement pour lui faire de splendides funérailles, mais les amis et les admirateurs du défunt avaient prévenu sa pensée. Annibal adopta alors un fils de son frère, se chargea de son éducation et reporta sur lui l'affection qu'il avait pour Augustin.

Annibal fut du reste le plus célèbre de cette famille. Il avait d'abord aidé son père dans ses travaux de tailleur, puis, de même que son frère, était entré comme apprenti chez un orfèvre, mais son cousin Louis, qui fonda plus tard avec les deux frères une académie de peinture, frappé de son aptitude pour le dessin, le prit chez lui, lui donna des leçons et pourvut à tous ses besoins.

Il lui fournit même les ressources nécessaires à des voyages au cours desquels Annibal se lia avec le Tintoret et Paul Véronèse et au retour desquels il composa des œuvres du goût le plus pur et de l'exécution la plus parfaite. Il avait la fierté de son art et ne connaissait rien de supérieur à la peinture. Provoqué un jour en duel par un rival envieux, il lui répondit : « Je ne veux me battre qu'avec mes pinceaux; voici mes seules armes. »

Louis, chargé de peindre la galerie Farnèse, ayant confié ce travail à Annibal, celui-ci partit avec ses élèves, sans s'inquiéter du prix qu'on lui accorderait pour ses travaux. Il consacra huit ans à cette œuvre immense que le Poussin a jugée comme une des merveilles de l'art. Une somme de 500 écus d'or, environ cinq mille francs, fut tout ce qu'on lui accorda. Le peintre humilié dans son art, car il était très désintéressé, voulut rendre cette somme; on l'en dissuada, mais dès lors il tomba dans une profonde tristesse; ses dissensions avec son frère, puis la mort de celui-ci, achevèrent de le dégoûter de la vie. Il voulut cependant réagir, alla à Naples, espérant y oublier sa douleur, mais, après avoir vainement cherché un remède dans les plaisirs, il revint à Rome et y mourut en 1609, à l'âge de quarante-neuf ans.

Il a laissé une œuvre considérable, il est peu de galeries en Europe qui ne contiennent de ses tableaux; à Paris notamment existent de lui plusieurs tableaux de sainteté et d'admirables paysages.

Le musée du Louvre a 28 tableaux de ce maître. Celui qui est connu sous le nom du *Silence de Carrache* est d'une composition magistrale.

Louis devait avoir une existence moins troublée et une fin moins amère que celles de ses deux cousins. Il était le fils d'un boucher, mais la profession paternelle lui inspirait une aversion insurmontable. Ses débuts dans la peinture furent cependant pénibles; il travaillait avec une extrême difficulté, et ses camarades pour se moquer de sa lenteur l'avaient surnommé le Bœuf; il montra que les sillons les plus péniblement tracés n'étaient pas les moins bons. Il fut le chef et l'âme de l'école qu'il fonda avec ses deux cousins, et qui créa la méthode purement académique.

Parmi leurs élèves se trouvait un jeune homme de manières élégantes, d'un caractère aimable et d'une beauté remarquable. C'était le Guide, que ses maîtres prirent en particulière affection et à qui ils révélèrent tous les secrets de leur art. Ils ne se doutaient pas alors que leur élève serait plus tard leur rival dangereux.

Avide de gloire, le Guide cherchait par quel moyen il frapperait l'attention ; il voulait trouver une formule qui lui permît de sortir des genres admis. Il y avait alors en Italie une école réaliste dont Caravage était le chef. Le Guide comprit qu'à la rudesse de cette école il fallait opposer la douceur, à ses lumières incertaines une lumière franche, à ses formes communes des procédés élégants. Il réussit si bien que Caravage conçut contre lui une haine terrible à laquelle le Guide ne put se soustraire que par la fuite. Une fois entre autres, Caravage le rencontrant n'avait pu retenir sa colère et l'avait grièvement blessé. Le pape Paul V, passionné pour les arts, l'appela à Rome ; il récompensait magnifiquement les artistes qu'il employait, mais à la suite d'une querelle avec son trésorier, le Guide quitta Rome. Il fallut une véritable négociation pour l'y ramener. « Je n'échangerais pas mes pinceaux contre la barrette d'un cardinal », disait fièrement le Guide. Il céda cependant et revint.

Après avoir achevé ses travaux, il voulait rentrer à Bologne quand il fut appelé à Naples pour y exécuter des travaux ; là encore son talent excita à ce point la colère de ses rivaux qu'il n'échappa qu'à grand'peine au poison et au stylet. Son valet faillit être tué.

Mais déjà une funeste passion s'était emparée de lui : le jeu. Ce fut la fin de sa prospérité. Il avait reçu cinq cents écus d'arrhes pour peindre dans Saint-Pierre l'histoire d'Attila : il les perdit au jeu, puis, au lieu de travailler pour s'acquitter, s'enfuit sans même achever son tableau. Il ne vécut plus dès lors que pour le jeu ; lui qui dédaignait autrefois de fixer un prix à ses toiles, on le vit marchander pour vendre ses œuvres méprisées. Il mourut dans l'oubli et la misère en 1642.

Le temps était loin où, devant le pape même, il travaillait couvert, « honneur dû à son art », disait-il.

A l'aurore du xvii͏ͤ siècle naquit près de Naples un artiste qui, poète, musicien et peintre, devait être trois fois illustre. Mais avant d'arriver au triomphe, Salvator Rosa connut des jours de cruelle épreuve. Son caractère d'artiste se révéla dès son enfance; il balbutia des vers dès qu'il commença à parler; il faisait retentir du luth ou du tambour le jardin paternel et couvrait de barbouillages au charbon les murs de la maison. Il voulut même un jour appliquer son trop précoce talent aux colonnes d'un cloître, et reçut pour toute récompense une magistrale correction. Il s'enfuit, erra quelques jours dans la campagne, puis revint au bercail. On le destinait au sacerdoce, mais ses goûts étaient incompatibles avec de telles fonctions, et le jeune homme après des productions poétiques et littéraires bien accueillies à Naples s'éprit de la peinture. A dix-huit ans, il quitta Naples, ne voulant qu'un seul professeur : la nature.

C'est dans les montagnes, les cascades, les ruines, les forêts qu'il trouva des modèles sublimes et qu'il puisa son talent. Mais dans une de ses longues courses à travers la campagne déserte, il fut capturé par une bande de brigands. Il allait périr quand une femme qui se trouvait dans la bande fut émue de pitié pour sa jeunesse et obtint qu'il eût la vie sauve. Salvator Rosa resta quelque temps parmi eux, et c'est à ce séjour que l'on doit les admirables têtes de brigands qui abondent en ses œuvres. Au surplus, les brigands, à cette époque de domination espagnole, étaient considérés plus souvent comme patriotes que comme criminels, et on les applaudissait tout bas du mal qu'ils causaient aux étrangers.

Quand Rosa put s'échapper, de tristes nouvelles l'attendaient à Naples : presque tous ses parents étaient morts, ruinés et déshonorés par des brocanteurs juifs, et la misère et l'abandon étaient le seul héritage qu'ils eussent laissé. Le jeune peintre se mit à l'œuvre, mais il ne pouvait sortir de l'obscurité, quand un hasard vint lui rendre son courage.

Le peintre Lanfranc appelé à Naples pour décorer une église, passant à grand fracas dans les rues de la ville, remarqua à la boutique d'un brocanteur un tableau dont il sut reconnaître le mérite au premier coup d'œil. Il fit arrêter son splendide équipage, et, mettant pied à terre, acheta l'œuvre du pauvre artiste mourant de faim. Cependant cet incident ne lui amena pas la richesse et quand, à vingt ans, il alla chercher fortune à Rome, il y entra à pied, un mince bagage sur l'épaule et le bâton à la main ; peu après, la maladie et la fièvre le clouèrent à l'hôpital. Il composa alors une cantate qui exprime admirablement son découragement et son chagrin.

Aussitôt guéri, il dut quitter la ville où il avait espéré trouver gloire et richesse, pour aller demander à l'air natal les forces qu'il avait perdues. Il retrouva à Naples un de ses anciens condisciples, qui avait suivi la carrière ecclésiastique ; celui ci le présenta au cardinal Brancacci dont la protection permit au peintre de sortir enfin de sa triste situation. Ses succès étaient assurés dès ce moment, et ne furent interrompus que par une vieillesse prématurée. Sa vue baissa, ses facultés morales s'affaiblirent, et il mourut en 1673 d'une hydropisie.

Parmi ses nombreuses œuvres, Paris possède quelques toiles : Raphaël et Tobie, une bataille, un paysage, etc.

∴

L'Art ne florissait pas seulement en Italie; après ce pays c'est en Hollande que la Renaissance s'est manifestée avec le plus d'éclat, et Rembrandt est le plus grand nom de cette époque. L'auteur de tant de chefs-d'œuvre immortels, le peintre de la *Leçon d'anatomie*, qu'il fit à vingt-quatre ans, de la *Ronde de nuit*, des *Deux Philosophes*, qui se trouvent au Louvre, des *Pèlerins d'Emmaüs*, etc., après avoir fait des œuvres de valeur inestimable, devait connaître la pauvreté, et finir dans la misère.

Il naquit à Leyde en 1608 dans un moulin à drêche dont son père possédait la moitié, il était le sixième de sept enfants. Ses parents le destinaient à la jurisprudence, mais sa vocation artistique fut plus forte et il entra dans l'atelier d'un peintre. Son premier tableau fut vendu 100 florins. Sa joie fut telle de ce début que, venu à pied à Amsterdam, il prit la voiture de poste pour annoncer plus tôt la bonne nouvelle à ses parents. La voiture s'étant arrêtée à Deil, tous les voyageurs descendirent pour dîner, à l'exception toutefois de Rembrandt, bien trop impatient et trop heureux pour avoir de l'appétit. Mais les chevaux qu'on avait négligé d'attacher se remirent en route d'eux-mêmes et ne s'arrêtèrent qu'à Leyde avec leur unique voyageur.

Pendant fort longtemps, Rembrandt, suivant la version d'un de ses compatriotes qu'on pouvait croire bien informé, a eu une réputation d'avarice sordide; il vivait, croyait-on, au milieu de monceaux d'or, se nourrissant de harengs secs; ses élèves, pour se moquer de sa rapacité, peignaient sur le plancher des pièces d'or que le vieil avare s'acharnait à vouloir ramasser, et il finit de la sorte dans une misère volontaire, laissant à son fils des richesses considérables. On a découvert depuis que ce récit était absolument faux et qu'il fallait n'y voir qu'une fable arrangée à plaisir. C'est tout le contraire qui est la vérité, car si Rembrandt mourut dans une profonde misère, ne laissant même pas de quoi payer ses funérailles, c'est par sa prodigalité, ou plutôt par son amour excessif de ce qui est beau et artistique, qu'il en était arrivé à cette triste situation. Il mérite dès lors d'être excusé, car si sa passion lui fut funeste, du moins elle était noble et généreuse. Il s'était formé une admirable galerie, et l'inventaire qui en est resté montre quels trésors d'art il avait acquis; en outre des tableaux de maîtres, c'étaient des marbres antiques, des armes rares, des costumes précieux. Il espérait acquitter ses dettes à force de labeur, mais il succomba dans la lutte contre ses créanciers et il dut déposer son bilan. Ses splendides collections furent vendues à l'encan et produisirent une somme dérisoire. Rembrandt ne se découragea pas cependant, et malgré la douleur qu'il avait éprouvée à voir se disperser tout ce qu'il avait rassemblé au prix de tant de peines, se remit au travail. Son génie n'en fut pas diminué, et les œuvres qui sortirent de son galetas sont parmi les plus belles qu'il a laissées : les *Portraits des syndics de la Corporation des drapiers*, qui figurent au musée d'Amsterdam, sont mis au même rang que la *Leçon d'anatomie* ou la *Ronde de nuit*. Il ne put arriver cependant même à l'aisance et quand il mourut, il dut être inhumé aux frais de la charité publique : ses funérailles coûtèrent 15 florins!

L'œuvre qu'il a laissée est immense; on connaît de lui 376 tableaux; quant à ses eaux-fortes, elles sont innombrables. Il a fait de nombreux portraits de lui-même; s'ils n'ont entre eux qu'une ressemblance de famille, cela tient à ce que le peintre cherchait en ses propres traits les expressions de physionomie, les sentiments divers qu'on ne trouve habituellement que sur des visages différents; il n'eut qu'un modèle, lui-même, mais qui lui servit à exprimer les nuances les plus délicates de la pensée qui puissent se réfléter sur un visage. D'après la plupart de ses portraits, Rembrandt avait un caractère sérieux, rêveur et mélancolique et la gaîté était plutôt une expression de « modèle » que son sentiment habituel. La caractéristique de sa manière est un violent contraste d'ombre et de lumière, dont il a su tirer des effets merveilleux. Il est vraiment le chef de la réaction contre l'école italienne, réaction entreprise au nom de la nature contre la pompe des compositions, la noblesse théâtrale des attitudes et la sobriété froide de la couleur.

*
**

La France n'est pas la dernière parmi les nations qui ont contribué à la gloire de la Renaissance; ici aussi, les artistes qui illustrèrent cette époque ne furent pas toujours épargnés par les épreuves.

Nicolas Poussin, le chef de notre ancienne école, né aux Andelys en 1594, eut des débuts amers.

Deux fois il entreprit le voyage de Rome et deux fois la pauvreté l'arrêta en route. Quand il réussit, grâce à l'amitié d'un personnage italien, à atteindre cette ville, la mort de son protecteur le laissa de nouveau dans le dénûment, et ce n'est qu'à force de travail et de volonté qu'il arriva à la réputation.

Le Brun qui le suivit, après des années de faveur à la cour de Louis XIV, persécuté par Louvois à la mort de Colbert, mourut de chagrin en 1690. Il avait noblement usé de son influence sur le Roi pour le décider à fonder l'école française à Rome en faveur des élèves qui obtiendraient chaque année le premier prix de peinture ou de sculpture.

Le Sueur, né à Paris en 1617, a été surnommé le Raphaël français.

Il suivit les cours du Poussin en même temps que Le Brun, qui fut ensuite son rival et dont la jalousie contribua beaucoup à abréger ses jours. Son pinceau avait une sensibilité exquise, et la poésie la plus mélancolique semble inspirer ses œuvres. Il fut le peintre de l'âme plutôt que de la matière.

Un événement malheureux le força à se retirer dans un cloître : s'étant battu en duel avec un gentilhomme, il avait tué son adversaire; l'événement fut exploité par les envieux de son talent et il dut se retirer dans un couvent pendant longtemps. Plus tard, à la mort de sa femme, découragé et désespéré, il vint finir ses jours chez les Chartreux.

Il avait à peine trente-huit ans quand il mourut. Il fut enterré dans l'église Saint-Etienne-du-Mont.

Un siècle après, le célèbre peintre David naissait à Paris, en 1748. Son père ayant été tué en duel, ce fut un oncle, nommé Buron, qui se chargea de son éducation. Il le fit entrer au collège des Quatre-Nations, et, ses études terminées, résolut de le diriger vers l'architecture qui était sa propre profession, mais David donna des preuves si évidentes de sa vocation pour la peinture que Buron comprit qu'il n'y avait pas à s'y opposer. Seule, sa mère ne partageait pas ses idées et hésitait à laisser entrer son fils dans cette voie, mais un fait la décida. Un jour que David avait reçu mission de remettre une lettre à Boucher, premier peintre du Roi, il avait remarqué une ébauche commencée par cet artiste et en avait paru si frappé que Boucher l'interrogea. Convaincu par cette conversation de la profonde vocation de son jeune interlocuteur, il intercéda auprès de Mme David qui ne refusa plus son consentement. David entra dans l'atelier de Boucher, et à vingt-cinq ans remporta le prix de Rome.

Ses œuvres lui acquirent vite de la réputation; en Italie surtout, il soulevait un enthousiasme indescriptible; la jeunesse romaine jonchait de verdure les approches de sa demeure, et le proclamait le régénérateur de l'art.

Survint la Révolution. David eut le tort de s'occuper de politique; il crut que sachant peindre Brutus, il pouvait aussi bien jouer le rôle de ce farouche Romain. La vie politique était alors pleine de périls, de quelque parti que l'on fût, et David fut jeté en prison à deux reprises; quand il réussit à en sortir, il s'empressa de regagner l'atelier qu'il n'aurait jamais dû quitter et se souvint un peu tard que l'Art n'appartient pas à un parti politique.

Sous l'Empire, il continua à jouir d'une grande faveur. Napoléon le nomma son premier peintre et lui commanda quatre grands tableaux pour décorer la salle du trône aux Tuileries : le *Couronnement*, la *Distribution des aigles*, le *Sacre à Notre-Dame* et l'*Entrée à l'Hôtel de Ville*. Quand le premier de ces tableaux s'achevait, l'Empereur alla le voir accompagné d'une nombreuse suite, et levant son chapeau devant lui, lui dit : « David, je vous salue. »

Mais au retour des Bourbons, le peintre supporta la peine de ses attaches officielles aux précédents régimes, il ne tarda pas à être banni. Il partit après avoir, de sa main, coupé son tableau du *Couronnement* en trois parties, pour le soustraire aux vengeances politiques. Il termina ses jours en exil, à Bruxelles, mais, quoique exilé, il ne voulut jamais accepter les offres qu'on lui fit de l'étranger. Le roi de Prusse essaya en vain de l'attirer à Berlin; hors de France, il resta Français. Il mourut neuf ans après, en 1825.

La liste de ses œuvres est considérable; la plupart interprètent des sujets classiques. On peut en voir un grand nombre dans nos Musées, mais par suite des vicissitudes politiques, c'est à Berlin que se trouve celui qui représente Napoléon franchissant les Alpes à cheval.

∴

Parmi les peintres de l'école espagnole, Goya est l'un des plus connus et des plus malheureux si l'on considère sa fin. Il naquit dans l'Aragon en 1746. Après une existence remplie des aventures les plus extraordinaires, il fut frappé de terribles infirmités, d'abord de la surdité, puis, mal plus horrible encore pour un peintre, de la cécité.

Son père était cultivateur, mais cette profession ne pouvait convenir à un caractère artistique et exalté comme celui du peintre. Sa jeunesse fut des plus bruyantes. Il fut le héros de mille aventures, de duels, de querelles à coups de couteau. Impliqué dans une affaire où trois hommes avaient été tués, il se réfugia à Madrid où on le retrouva une nuit, inanimé, percé d'un coup de navaja. Il guérit et, pour échapper à la police, s'engagea dans une quadrilla de toreros et figura avec éclat dans de nombreuses courses de taureaux. Cependant son talent de peintre lui acquérait une grande réputation et d'illustres amitiés; il se lia avec tous les grands seigneurs sans négliger ses amis plus humbles, les toreros, qu'il préférait à tous.

Il était aussi à l'aise dans les palais qu'il fréquentait que dans les tavernes où il était fort connu et très aimé.

Sa peinture est l'image exacte de sa vie : colorée, pittoresque, brutale quelquefois, montrant les sujets les plus divers, scènes de religion, tableaux d'histoire, caricatures, traits de mœurs empruntés à la populace, courses de taureaux, tout ce qui caractérisait l'Espagne à cette époque défile sous ses pinceaux. La guerre contre les Français lui fournit les sujets les plus émouvants et les plus terribles.

Sa manière de peindre même est bien conforme à son caractère; on dit qu'il délayait ses couleurs dans des baquets et qu'il les appliquait avec des balais, des éponges, des torchons, tout ce qui lui tombait sous la main. Lors de l'entrée des Français à Madrid, pendant que la population silencieuse regardait passer les conquérants, Goya avisa un mur blanc et à l'aide de son mouchoir trempé dans la boue y représenta une scène terrible : des Espagnols fusillés par des Français.

Ses œuvres ont un caractère de hardiesse, de grandeur, d'originalité, de violence qui ne peuvent laisser indifférent aucun spectateur.

Un sang impétueux circule en ses héros, et souvent coule de leurs blessures à larges flots. Les couleurs crues éclatent.

C'est tout le génie pittoresque et grandiose de l'Espagne qu'il a fixé sur ses toiles.

Il sentait comme il peignait, sans mesure. Un jour, le général Wellington dont il faisait le portrait sembla étonné à la fin de la première séance d'un genre de peinture qui n'est pas familier sur les bords de la Tamise et hasarda une légère critique. Le vieux maître, sans répondre, saisit une arme et faillit tuer l'imprudent qui n'eut que le temps de fuir. Goya dut quitter Madrid à la suite de ce mouvement de.... vivacité et se rendit à Bordeaux. La fin de sa vie fut cruellement tourmentée. Il devint sourd, puis il sentit sa vue baisser par degrés ; ce fut une douleur atroce. Il travailla cependant jusqu'au dernier moment, tant que ses yeux purent lui permettre de distinguer ses couleurs. Sa fougue ne l'avait pas abandonné, et ses derniers dessins montrent des combats de taureaux.

Il mourut à Bordeaux en 1828.

*
* *

Nous avons dit que l'Art peut s'appliquer à tout ; à côté des trois grandes œuvres : l'architecture, la sculpture et la peinture, il existe cent autres façons de faire de belles choses : la céramique, la tapisserie, l'orfèvrerie, le meuble, ont aussi prêté à l'Art des sujets remarquables.

Un nom domine l'art céramique, celui de Bernard Palissy, qui fut un inventeur autant qu'un artiste. C'est au prix d'efforts et de souffrances inouïs qu'il atteignit le but qui l'a rendu célèbre.

Bernard Palissy est, comme homme privé, aussi digne d'admiration que comme artiste.

A une époque troublée de guerres de religion, sa fermeté de caractère et sa droiture de cœur le font regarder comme un véritable héros. Arrêté et emprisonné à plusieurs reprises, puis relâché grâce aux puissants personnages qui admiraient et utilisaient son art, il fut jeté à la Bastille en 1588, et y mourut après deux ans de captivité, « naturellement », dit-on, laissant cette devise qui est comme l'écho des souffrances de sa vie : « Povreté empesche bons esprits de parvenir. »

Son caractère est tout entier dans la réponse qu'il fit à Henri III qui était allé le voir à la Bastille. « Il y a quarante-cinq ans, lui avait dit le Roi, que vous êtes au service de ma mère et au mien. Nous avons souffert que vous viviez en votre religion, mais aujourd'hui je suis tellement pressé par les Guises et par mon peuple que je suis contraint de vous laisser entre les mains de mes ennemis et que demain vous serez brûlé si vous ne vous convertissez. — Sire, lui répondit fièrement Palissy, vous m'avez dit que vous aviez pitié de moi, et c'est moi qui ai pitié de vous, de vous qui dites : « Je suis contraint »; ce n'est pas là le langage d'un roi, et ce que l'on peut sur vous, ni votre peuple, ni les Guises, ni vous-même ne le pourrez jamais sur moi, car je sais mourir. »

Il ne jouit même pas de sa gloire : inconnu de son temps, ce n'est que deux siècles après que le labeur incessant de sa vie porta enfin ses fruits. Nulle existence n'est plus remplie, ni plus noblement ; le cœur plein de la sainte passion de l'Art, il surmonta toutes les difficultés. Presque sans instruction, il s'appliqua d'abord à l'arpentage, au dessin, et à l'histoire naturelle. Il était arpenteur-géomètre à Saintes quand, en 1555, la vue d'une coupe de terre « tournée et émaillée » lui inspira le désir de faire des émaux.

Il ne cherchait d'abord que l'émail blanc, « parce que, dit-il, j'avais ouï dire que le blanc était le fondement de tous les autres émaux ». Lorsqu'il l'eut trouvé, il ressentit une telle joie qu'il crut être devenu nouvelle créature. Mais alors il voulut découvrir le secret des couleurs vives et brillantes que seule la ville de Faenza en Italie savait appliquer à ses poteries et pendant seize ans, sans ressources, en butte aux sarcasmes de sa femme, parmi les plaintes de ses enfants, obligé de brûler ses meubles mêmes pour continuer ses recherches, il lutta avec obstination n'ayant en vue que son idéal.

Il a raconté lui-même dans son *Art de Terre* les épreuves qu'il dut subir avant de réussir. Nous empruntons ce récit au beau livre de M. Eugène Müller :

« Le bois m'ayant failli, dit-il en un passage, je fus contraint de brûler les essapes (supports) qui soutenaient les treilles de mon jardin, lesquelles étant brûlées, je fus contraint de brûler les tables et planchers de la maison afin de faire fondre la féconde composition. J'étais en une telle angoisse que je ne savais dire, car j'étais tout tari et desséché à cause du labeur et de la chaleur du fourneau. Il y avait plus d'un mois que ma chemise n'avait séché sur moi; encore, pour me consoler on se moquait de moi, et même ceux qui me devaient secourir allaient crier par la ville que je faisais brûler le plancher; et par tel moyen l'on me faisait perdre mon crédit et m'estimait-on être fou. Les autres disaient que je cherchais à faire la fausse monnaie, qui était un mal qui me faisait sécher sur les pieds; et je m'en allais par les rues tout baissé, comme un homme honteux. J'étais endetté en plusieurs lieux, et j'avais ordinairement deux enfants aux nourrices. Ne pouvant payer leurs salaires, personne ne me secourait, mais au contraire ils se moquaient de moi en disant : « Il lui appartient bien de mourir de faim, parce qu'il délaisse son métier. »

« Pour abréger et gagner du temps, je pris un potier commun et lui donnai certains portraits (dessins) afin qu'il me fît des vaisseaux selon mon ordonnance; mais c'était une chose pitoyable, car j'étais contraint de nourrir ledit potier en une taverne à crédit parce que je n'avais nul moyen en ma maison. Quand nous eûmes travaillé l'espace de six mois et qu'il fallait cuire la besogne faite, il fallait faire un fourneau et donner congé au potier, auquel, par faute d'argent, je fus contraint de donner de mes vêtements pour son salaire. Or, comme je n'avais pas d'étoffes (matériaux) pour ériger mon fourneau, je me pris à défaire celui que j'avais fait à la mode des verriers, afin de me servir de la dépouille d'icelui. Or, parce que ledit four avait fort chauffé l'espace de six jours et six nuits, le mortier et la brique du four s'étaient liquéfiés et vitréfiés de telle sorte qu'en démaçonnant, j'eus les doigts coupés et incisés en tant d'endroits, que je fus contraint de manger mon potage ayant les doigts enveloppés de drapeau (linge). »

Plus loin il dit encore : « Je n'avais en ma maison que reproches; au lieu de me consoler, l'on me donnait des malédictions; mes voisins, qui avaient entendu cette affaire, disaient que je n'étais qu'un fou, et étaient toutes ces nouvelles jointes avec mes douleurs....

« .... J'ai été plusieurs années n'ayant rien de quoi faire couvrir mes fourneaux. J'étais toutes les nuits à la merci des pluies et vents, sans avoir aucun secours, aide ni consolation, sinon des chats-huants qui chantaient d'un côté et des chiens qui hurlaient de l'autre; parfois il se levait des vents et tempêtes, qui soufflaient de telle sorte le dessus et le dessous de mes fourneaux, que j'étais contraint de quitter là tout, avec perte de mon labeur; et me suis trouvé plusieurs fois qu'ayant tout quitté, n'ayant rien de sec sur moi, à cause des pluies qui étaient tombées, je m'en allais coucher à la minuit ou au point du jour, accoutré de telle sorte comme un homme que l'on aurait traîné par tous les bourbiers de la ville et en m'en allant ainsi retirer, j'allais bricollant (chancelant) sans chandelle, en tombant d'un côté et d'autre, comme un homme ivre de vin, rempli de grandes tristesses : d'autant qu'après avoir longuement travaillé, je voyais mon labeur perdu. Or, en me retirant ainsi souillé et trempé, je trouvais en ma chambre une seconde persécution pire que la première, qui me fait à présent émerveiller que je ne suis consumé de tristesse. »

C'est en 1562 qu'il fut gratifié du titre d'inventeur des « rustiques figulines » du Roi. On peut voir de ces rustiques figulines aux musées du Louvre et de Sèvres, mais il n'existe de lui qu'une seule pièce signée, et qui se trouve à Sèvres.

Employé à embellir plusieurs châteaux, c'est surtout au château d'Ecouen qu'il fit des chefs-d'œuvre. Il n'en reste malheureusement en place qu'un pavé en faïence.

Ce n'est pas seulement en art céramique que se distingua Bernard Palissy; ses facultés merveilleuses le portèrent aussi vers la physique et l'histoire naturelle. Il professa même un cours de ces sciences pendant neuf ans.

Et, le premier en France, il abandonna le système traditionnel qui faisait enseigner les explications des philosophes pour ne s'appuyer que sur des faits positifs et des expériences rigoureuses. C'est à lui que l'on doit le premier cabinet d'histoire naturelle.

Il a laissé quelques ouvrages de grand intérêt; il emploie généralement la forme dialoguée et simule un entretien entre Théorique, c'est-à-dire l'homme qui parle d'après les anciens livres et qui accepte la tradition sans contrôle, et Pratique, qui, lui, ne suit que la méthode expérimentale.

*
* *

Les Muses sont sœurs, disaient les Anciens; les Arts sont frères, disons-nous moins gracieusement, et les principaux, la poésie, la peinture et la musique sont les trois cordes d'une même lyre. Ce dernier art, s'il pouvait y avoir des comparaisons entre les différents arts, serait peut-être le plus sublime; la musique est la voix de l'âme, et chez personne plus que les musiciens n'éclate la magnificence de l'inspiration divine.

Beethoven, l'un des plus grands musiciens de l'Allemagne qui a produit tant

BEETHOVEN.

de compositeurs de génie, offre l'exemple d'une vie tourmentée et malheureuse, malgré la gloire qu'il acquit tôt. En effet, au moment même où son génie brillait de tout son éclat, à l'époque où son inspiration intarissable produisait de nombreux chefs-d'œuvre, la plus terrible infirmité qui puisse frapper un musicien, vint ruiner sa prospérité. Il devint sourd! Dès lors sa vie fut comme empoisonnée et son désespoir lui fit penser au suicide. Les extraits de son testament qu'on lira ci-dessous montrent quelles furent ses souffrances et ses angoisses.

Il était né à Bonn en 1770, et, chose singulière, au contraire de Mozart qui avait manifesté dès sa naissance, pourrait-on dire, son goût musical et qui jouait du violon à quatre ans, Beethoven montra d'abord une vive répugnance pour la musique. Peut-être faut-il attribuer cette répugnance à la brutalité que l'on mettait à le forcer à l'étude de cet art. Son père, souvent ivre, avait la main lourde, et l'enfant se révoltait contre les mauvais traitements. On raconte que, lorsqu'il étudiait, une araignée avait l'habitude de descendre du plafond, suspendue à son fil, comme pour l'écouter; un jour son père écrasa l'insecte. L'enfant, furieux, se leva et de colère brisa son violon.

Mais bientôt heureusement confié à un professeur qui le traitait avec douceur, Beethoven revint sur sa prévention; il prit goût à la musique, et dans le cours de sa vie, il trouva en elle plus qu'une consolation; elle fut l'interprète la plus parfaite de ses sentiments les plus intimes. Ce qu'il ne pouvait dire, il l'exprimait par son clavecin, et l'instrument, plus éloquent que la parole, rendait les impressions les plus passionnées et les plus délicates sous les doigts du musicien. C'est par la musique qu'il parlait à ses amis; c'est en flots d'harmonie que s'épandait le trésor d'art, d'amour et de noblesse qu'il portait en son cœur. Eloquence divine! Qui rendra jamais mieux que la musique les mille sentiments qui agitent l'âme humaine et dont certaines nuances échappent à l'art de la parole?

Un jour, une dame pour laquelle Beethoven avait une profonde amitié, perdit son fils. Ce fut pour la malheureuse mère un désespoir horrible. Le musicien se rendit chez elle, et se sentant impuissant à exprimer toute la part qu'il prenait à son deuil, lui prit la main, la mit sur son cœur en lui disant : « Je ne puis vous exprimer ce que je sens là, mais le clavecin va parler pour moi », et saisissant son instrument il composa une improvisation si émouvante que la pauvre mère éclata en sanglots, et, se levant, il s'en alla sans dire un mot. Nous ne pouvons résister au plaisir de citer à ce sujet les beaux vers de M. Eugène Manuel : on ne peut mieux faire le récit de cette scène où Beethoven fit passer dans sa musique les visions d'une vie entière... et d'une mort qui n'est qu'un réveil :

C'est d'abord un prélude indécis et flottant,
Une lueur qui sort de la nuit ténébreuse,
Une aurore de sons, légère et vaporeuse,
Dans les tonalités limpides du bonheur.
Etait-ce en ut, en sol, en majeur, en mineur!
Qu'importe! Les accords disaient l'aube croissante,
Et la clarté vermeille et toujours grandissante
Où semblaient se jouer, avec le demi-jour,
Les ondulations du rêve et de l'amour :
. . . .
Car c'était un enfant qui naissait, un doux ange!
Caresses, jeux charmants, sourire protecteur,
Ineffable tableau de vierge en son enfance,
Soins maternels, sommeil que l'on berce, défense
Inquiète, réveil innocent près du sein.
. . . .
Tout revit aux accents émus du clavecin!
Maintenant l'harmonie éclatante a jailli :
L'enfant s'est transformée en chaste jeune fille,
C'est la grâce qui naît, c'est la beauté qui brille.
Pour fêter ce printemps en fleur, cet avenir,
Tous les gazouillements d'oiseaux semblent s'unir ;
Et sous les trilles d'or, l'espérance hardie
S'envole en une large et franche mélodie
Qui promet le bonheur et triomphe en chantant ;
Le son devient lumière! et la mère écoutant
Sourit presque. — Et pourtant, monotone et tenace
Un accord redoublé, sourd et plein de menace,
Toujours plus effaré, toujours plus douloureux,
Comme une obsession trouble ces chants heureux
Et prolonge sa note étrange et solitaire....
Et tout à coup la voix de l'instrument s'altère
Et s'assombrit ; le ciel radieux s'est voilé ;
Dans un adagio plaintif et désolé
La nature gémit et souffre ; l'âme entière
Se révolte au brutal assaut de la matière,
A cette volonté qu'on ne peut attendrir,
A cette voix d'enfant qui ne veut pas mourir !
Pour rendre en ces horreurs la force dissolvante,
Le clavier tourmenté n'est qu'une mer mouvante
Où roulent tour à tour les vagues s'obstinant.
Quel concert irrité, lugubre, dissonant
En modulations stridentes et sauvages,
Semble apporter l'écho d'invisibles rivages!
Les gammes en fureur amoncellent leurs flots!
Ah! pauvre, pauvre mère, entends-tu tes sanglots,
Tes cris désespérés et tes mourantes plaintes?...
On croirait que les sons vont rendre les étreintes
Du mal, et que le rythme enfiévré veut lutter
Et qu'un orchestre entier s'apprête à résister!

Le songeur, absorbé dans son rêve, s'oublie :
La phrase musicale ou s'emporte ou supplie,
Ou s'enfonce, éperdue, aux horizons lointains;
Et la fugue s'acharne aux secrets des destins!
Dans cette chambre en deuil, l'impétueux génie
Epuise, sans compter, ses trésors d'harmonie;
Et, tandis que pâlit et s'use le flambeau,
Avec un glas final il scelle le tombeau.
Adieu!... Le vide est fait; adieu!... l'âme est partie!
Son grand front s'est penché, sa main s'est ralentie :
Une note, — un silence; une note, — la mort.
. . . .
Mais, soudain, dans la nuit cette note qui dort
Se réveille, et du fond de cet obscur silence,
Ainsi qu'un blanc rayon du matin qui s'élance,
Et rend à l'univers ébloui sa clarté,
Un chant s'élève, un chant d'une suavité
Que ne connut jamais une oreille mortelle.
Qui donc parlait d'adieu? La mort, où donc est-elle?...
Ah! réveil lumineux et tendre! chant divin
D'allégresse, où l'espoir s'épanouit enfin!
La gamme affirme et croit; le son prouve et console.
C'est le calme, et la paix, et la grande parole,
Et le concert sacré qui ravit les élus.
Femme, ne maudis plus! Mère, ne pleure plus!
Ce que la tombe enferme est néant et poussière :
Entends-tu l'âme fuir de sa larve grossière?....
Sous ses doigts enflammés entr'ouvrant le ciel bleu,
Le sublime inspiré la conduit jusqu'à Dieu!

Admirable exemple d'une âme pensant en musique, si l'on peut s'exprimer ainsi, et donnant une âme à l'instrument entre les mains de l'homme, comme l'homme est un instrument entre les mains de Dieu! L'improvisation fut toujours le côté le plus merveilleux du génie de Beethoven. Comme il jouait un jour devant Mozart, celui-ci, convaincu que l'artiste répétait un morceau longtemps étudié, le laissa finir, puis, pour le confondre, lui présenta une étude extrêmement difficile. Beethoven s'en tira avec tant de talent que Mozart, vivement impressionné, dit aux assistants : « Remarquez bien ce jeune homme, il sera illustre un jour. »

A cette époque, il y avait dans certains salons, des sortes de joutes musicales où des rivaux se disputaient ardemment la palme. Beethoven y conquit le premier rang, au point que le musicien Stechelt, qui lui avait été inférieur, s'abstint de paraître désormais dans les assemblées où il pensait rencontrer son heureux rival, tel Voltaire évitant les réunions où se trouvait Piron.

Beethoven se rendit ensuite à Vienne, où après avoir pris quelques leçons du célèbre Haydn, il eut la chance de trouver des protecteurs puissants. Il put donc se livrer en sécurité à l'étude passionnée de son art; de cette époque datent des quatuors, des trios, des symphonies, et surtout la fameuse *Symphonie héroïque*. On connaît l'histoire de cette symphonie. Elle avait d'abord été composée en l'honneur du général Bonaparte, que le musicien admirait fort et qu'il félicitait d'avoir mis un terme à l'anarchie et réorganisé l'ordre; mais quand Bonaparte fut devenu empereur, Beethoven en ressentit une grande déception; la monarchie lui faisait peur. Il mit en pièces sa symphonie et plusieurs années se passèrent sans qu'il en fît la moindre mention. Ce n'est que beaucoup plus tard qu'on le décida à l'écrire de nouveau; il composa alors, à la place de la marche triomphale, une marche funèbre, et pour pleurer ses illusions perdues, il écrivit comme devise : « Pour rappeler le souvenir d'un grand homme. »

Mais à ce moment, qu'on peut considérer comme le plus fécond de son existence, des symptômes de surdité se manifestèrent chez lui, et comme un poison qui s'infiltre malgré toutes les ressources de la médecine, l'infirmité ne tarda pas à être complète.

« Je puis vous dire que je passe ma vie assez tristement, écrivait-il à un ami; je vais peu dans le monde parce qu'il m'est impossible de dire aux hommes : « Je suis sourd ! » Si je m'occupais d'un autre art que la musique, cela irait encore, mais, dans le mien, c'est une terrible situation. » Cette phrase renferme toute la douleur de Beethoven. C'est à cette cause qu'il faut aussi attribuer sa misanthropie et sa rudesse de caractère. Le testament qu'il a laissé montre quel martyre fut dès lors sa vie. Il l'écrivit à un moment où il espérait voir terminer bientôt un supplice qui dura encore vingt ans. Certains passages en sont terribles.

« O hommes, dit-il, qui me croyez haineux et misanthrope, combien vous vous trompez ! Vous ignorez les raisons qui font que je parais ainsi. Songez que, depuis six années, je souffre d'un mal terrible qu'aggravent d'ignorants médecins; que, bercé d'année en année par l'espoir d'une amélioration, j'en suis venu à la perspective d'être sans cesse sous l'influence d'un mal dont la guérison sera peut-être impossible. Pensez que, né avec un tempérament ardent, impétueux, capable de sentir tous les agréments de la société, j'ai été obligé de m'en séparer de bonne heure et de mener une vie solitaire. Si quelquefois je voulais oublier mon infirmité, oh ! combien j'en étais puni par la douloureuse épreuve de ma difficulté d'entendre. Et cependant il m'était impossible de dire aux hommes : « Parlez plus haut, criez, je suis sourd ! » Comment me résoudre à avouer la faiblesse d'un sens qui aurait dû être chez moi plus complet que chez tout autre, d'un sens que j'ai possédé dans l'état de perfection, et d'une perfection rare chez les hommes de mon art! Non, je ne le puis. Pardonnez-moi donc si vous me voyez me retirer en arrière quand je voudrais me mêler parmi vous; mon malheur m'est d'autant plus pénible qu'il fait que l'on me méconnaît... Semblable à un banni, toutes les fois que je m'approche du monde, une affreuse inquiétude s'empare de moi... Pourtant quand je m'y laissais entraîner, de quel chagrin j'étais saisi quand quelqu'un se trouvant à côté de moi entendait de loin une flûte et que je n'entendais rien! quand il entendait chanter un pâtre et que je n'entendais rien! J'en ressentais un désespoir si violent que peu s'en fallait que je ne misse fin à ma vie! *L'art seul m'a retenu*; il me semblait impossible de quitter le monde *avant d'avoir produit tout ce que je sentais devoir produire*... Patience! c'est le nom du guide que je dois prendre et que j'ai déjà pris; j'espère que ma résolution durera jusqu'à ce qu'il plaise aux Parques de trancher le fil de ma misérable existence! »

Il se retira dans la solitude de plus en plus depuis lors, fuyant ses admirateurs, craignant la société, changeant à chaque instant de logement pour dépister ses amis. La gloire n'était pas la fortune; on est surpris aujourd'hui quand on voit quels prix dérisoires obtenait la musique à cette époque. En outre, Beethoven était absolument livré à la rapacité de ses deux frères.

Installés chez lui, ils s'étaient chargés de vendre les productions de son génie. Les lettres qu'ils écrivaient à ce sujet aux éditeurs de musique sont vraiment curieuses; il semble qu'ils débattent le prix de denrées coloniales. Quand on démontrait à Beethoven qu'il était odieusement exploité par les siens : « Que voulez-vous, disait-il en pleurant, ce sont mes frères! » et il leur pardonnait. Les paroles qu'il leur adresse en son testament sont touchantes, et l'on est ému à la lecture de certaines phrases quand on sait combien ces frères étaient indignes d'affection : « En même temps, dit-il, je vous déclare, mes deux frères, héritiers de ma petite fortune, si on peut l'appeler ainsi. Partagez-la loyalement, soyez d'accord aidez-vous mutuellement. *Tout ce que vous avez fait contre moi vous a été depuis longtemps pardonné, vous le savez*... Je souhaite que votre vie soit meilleure et plus libre de soucis que la mienne. Recommandez la vertu à vos enfants; elle seule peut rendre heureux et non l'argent. Je vous parle par expérience; c'est la vertu qui soutient dans le malheur et si je n'ai pas fini ma vie par un suicide, je le dois à vous ainsi qu'à mon art; je remercie tous mes bons amis, principalement le prince Lichnowski. Je désire que les instruments du prince soient conservés chez un de vous. Si cependant vous avez besoin d'argent pour quelque chose de plus nécessaire, *je vous permets de vendre ces violons* et je serai heureux de vous être utile de mon tombeau. »

Jérôme Napoléon, roi de Westphalie, voulut se l'attacher comme maître de chapelle ; mais à cette nouvelle, la ville de Vienne s'émut, comprenant quelle perte elle allait faire si Beethoven portait à l'étranger le prestige de son talent, et de hauts personnages se réunirent pour lui constituer une pension de 4 000 florins. La seule condition qui lui était imposée était de ne pas quitter le sol de l'Autriche. La somme était considérable, malheureusement la dépréciation du papier-monnaie la réduisit au tiers seulement de sa valeur nominale, et la pauvreté enserra de nouveau le musicien. Sur la fin de sa vie il écrivait à un de ses élèves : « Cette sonate a été composée dans de bien tristes circonstances, car il est dur d'être obligé d'écrire pour avoir du pain. C'est là que j'en suis réduit. »

Des chagrins d'amour-propre vinrent encore augmenter ses souffrances : sa popularité allait l'abandonner. Une troupe italienne était venue à Vienne, Rossini la dirigeait ; les étrangers recueillirent un succès énorme, le nom du compositeur italien était dans toutes les bouches, et Beethoven sentait bien que la gloire du nouveau venu s'élevait au détriment de la sienne. Aussi quand Rossini se présenta chez lui pour lui offrir le tribut de son admiration, Beethoven, dans un mouvement irrésistible d'humeur, refusa de le recevoir.

Sa mort fut encore attristée par des chagrins de famille ; il avait un neveu, dont la conduite scandaleuse le fit expulser de Vienne. A la nouvelle de cette condamnation, le compositeur, qui depuis longtemps s'était retiré dans le village de Baden, près de Vienne, s'empressa d'aller à la ville pour essayer de faire entrer son neveu dans un régiment. Il prit froid pendant le voyage et tomba malade.

Le mal fit des progrès rapides et bientôt Beethoven sentit que sa fin approchait. Le musicien Hummel, avec qui il était fâché depuis longtemps au sujet d'une messe en musique, accourut dès qu'il sut la maladie de Beethoven ; la réconciliation se fit, et les deux amis s'embrassèrent en pleurant. Cependant la mort arrivait à grands pas, et Beethoven, après une longue agonie de quarante-huit heures, rendit le dernier soupir. Il avait cinquante-six ans.

On lui fit de splendides funérailles ; le *Requiem* de Mozart fut chanté à la messe mortuaire, et le corps fut transporté au cimetière de Wahring, où sa tombe est encore surmontée d'une pyramide qui porte ce seul mot : Beethoven. L'histoire rapporte que le jour où il mourut, une tempête effroyable se déchaîna sur Vienne et dévasta la ville, comme si la nature prenait part au deuil qui frappait les hommes.

On cite souvent un récit différent des circonstances qui provoquèrent et accompagnèrent cette mort; la fantaisie en semble considérable, mais la légende est si touchante, elle répond si bien à l'idée que l'on se fait du musicien d'après ses œuvres, que nous ne voulons pas la passer sous silence, déplorant seulement, au nom de la poésie et de l'art, qu'elle n'ait pas toute l'authenticité qu'elle mérite. D'après cette version, Dieu aurait voulu réparer les souffrances d'une longue vie en dissimulant ce que la mort a d'affreux sous l'émotion écrasante d'une dernière joie.

Retiré à Baden, Beethoven vivait, dans la solitude, d'une petite pension à peine suffisante. Son seul plaisir était de marcher dans la forêt; et malgré son infirmité, à voir les arbres doucement secoués par le vent, à regarder les oiseaux volant de branche en branche, il entendait par l'âme la chanson éternelle de la Nature, et, loin des hommes, vivait en communion plus intime avec Celui dont la voix est aussi éclatante pour les infirmes. Il semblait tout à fait détaché de la terre, quand une pénible nouvelle le ramena à la réalité; son neveu était impliqué à Vienne dans une fâcheuse affaire, dont seule pouvait le tirer la présence du musicien.

Le temps pressait. Beethoven partit à pied, pour ménager l'argent. Mais la nuit survint, et le voyageur, éloigné encore de plusieurs lieues de Vienne, entra dans une pauvre auberge qu'il trouva sur sa route et prit part au souper de son hôte. Le repas fini, le maître du logis ouvrit un vieux clavecin, ses trois fils décrochèrent de la muraille leurs instruments, pendant que la mère et sa fille s'occupaient à des travaux de ménage. Le père donna l'accord, et tous quatre commencèrent avec cet ensemble et ce goût inné de la musique que l'on rencontre souvent chez les Allemands. Beethoven, assis au coin du feu, ne pouvait les entendre, mais la précision de leurs mouvements, l'émotion qu'exprimait leur visage lui faisaient comprendre qu'ils interprétaient admirablement une musique admirable. Quand ils eurent fini, ils se serrèrent la main avec effusion comme pour se communiquer l'impression de bonheur que cette musique leur avait produite. Des larmes coulaient sur les joues des femmes. Alors les jeunes gens reprirent leurs instruments et recommencèrent; une exaltation singulière brillait dans leurs yeux, leur poitrine se soulevait à mouvements pressés, et leurs doigts même semblaient agités d'une sorte de délire : « Mes amis, leur dit Beethoven, je suis bien malheureux de ne pouvoir prendre part au plaisir que vous éprouvez, car moi ausi j'aime la musique. Mais vous vous êtes aperçus que je suis sourd; aucun son ne peut retentir en mon oreille. Cependant, permettez-moi de lire la musique qui vous cause une telle émotion ». Il saisit la musique, y jeta les yeux, mais soudain, sa respiration s'arrête, ses yeux s'obscurcissent; puis il se met à pleurer et laisse tomber le cahier : c'était l'*Allegro* de la *Symphonie en la* qu'il avait composée!

Les paysans surpris et inquiets l'entourent et le questionnent par signes. Quand son émotion fut un peu calmée, il leur dit simplement : « Je suis Beethoven. » Alors, saisis d'une admiration intense, ces hommes se découvrirent et s'inclinèrent, comprenant que leur hôte était plus qu'un roi, et lui prenant les mains, ils les serraient et les embrassaient. Le compositeur ouvrit les bras et tous l'embrassèrent. Puis, se mettant au clavecin, il fit signe aux jeunes gens de reprendre leurs instruments et il joua lui-même ce chef-d'œuvre. Tous étaient transportés; jamais musique plus divine n'avait résonné à leurs oreilles et leur enthousiasme était indicible. Le chef de la famille voulut que Beethoven acceptât son lit; mais dans la nuit, le musicien, en proie à la fièvre que lui avait donnée cette scène, se leva et sortit dans la campagne, à peine vêtu; un orage faisait alors éclater sa splendeur sur les champs obscurs, la foudre déchirait les cieux de traits de feu, et Beethoven, immobile devant ce spectacle sublime, fut saisi de refroidissement. Il rentra, atteint du mal qui devait l'emporter; un médecin appelé de Vienne en toute hâte ne put conjurer le mal. Alors Hummel, son ancien ami, accourut pour lui apporter le secours de ses soins et de son argent.

Il était trop tard : Beethoven ne put que lui adresser un regard de reconnaissance. Cependant Hummel, saisissant le cornet acoustique qui se trouvait près du malade, lui dit combien il souffrait de le retrouver dans un état aussi pénible. Beethoven parut alors se ranimer, son regard s'éclaira, et il murmura faiblement : « N'est-ce pas, Hummel, que j'avais du talent? » Ce furent ses dernières paroles. Quelques instants après, il expirait.

Telle est la légende, plus gracieuse que l'histoire. Toujours est-il qu'on ne peut contester le goût profond qu'avait Beethoven pour la campagne; quand il était à Baden, il faisait de longues promenades, seul, comme perdu en ses méditations. Les habitants du village connaissaient et respectaient son amour de la solitude, évitaient de le troubler et s'écartaient de son chemin quand ils le voyaient venir. Le musicien s'inspirait alors de l'harmonie universelle: il comprenait le grand langage des champs et des bois, et jamais ce langage ne fut mieux traduit que par sa *Symphonie pastorale*. La grande voix des arbres, le murmure des ruisseaux, le chant des oiseaux, l'impression de calme bonheur et de recueillement pieux, tout cela chante en son œuvre. Les chants et les danses des villageois sont la seule note humaine de cette symphonie, et ajoutent le sentiment que seul l'homme peut éprouver et manifester, la reconnaissance à l'Auteur de tant de merveilles.

Beethoven a marqué un progrès considérable dans l'art musical; ses compositions d'une harmonie et d'une sonorité incomparables lui donnent le premier rang entre les musiciens.

*
* *

L'un des compositeurs dont le génie honore le plus la France, un de ceux qui ont créé une musique vraiment personnelle, Berlioz, eut à lutter dès sa jeunesse contre des obstacles de toutes sortes pour arriver enfin au triomphe.

Son père tout d'abord avait décidé que l'enfant serait médecin, et l'avait envoyé à Paris pour suivre les cours de l'École de médecine. Mais doué d'une imagination ardente, d'une sensibilité excessive, Berlioz n'eut pas la force de suivre une voie qui n'était pas la sienne, et déserta l'École de médecine pour le Conservatoire. Alors commença une lutte terrible entre sa famille et lui. Son père, au comble de l'indignation, le laissa absolument sans ressources, en regrettant de n'avoir pas de moyens plus rigoureux pour lui faire abandonner ses idées. Berlioz eut le courage de ne pas fléchir, mais connut des épreuves horribles.

Engagé d'abord comme choriste dans un théâtre aux appointements de 50 francs par mois, il put ensuite se procurer quelques leçons de solfège et de guitare qui lui permirent de ne pas mourir de faim. Plus tard, quand, ayant surmonté toutes ces difficultés, il eut obtenu un premier prix de composition musicale et eut composé des morceaux que l'on admire aujourd'hui, il se heurta à l'hostilité impitoyable de ses rivaux; le public, monté contre lui, le sifflait; les musiciens mêmes qui exécutaient ses œuvres, gagnés par ses ennemis, apportaient la plus mauvaise volonté à interpréter sa musique et déterminaient ses échecs. Une fois, Berlioz, ayant organisé un concert composé exclusivement de ses œuvres, vit les musiciens de l'orchestre se lever et partir en laissant la partition inachevée, sous prétexte que l'heure du départ fixée par le règlement avait sonné; le lendemain, on répandait le bruit que sa musique faisait fuir même les musiciens qui la jouaient. Une autre fois, dans l'exécution de *Benvenuto Cellini*, l'orchestre manifesta une malveillance tellement évidente que les auditeurs de bonne foi en furent indignés : ce qui n'empêcha pas l'ouvrage d'être sifflé et décrié.

Le grand artiste Paganini qui admirait Berlioz le soutenait cependant avec chaleur; c'est lui qui, ayant assisté à l'exécution d'*Harold*, se prosterna publiquement devant le musicien en s'écriant qu'il était l'égal de Beethoven. Le lendemain, Berlioz recevait de son admirateur une lettre renfermant une somme de 20 000 francs qu'on le priait d'accepter à titre d'hommage. On peut dire que dès lors ses épreuves étaient terminées et de nombreux triomphes remplirent le reste de sa vie. Parmi ses nombreuses compositions, il faut citer la sublime *Damnation de Faust*.

Berlioz a su exprimer d'une manière incomparable les sentiments les plus divers de l'âme, la joie, la mélancolie, l'ardeur guerrière et la terreur. Il faut ajouter que cette œuvre admirable fut odieusement sifflée la première fois qu'on la joua et que son auteur dut éviter de la faire exécuter pendant longtemps.

CHAPITRE IX

POÈTES ET ÉCRIVAINS

CHAPITRE IX

POÈTES ET ÉCRIVAINS

« Dieu dont l'arc est d'argent, dieu de Claros, écoute ;
O Sminthée Apollon, je périrai sans doute
Si tu ne sers de guide à cet aveugle errant. »
C'est ainsi qu'achevait l'aveugle en soupirant,
Et près des bois marchait, faible, et sur une pierre
S'asseyait. Trois pasteurs, enfants de cette terre,
Le suivaient, accourus aux abois turbulents
Des molosses, gardiens de leurs troupeaux bêlants.
Ils avaient, retenant leur fureur indiscrète,
Protégé du vieillard la faiblesse inquiète ;
Ils l'écoutaient de loin et, s'approchant de lui :
« Quel est ce vieillard blanc, aveugle et sans appui ?
Serait-ce un habitant de l'empire céleste ?
Ses traits sont grands et fiers ; de sa ceinture agreste
Pend une lyre informe ; et les sons de sa voix
Emeuvent l'air et l'onde, et le ciel et les bois. »

C'est ainsi qu'André Chénier peint un épisode de la vieillesse du grand Homère.

Dans la longue suite des poètes qui ont charmé la terre, un nom domine toute l'antiquité de la hauteur de son génie et de l'immensité de ses malheurs : Homère. Il est le premier de ces hommes dont l'âme renferme une étincelle du génie divin et qui parlent le langage humain avec des accents célestes. D'une voix magique, ils savent évoquer des images d'héroïsme ou de tendresse, de mort ou d'amour. Ils donnent une âme à la Nature, une vie aux choses inanimées; la terre respirant en strophes harmonieuses, rit avec ses ruisseaux, pousse de longs soupirs dans le souffle des bois, pleure dans ses brouillards, chante par ses oiseaux ; immobile elle dort sous son linceul glacé, ou s'éveillant sous le soleil qui la caresse, se pare de la blondeur de ses moissons comme d'une chevelure royale. La mer palpite et vit sous sa robe d'azur, tantôt, bordant d'argent la plage au sable d'or, étale indolemment son heureuse incurie, ou jetant jusqu'aux cieux son écume en furie, se révolte et bondit sous le vent qui la mord.

En d'autres chants, les poètes nous jettent dans l'horreur des combats; nous entendons le bruit des armes, les clameurs ardentes des guerriers, les chevaux se cabrent, les hommes s'élancent, et, sur tous, planent les ailes rouges de la Mort; mais soudain éclate en vers sonores une fanfare de victoire, et nos yeux s'emplissent d'une apothéose de triomphe. Ou bien, célébrant de plus doux sujets, ils nous découvrent les mille grâces cachées des champs et des bois.

Source de toutes les émotions pures ou nobles, la Poésie est la fleur de l'esprit humain; un poème a quelquefois suffi pour imprégner tout un siècle d'un parfum de grandeur ou de tendresse.

Souvenir d'une perfection antérieure ou prescience d'un état futur, elle est la plus belle manifestation de l'âme immortelle, et c'est le souffle de Dieu qui passe sur les lèvres des poètes. Ils vont, la lyre aux doigts et le cœur en extase, inspirés et souvent obligés de chercher dans le rêve un refuge contre les dures réalités. Car, l'esprit flottant haut au-dessus des nécessités terrestres, inhabiles aux combats de la vie matérielle, ne sachant cuirasser leur cœur d'indifférence ou d'égoïsme pour la lutte, plus vulnérables du reste et saignant à la moindre blessure, combien ont souffert de leur supériorité! Triste privilège souvent que le génie et de quelles douleurs sont faits les chefs-d'œuvre des poètes!

Homère, le premier en gloire, est aussi le premier en malheurs. L'histoire ne peut fournir de renseignements très exacts sur la vie du grand poète. On doit s'en rapporter à la tradition, et si l'on ne connaît d'une manière précise les détails de sa vie, on connaît du moins le récit qu'en ont fait ses descendants. D'après la version la plus répandue, Homère est né à Smyrne, vers l'an 900 avant notre ère. Orphelin, il fut recueilli tout enfant par un vieux maître d'école, Phemius, à qui il succéda plus tard dans ses humbles fonctions. Cependant, cédant aux sollicitations d'un patron de navire, Mentès, dont les récits de voyage piquaient sa curiosité, il quitta ses foyers. Il visita l'Égypte, l'Espagne, l'Italie, sa Grèce, observant les mœurs, retenant les légendes, les mythes propres à

HOMÈRE ET SON GUIDE. (Gérard.)

chaque pays, s'inspirant des beautés différentes des contrées, amassant en un mot les matériaux qui devaient lui servir à élever les deux monuments de son génie. Une maladie d'yeux l'arrêta à Ithaque; Mentès le confia aux soins d'un de ses amis, Mentor, dont le nom fut immortalisé par la reconnaissance du poète; mais bientôt la cécité étendit son voile funèbre sur le regard ardent d'Homère. C'est de cette infirmité que lui vient son nom qui signifie « aveugle » dans le dialecte de Cyme.

Il n'eut plus d'autres ressources que de rentrer à Smyrne; il rouvrit son école, mais son retour fut accueilli avec tant d'indifférence que le poète aveugle dut demander sa vie à la charité. Il partit, seul, un bâton à la main, au hasard des routes et des villes, chantant des fragments de son poème et payant ainsi le pain et l'hospitalité qu'on lui offrait. Il demanda asile à la ville de Cyme, qui était la patrie de sa mère; le sénat examinait sa requête, quand un marchand s'écria avec un gros rire que si l'on admettait ce mendiant, la cité serait bientôt envahie par tous les loqueteux de l'Ionie. L'aveugle, repoussé, quitta la ville ingrate, la maudissant et demandant aux dieux de ne jamais lui permettre d'enfanter de poète. Il reprit sa marche errante, s'embarqua de nouveau et visita le pays des Phocéens; mais au retour, ne pouvant payer son passage, les matelots dédaignèrent ses chants et le déposèrent sur le rivage de l'île de Chio, où d'énormes molosses vinrent aboyer à ses haillons. C'est l'épisode auquel André Chénier a donné la magie de ses vers. Homère cependant, recueilli par les pasteurs accourus aux aboiements de leurs chiens, fut vite connu dans l'île où ses chants excitèrent l'admiration. Il profita de la large hospitalité qu'il y trouva pour terminer l'*Odyssée*.

Ses bienfaiteurs ne sont pas oubliés dans son œuvre; Phemius, son père adoptif, Mentès, le bon pilote, Cychius, le tanneur qui l'avait secouru jadis à Néotichos, revivent dans le poème d'Homère et l'immortalité est le prix de leur charité. Le berger Eumée symbolise la bienveillance des pasteurs dont la cabane s'est souvent ouverte à sa détresse.

Homère quitta pourtant ce séjour heureux; il voulait visiter la Grèce avant de mourir. La nuit était en ses yeux, mais il aimait entendre un compagnon lui décrire l'aspect des villes, des campagnes, des habitants, et l'aveugle comparait avec les souvenirs restés lumineux en son cœur.

Au delà de Samos, on croit qu'il sentit subitement ses forces lui manquer et la mort s'approcher; il se fit débarquer sur le rivage. C'était le soir; le soleil descendait doucement vers la mer apaisée, et, sous ce climat enchanteur, une immense sérénité semblait tomber sur le monde. Le vieil aveugle, étendu sur le sable, se fit tourner du côté du couchant, et, dans le murmure doux des vagues qui venaient mourir à ses pieds, caressé par les tièdes rayons de l'astre qu'il ne pouvait plus voir, il expira dans la grande paix du crépuscule.

L'œuvre d'Homère est trop importante au point de vue non seulement poétique, mais aussi moral et social, car elle donne les plus précieuses indications sur les mœurs de cette époque obscure, pour que nous ne soyons obligés d'en parler.

Le sujet de l'*Iliade* est un épisode de la guerre de Troie ; Achille, dont l'orgueil a été blessé dans le partage du butin, refuse de combattre désormais et se retire dans sa tente. Mais Homère, développant cet épisode, raconte toutes les circonstances de la guerre. Les Grecs sont venus mettre le siège devant Troie ou « Ilion », comme l'appelle Homère, pour venger l'insulte faite à un de leurs rois, Agamemnon, et depuis neuf ans n'ont pu s'emparer de la ville. Achille, résolu à les priver de sa valeur, ne sort de sa tente que pour venger la mort de Patrocle, son ami, tué par Hector, fils du roi troyen Priam. Après un combat singulier, dont Homère décrit longuement toutes les péripéties, Hector est tué par Achille. Celui-ci, dans sa colère terrible, traîne le cadavre de son ennemi autour des murailles de la ville, et veut le jeter aux chiens ; mais le vieux Priam supplie qu'on lui rende le corps de son fils et réussit par ses larmes à émouvoir le cœur du guerrier grec. Les Troyens font de tristes funérailles à leur prince tandis que les Grecs célèbrent par des jeux la mémoire de Patrocle vengé.

Homère a donné des développements considérables à chacun de ces faits. Son poème renferme l'histoire de toute une civilisation : mœurs, art, industrie, religion, géographie, tactique militaire de cet âge lointain ont été d'abord connus par cette œuvre grandiose. Le fond de l'*Iliade*, ce sont les batailles, ces batailles que l'on a appelées homériques.

Napoléon, dont la compétence en choses militaires est incontestable, admirait les batailles d'Homère qui, disait-il, « sentaient l'homme du métier ».

Son autre poème, l'*Odyssée*, est le récit de toutes les péripéties du retour d'Ulysse en son royaume, Ithaque. Depuis huit ans, la guerre de Troie était terminée et Ulysse (Odysseus en grec), poursuivi par la haine de Neptune, errait sur l'Océan et n'avait pu rejoindre sa patrie. Cependant, sa femme Pénélope, restée à Ithaque avec son fils Télémaque, était en butte aux obsessions de prétendants qui, mettant à profit la longue absence d'Ulysse, aspiraient à le remplacer sur le trône. Mais Pénélope, inébranlablement fidèle à son époux, veut attendre son retour et refuse de faire un choix parmi les prétendants ; à bout de moyens pour gagner du temps, elle imagine une dernière ruse. Elle promet de se décider dès qu'elle aura achevé une toile qui doit servir de linceul à Laërte, le père d'Ulysse, les prétendants lui accordent le délai, mais la reine défait toutes les nuits ce qu'elle a tissé pendant le jour. Sa ruse est découverte, et on la presse de se décider. C'est alors qu'Ulysse entre en scène. Après mille obstacles, après avoir échappé aux gouffres de Charybde et de Scylla, au chant des Sirènes, à la magicienne Circé, au cyclope Polyphème, à l'enchanteresse Calypso, la tempête l'a jeté dans l'île des Phéaciens, et ceux-ci, émus de ses malheurs, l'ont ramené à Ithaque.

Ulysse se rend d'abord chez Eumée, le gardien de ses troupeaux, et apprend de lui tout ce qui s'est passé en son royaume depuis son départ; puis, Télémaque arrivant, il se fait reconnaître de son fils, en exigeant le plus profond secret sur sa présence. Ensuite, déguisé sous des haillons de mendiant, il pénètre dans son palais où les prétendants dévorent son patrimoine. A ce moment, Pénélope, obligée de choisir un époux, déclare que sa main et le trône appartiendront à qui tendra l'arc d'Ulysse : aucun n'y parvient; alors Ulysse, malgré les railleries et les insultes des assistants, demande humblement la permission d'essayer à son tour. On le lui permet ironiquement et, tendant sans effort l'arc gigantesque de son bras nerveux, il atteint facilement le but. Ensuite, aidé de Télémaque, d'Eumée et d'un autre serviteur fidèle, il châtie les prétendants et les immole.

Cette belle œuvre est généralement préférée à l'*Iliade* ; elle est moins monotone, et, tandis que l'*Iliade* ne décrit que des batailles et des événements guerriers, elle est plus variée et plus intéressante dans ses descriptions. Ses narrations de voyages, ses traits de mœurs domestiques, ses nombreux épisodes, lui donnent plus de variété que n'en présente l'Iliade. Ulysse est le type de la prudence unie au courage. L'épisode le plus gracieux est celui de la rencontre d'Ulysse, jeté sur le rivage de l'île des Phéaciens, et de Nausicaa, la fille du roi. Émue de pitié à la vue du misérable étranger, elle reconnaît à la noblesse de son langage qu'il est de race royale, et le conduit à son père. Ce simple passage est un chef-d'œuvre de grâce, de naïveté et de délicatesse. Il faut en ajouter un autre extrêmement touchant dans sa simplicité. Quand Ulysse, vêtu de haillons, se présente devant son palais, nul ne le reconnaît; seul, le vieux chien Argus, couché sur du fumier et presque mort de vieillesse, reconnaît son maître, agite faiblement la queue et expire de joie.

∴

Eschyle est le père de la tragédie grecque comme Homère est celui de la poésie. Avant lui, Thespis, que la tradition nous montre promenant sur un chariot dans les bourgs de l'Attique une troupe d'acteurs barbouillés de lie, avait posé les principes de la tragédie, mais c'est Eschyle qui constitua véritablement cet art. A l'origine un chœur seul était en scène et récitait la pièce; Thespis imagina d'y ajouter un acteur, pour permettre au chœur de se reposer. Eschyle le premier admit deux acteurs : le dialogue était adopté, c'est-à-dire la base même de l'art théâtral.

Il fit, dit-on, soixante-dix pièces, et remporta treize fois la palme dans les concours. Sept seulement de ces tragédies sont parvenues jusqu'à nous, mais on compte des chefs-d'œuvre parmi elles. Elles témoignent d'une grandeur d'idées et d'une force d'imagination peu communes; il se dégageait de ses pièces des impressions puissantes, parfois terribles; à la représentation de l'une d'elles, les *Euménides*, il produisit un tel effet de terreur en faisant soudain envahir la scène par les Furies en désordre que des femmes et des enfants moururent de peur. D'une autre pièce, *les Sept Chefs contre Thèbes*, Aristophane a dit qu'elle était pleine de l'esprit de Mars. Eschyle en effet était soldat autant que poète. En son temps, qui vit deux fois de suite le flot des Perses s'avancer vers la Grèce et menacer de l'engloutir, tout citoyen était soldat : Eschyle combattit à Marathon, à Salamine, à Platée.

Sa vie glorieuse ne devait pas finir sans de grandes épreuves. Éminemment religieux, il fut cependant accusé d'impiété pour avoir laissé échapper en ses œuvres des allusions aux mystères des dieux. Poursuivi par le peuple qui voulait le mettre à mort, le poète se réfugia au pied de l'autel de Bacchus. On l'en arracha, mais il obtint d'être jugé par l'Aréopage. Il rappela devant cette assemblée qu'il s'était couvert de gloire contre les Perses, qu'il avait été rapporté percé de blessures du champ de bataille de Marathon, et réussit à gagner sa cause.

Il quitta cependant sa patrie à un âge avancé, exilé peut-être, et se retira près de Hiéron, tyran de Syracuse. S'il faut en croire plusieurs de ses biographes, un étrange accident mit fin à sa vie; il se promenait dans la campagne quand un aigle qui volait au-dessus de lui en emportant une tortue laissa tomber sa proie sur le crâne chauve du poète et le tua net. Son épitaphe, composée par lui-même, est remarquable, en ce qu'elle ne fait aucune allusion à sa gloire littéraire, et ne parle que de ses vertus guerrières : « Ce tombeau renferme Eschyle, Athénien, fils d'Euphorion. Le bois de Marathon redira sa vaillance ; le Mède à l'épaisse chevelure l'a éprouvée. »

Sophocle, son rival, puis l'héritier de son génie, porta l'art dramatique à un point qui depuis n'a été que rarement égalé. Eschyle mettait deux acteurs en scène, il en mit trois, puis quatre, élargissant ainsi le cadre de ses tragédies. Parmi celles qui sont arrivées jusqu'à nous, se trouve le chef-d'œuvre éternel du théâtre, l'*Œdipe-Roi*; c'est le type même de la tragédie. Le poète y a montré, dans une grandiose peinture, un exemple insigne de l'instabilité du bonheur humain. Une terrible émotion anime son personnage, et du haut de la félicité suprême, il tombe dans un abîme de honte et de remords.

Sophocle, né à Athènes l'an 496 avant Jésus-Christ, avait reçu une éducation libérale et s'était distingué dans les concours de musique et de poésie institués parmi les enfants ; c'est lui qui, dans le péan chanté après Salamine pour célébrer la victoire, conduisit le chœur des enfants. Il eût pu acquérir jeune de la réputation si Eschyle n'avait été à cette époque le roi du théâtre ; ce n'est qu'à vingt-sept ans qu'il osa se présenter contre l'illustre poète. L'animation du peuple à choisir entre les deux poètes fut si grande que l'archonte n'osa pas tirer au sort, suivant l'usage, les juges qui devaient décider du prix et s'en remit à Cimon, fils de Miltiade, qui revenait d'une glorieuse expédition, et à ses collègues les autres généraux. Il semblait que le stratège dût favoriser le combattant de Marathon : il n'en fut rien et le prix fut décerné à Sophocle. On dit qu'Eschyle en ressentit un tel chagrin qu'il faut peut-être attribuer à cette cause son départ d'Athènes. Son jeune rival avait conquis la gloire d'un seul coup.

Sa vieillesse fut attristée par un cruel chagrin : un de ses fils, ombrageux de l'affection que le poète avait portée à un autre de ses enfants, l'accusa publiquement d'insanité. Le vieux Sophocle pour toute défense lut à l'Aréopage un passage de la pièce qu'il composait à ce moment, l'*Œdipe à Colone*, et fut acquitté à l'unanimité. Il n'en resta pas moins durement frappé en son cœur de père et mourut peu après.

D'après la tradition, les ennemis qui assiégeaient alors Athènes décrétèrent d'eux-mêmes une trêve pour permettre aux Athéniens de rendre à leur illustre concitoyen les honneurs mortuaires avec la magnificence qui lui était due. Sophocle est en effet le poète athénien par excellence ; Eschyle et Euripide ne présentent pas ce caractère exclusif et sont plutôt grecs au sens général du mot.

Euripide, leur contemporain, fait partie avec les précédents des trois grands génies qui dominent toute l'antiquité; il dut la mort à un horrible accident. Il était né en 480, le jour même de la bataille de Salamine; cette date était d'un glorieux augure. Il était destiné à devenir un athlète, mais il quitta bientôt l'arène pour la scène. C'est à vingt-cinq ans qu'il débuta dans la poésie dramatique. Il avait étudié l'éloquence et la philosophie, et s'était lié avec Socrate; aussi peu de poètes se sont-ils inspirés autant de ces deux arts dans leurs œuvres.

De quatre-vingt-quatre tragédies qui lui sont attribuées, nous ne connaissons que dix-neuf, et deux ont enrichi la scène française : *Hippolyte* et *Iphigénie en Aulide*, dont Racine a fait *Phèdre* et *Iphigénie*. Les femmes jouent le plus grand rôle, mais non le plus beau, dans ses pièces, et le poète a cruellement attaqué la plus belle moitié du genre humain. Les Athéniennes, il est vrai, étaient peu sensibles à ses sarcasmes et les lui pardonnaient en faveur de l'importance qu'il attribuait à leur sexe.

Euripide se retira à la fin de sa vie près d'Archelaüs, roi de Macédoine, qui l'accueillit avec distinction et le combla d'honneurs. Mais il n'en jouit pas longtemps : un jour qu'il errait dans un bois, absorbé dans ses pensées, une meute de chiens se jeta sur lui et le mit en pièces.

Les Athéniens réclamèrent les restes de leur poète. Archelaüs refusa et les garda. Athènes se dédommagea en élevant à Euripide un splendide cénotaphe.

Si l'on passe à l'antiquité romaine, on voit que Plaute, qui fut le plus grand auteur comique de Rome, ne fut pas exempt d'épreuves. Mais s'il faut le plaindre on ne peut oublier que c'est à ses malheurs même qu'on doit ses œuvres. En effet, Plaute se trouvant possesseur d'une petite fortune, voulut la faire servir au négoce; il la risqua dans une spéculation et la perdit totalement. Il en fut réduit à se mettre aux gages d'un meunier pour tourner la meule. Cependant, il se souvint du succès qu'avaient eu de petites comédies qu'il avait composées et jouées lui-même avant son désastre et il recourut à son talent pour augmenter ses ressources. On sait dans quelle mesure il réussit. On lui attribuait cent trente pièces; vingt seulement nous sont connues parmi lesquelles l'*Amphitryon*, repris par Molière, la *Cassette* qui fournit aussi à Molière l'idée de l'*Avare*, le *Revenant*, d'où Regnard a tiré le *Retour imprévu*, et les *Ménechmes* transportés en toutes les langues et sur tous les théâtres. Il était né l'an 184 avant J.-C.

* *

Quand Plaute mourut, Térence, qui devait ramasser après lui le fouet de la satire, avait huit ou neuf ans. Né en Afrique, il fut sans doute capturé par des pirates et amené à Rome comme esclave. Acheté par le sénateur Terentius, celui-ci, charmé de son intelligence, le fit élever avec soin, l'affranchit et lui donna son nom. Mais les carrières ouvertes aux affranchis étaient alors rares et difficiles. Poussé par la nécessité, Térence imagina de composer des pièces comiques. Il fallait, selon l'usage, les soumettre aux édiles avant de les jouer; mais les édiles, peu connaisseurs en littérature, et désireux de ne pas engager leur responsabilité, adressèrent le jeune homme à Cœcilius, le compagnon et le rival de Plaute. Térence se présenta timidement chez lui au moment où il se mettait à table; d'un signe le maître du logis lui désigna un escabeau et l'invita à commencer, mais à peine eut-il entendu quelques vers qu'il reconnut le talent de son interlocuteur, et le félicitant avec enthousiasme, lui fit prendre place à sa table.

Térence ne trouva pas la même bienveillance chez tous et dès sa première pièce, l'envie l'attaqua cruellement et ne lui ménagea pas les déboires. Très sensible, le poète ne trouva pas de consolations dans les illustres amitiés des Galba et des Scipion. En outre sa fortune ne s'accroissait guère et il était en butte aux mille tourments de la pauvreté. Il résolut de s'éloigner de Rome pendant quelque temps et partit pour la Grèce. Il ne devait pas en revenir. D'après les uns, il périt dans un naufrage, d'après les autres, il put se sauver mais perdit toutes ses comédies. Il en ressentit un grand chagrin, tomba dans une profonde mélancolie et mourut de désespoir. Il n'avait pas trente-six ans.

De nombreux auteurs se sont exercés sur les textes qu'il a laissés. Il avait beaucoup contribué à réagir à Rome contre les mœurs austères et souvent dures des anciens Romains, et à y faire adopter l'élégance et l'esprit grecs.

Lucrèce, l'un des plus grands poètes romains, que la philosophie peut aussi revendiquer avec honneur, composa, dit-on, l'œuvre magnifique qui fait sa gloire, *De la Nature des choses*, sous l'étreinte ou après les crises d'une cruelle maladie. C'est dans ce poème que sont développées les belles idées qui lui assignent une place élevée parmi les philosophes ; il a reconnu, démontré et proclamé une puissance secrète, une âme universelle, se manifestant dans les forces régulières, dans l'action immuable et énergique de la nature, et l'idée de la Divinité se dégage naturellement de sa doctrine. Il a parlé d'une « certaine force secrète, mystérieuse et souveraine puissance qui brise, quand elle le veut, les haches et les faisceaux des licteurs, et se fait un jeu d'abattre les grandeurs humaines ».

On a cru reconnaître dans ce passage, dans ces accents émus d'un cœur généreux, l'inspiration d'un poète qui croyait à l'unité de Dieu. Louis XIV, fort avare de son admiration et de son estime, voulait mettre l'œuvre de Lucrèce entre les mains de son héritier présomptif et l'admit dans la collection publiée sous ses auspices. Toujours est-il que Lucrèce, vivant dans un monde païen, n'a pas craint de dépouiller hardiment de leurs attributs, de leur puissance, de leur règne, les dieux chimériques et souillés de vices de l'Olympe.

La fin de sa vie fut troublée par un grand chagrin ; sans que l'on sache la vraie cause de son désespoir, on est certain qu'il se donna la mort à la suite d'un événement malheureux. Il mourut à quarante-quatre ans, cinquante et un ans avant Jésus-Christ, et, par une étrange réunion de circonstances, le jour même où Virgile prenait la robe virile.

Contemporain et ami des Catulle, des Atticus et des Cicéron, ce fut, dit-on, au plus grand des orateurs que celui qui était alors le plus grand des poètes confia en mourant le soin de revoir et de publier son œuvre. L'ouvrage et la renommée de Lucrèce ne pouvaient certes tomber en meilleures mains, et si, comme on pourrait le croire, la première édition fut publiée par Cicéron, on ne peut s'étonner du succès qu'elle obtint d'abord, ni de la profonde admiration de Virgile pour son maître et son modèle qu'il a peut-être surpassé sous le rapport de l'élégance et de la pureté de style, mais qu'il n'égale pas souvent pour la force de l'expression et l'énergie des couleurs.

* *
*

Le chantre des plaisirs devait aussi finir dans les larmes et loin de sa patrie une vie d'abord remplie de triomphes. Ovide, le plus gracieux poète de la pléiade qui a illustré le siècle d'Auguste, avait excité pendant des années l'enthousiasme des Romains ; ses vers applaudis au théâtre, récités en tous lieux, provoquaient une admiration religieuse. L'image du poète était partout reproduite, sur les bagues des chevaliers, sur les bijoux des matrones. Les *Métamorphoses*, les *Fastes* marquent pour lui autant de triomphes que d'œuvres, et l'amitié de l'empereur complète la faveur publique.

Puis soudain la foudre éclate dans son ciel serein, et un ordre impitoyable le force à s'exiler chez les barbares, « pour qui, dit-il, lui-même est un barbare, puisque son langage est inintelligible pour eux » ; bientôt cependant son caractère généreux, son intelligence, sa douceur lui concilient l'affection de ces barbares. Il apprend leur langage, compose même des vers en leur dialecte, et retrouve chez eux les mêmes triomphes que chez ses compatriotes.

Mais rien ne pouvait apaiser la douleur de l'exil, et tel que le chantre du printemps qui, aveugle et captif, élève cependant sa voix mélodieuse, le poète exhale ses plaintes en élégies. Les *Tristes*, les *Pontiques* sont pleines du regret de la patrie. Pendant neuf ans, il souffrit et pleura sans réussir à émouvoir le cœur inexorable de l'empereur. A soixante ans, il expira à Tomes, près des bouches du Danube. Son dernier vœu même ne devait pas être exaucé, et ses cendres ne furent pas transportées sur les rives aimées du Tibre, comme il l'avait demandé.

* *
*

Le neveu de Sénèque, Lucain, né comme lui à Cordoue, l'an 39 après Jésus-Christ, offre l'exemple du péril que l'on risque à trop approcher de la puissance ; il fut la victime de l'inconstance de Néron après en avoir été le héros.

Il avait à peine atteint l'âge de huit mois quand il fut transporté à Rome.

Après avoir étudié la grammaire, la rhétorique et la philosophie, il fut introduit à la cour de Néron par Sénèque qui jouissait alors d'une grande faveur. Par une singulière réunion de goûts opposés, l'empereur professait en même temps qu'un penchant sauvage pour des plaisirs féroces, un culte pour les lettres et les arts. Il accueillit bien Lucain, aimait à l'entendre déclamer des vers, et pour récompenser son talent précoce, le nomma questeur avant qu'il eût l'âge prescrit par la loi. La foule des courtisans, et ils étaient nombreux sous ce régime despotique et implacable, ne pouvait qu'applaudir à la faveur que témoignait l'empereur; on fit un succès énorme à Lucain; il n'y avait pas d'éloge dont il ne fût jugé digne; il honorait les prix qu'on lui décernait et sa renommée n'avait pas de bornes. A peine questeur, on le nomma augure, enfin, pour lui donner un gage éclatant de son amitié, Néron lui permit de lutter avec lui : Lucain fut proclamé vainqueur par des juges imprudents. C'était proclamer sa disgrâce.

En effet, Néron ne pouvait admettre qu'on osât l'emporter sur lui en quoi que ce fût. Le poète venait d'écrire sur l'incendie de Troie et sur l'incendie de Rome : défense lui fut faite de publier ses œuvres.

De même que la faveur publique avait dépassé celle de Néron, Lucain n'eut plus un ami, plus un admirateur dès qu'il fut en disgrâce. Il en conçut un profond désespoir, et ne pouvant s'accoutumer à un tel changement résolut de se venger de Néron.

Il entra dans la conspiration de Pison avec tant d'autres citoyens inspirés de la haine du tyran. Dénoncée par un affranchi, la conspiration fut découverte et ses auteurs saisis. Lucain, condamné à mort, eut le privilège de choisir son genre de mort. Il se fit ouvrir les veines, et dès qu'il sentit ses mains et ses pieds envahis par le froid suprême, il récita quelques vers de son poème, *Pharsale*, où il avait béni un soldat mourant de la même mort que lui. Il mourut à vingt-sept ans, l'an 65.

Il avait composé plusieurs poèmes dont un seul nous a été conservé : *Pharsale*, qui place Lucain au rang des grands poètes.

Le Dante en exil. (Tableau de Soulai.)

.·.

> Un soir, dans le chemin je vis passer un homme
> Vêtu d'un grand manteau comme un consul de Rome,
> Et qui me semblait noir sur la clarté des cieux.
> Ce passant s'arrêta, fixant sur moi ses yeux
> Brillants, et si profonds qu'ils en étaient sauvages,
> Et me dit : « J'ai d'abord été, dans les vieux âges,
> Une haute montagne emplissant l'horizon ;
> Puis, âme encore aveugle et brisant ma prison,
> Je montai d'un degré dans l'échelle des êtres,
> Je fus un chêne, et j'eus des autels et des prêtres,
> Et je jetai des bruits étranges dans les airs ;
> Puis je fus un lion rêvant dans les déserts,
> Parlant à la nuit sombre avec sa voix grondante ;
> Maintenant je suis homme, et je m'appelle Dante ! »

Ces vers écrits par Victor Hugo sur un exemplaire de la *Divine Comédie* donnent admirablement l'impression qui se dégage des œuvres du plus grand poète italien, Dante Alighieri.

Le Dante naquit à Florence en 1265, à cette époque de troubles et de combats qui ensanglanta l'Italie. Lui-même fut intimement mêlé aux luttes entre Guelfes et Gibelins, ou Blancs et Noirs, et la politique fut la cause des longues infortunes de son existence.

Esprit vaste comme tous les génies de ce temps, il était aussi bien doué pour la musique et le dessin que pour la poésie. Au surplus, aucune des branches de la science ou de l'art ne lui fut étrangère.

A l'époque où il atteignit l'âge viril le parti guelfe dominait à Florence. Dante se distingua même à la bataille de Campoldino contre les Gibelins. Cependant, le poète n'avait pas la haine implacable des Gibelins et quand en 1300, grâce à sa naissance et surtout à son savoir, il fut nommé prieur, c'est-à-dire le premier magistrat du territoire, il commença par éloigner les chefs des deux partis sans distinction ; mais par leurs intrigues, les Gibelins réussirent à reprendre leur influence et, en fin de compte, Charles, envoyé par le pape pour tenir la balance égale entre les deux factions, favorisa ouvertement la persécution des Blancs. Ceux-ci furent traqués sans pitié, la maison de Dante fut incendiée, et le poète lui-même fut frappé d'une sentence le condamnant à deux ans d'exil, et à une amende de huit mille florins.

Alors commencèrent pour lui les douloureuses pérégrinations de l'exil, auxquelles la mort seule devait mettre un terme. Il visita Vérone, Padoue. L'avènement de Henri VII au trône impérial lui donna de nouvelles espérances, mais ce prince mourut subitement et les Noirs consolidèrent leur domination. Vers 1316, une occasion de rentrer dans sa patrie se présenta pour Dante, mais à des conditions qu'il ne pouvait accepter. Son caractère est tout entier dans la réponse qu'il fit à cette proposition faite sans doute par l'entremise d'un prêtre : « Non, mon père, ce n'est point là la voie qui doit me ramener dans ma patrie; mais j'y reviendrai d'un pas rapide si vous, ou tout autre, m'ouvrez une voie qui ne porte atteinte ni à l'honneur ni à la gloire de Dante. Mais si, pour retourner à Florence, il n'est pas d'autre voie que celle que vous m'offrez, je n'y rentrerai jamais. » Les dernières années d'exil furent les plus amères; on voit Dante errer dans le Tyrol, dans le Frioul, à Gubio. En 1319, il se rendit à Ravenne, et y resta jusqu'à sa mort. Il demanda à être enseveli sous l'habit des franciscains. Les derniers vers de son épitaphe, composée par lui-même, résument toute l'amertume de sa carrière et de sa fin.

« Je suis enfermé ici, moi, Dante, exilé du sein de la patrie — moi, qu'engendra Florence, mère sans amour. »

Il laissait une œuvre gigantesque, la *Divine Comédie*, où son génie éclate dans toute sa magnificence et souvent dans sa grandeur terrible.

> « Il faut que le poète, épris d'ombre et d'azur,
> Esprit doux et splendide au rayonnement pur
> Qui marche devant tous, éclairant ceux qui doutent,
> Chanteur mystérieux qu'en tressaillant écoutent
> Les femmes, les songeurs, les sages, les amants,
> Devienne formidable à de certains moments! »

Cette strophe de Victor Hugo s'applique à la *Divine Comédie*. Toute la grandeur du Moyen Age qui va disparaître se résume en cette épopée.

La *Divine Comédie* est une trilogie, une immense action en trois parties : l'*Enfer*, le *Purgatoire*, le *Paradis*. Le premier chant de l'Enfer sert d'introduction à toute l'œuvre. Dante suppose qu'il se trouve à l'entrée d'une forêt obscure dont le souvenir seul lui cause des angoisses. Il veut avancer : trois monstres horribles lui barrent le passage. Alors apparaît l'ombre de Virgile qui offre au poète de lui servir de guide. Il accepte et ses pérégrinations commencent à travers le royaume des âmes. Virgile le prévient qu'il ne pourra le conduire que dans l'Enfer et le Purgatoire, les païens ne pouvant franchir ces limites ; mais pour visiter le Paradis, il aura un autre guide, Béatrix. Dante pénètre dans l'Enfer, dont l'entrée porte cette terrifiante inscription : « Laissez toute espérance, vous qui entrez ici. » C'est la partie la plus effrayante et la plus connue du poème. Dante nous peint l'horrible diversité des tortures ; au passage, il note les grands coupables historiques qui se tordent à jamais dans des flammes vengeresses. Une impression intense de terreur se dégage de cette description. C'est là que se place l'épisode d'Ugolin sur lequel nous reviendrons plus bas.

Puis Dante passe dans le Purgatoire ; là aussi il assiste à des scènes de souffrance, mais ce sont des peines temporaires qui cesseront quand l'expiation sera suffisante. Introduit dans le Paradis, il voit apparaître Béatrix au milieu d'un tableau merveilleux : forêt pleine d'ombre et de fraîcheur, chants d'oiseaux, murmures de ruisseaux courant dans la mousse. Le Paradis se compose de dix cieux ou cercles au centre desquels est la Terre. Parvenu au huitième cercle, après avoir parcouru les sept planètes, le poète aperçoit encore notre globe, mais si petit qu'il en sourit de pitié. Béatrix le rappelle alors à une plus haute conception de l'humanité. « C'est là, lui dit-elle, le cortège qui entoure le Christ triomphant ! » Admis enfin au neuvième cercle, Dante jouit d'une contemplation extatique et se trouve en présence de la Divinité, voilée par trois hiérarchies d'anges qui l'environnent.

Dante a fait œuvre de patriote autant que de poète ; c'est dans ses vers que le peuple, pendant des siècles de servitude, a puisé l'espérance. Quelques années après la publication de la *Divine Comédie*, la foule prouva qu'elle avait compris sa portée. Un jour de fête, tous les seigneurs réunis sur l'Arno, assistèrent à un spectacle poignant. Sur l'autre rive, des squelettes hideux traînant des linceuls à demi consumés se promenaient lentement au milieu des flammes. Leurs bras étaient chargés de chaînes et une musique plaintive ajoutait encore à l'effroi de leurs gémissements. On ne put s'y tromper : c'était l'*Enfer* de Dante, et les damnés qui exhalaient leurs plaintes étaient les chefs qui opprimaient Florence.

Parmi les épisodes qui se détachent sur le fond sombre du tableau peint par Dante, celui d'Ugolin est un des plus terribles : Ugolin, qui s'était emparé de Pise par trahison, s'était montré le tyran le plus féroce et le plus implacable, mais une conspiration le détrôna, et ses ennemis se vengèrent cruellement. On l'enferma dans la tour de Gualandi, que l'on a appelée depuis la tour de la Faim, avec ses enfants, puis l'on jeta les clefs dans l'Arno, condamnant ainsi les prisonniers à mourir de faim. Ugolin succomba le dernier, après avoir essayé de manger ses enfants.

C'est cette mort atroce que Dante a décrite dans son *Enfer*. Le poète, arrivant dans l'enceinte où sont punis les traîtres, aperçoit dans une fosse deux damnés; comme un homme affamé dévorant du pain, l'un d'eux dévorait la tête de son compagnon. Dante lui demande la cause de son supplice et le misérable lui raconte son histoire et lui décrit les angoisses qui précédèrent sa mort. M. Louis Ratisbonne en a fait une émouvante traduction. Ugolin raconte que ses enfants s'éveillent après un horrible songe :

« Ils s'éveillent et l'heure était déjà sonnée
Où l'on nous apportait le pain de la journée;
Et tous, se rappelant le rêve, étaient tremblants:

Et j'ouïs sous mes pieds qu'on verrouillait la porte
De cette horrible tour où l'espérance est morte,
Et sans dire un seul mot regardai mes enfants.

Je ne pleurais pas, moi, je devenais de pierre ;
Eux pleuraient; mon petit Anselme me dit « Père,
Quels étranges regards tu nous jettes! Qu'as-tu? »

Je demeurai sans pleurs, mes yeux ne pouvaient fondre.
Tout le jour et la nuit je restai sans répondre
Jusqu'à ce qu'un nouveau soleil eût reparu.

Quand un faible rayon, filtrant dans notre cage,
Me fit voir la pâleur de mon propre visage
Sur quatre fronts d'enfants tout blêmis par la faim,

Je me mordis les mains dans un accès de rage.
Croyant que de la faim c'était l'horrible ouvrage,
Ces malheureux enfants de se lever soudain

Et de dire : « Bien moins nous souffrirons, mon père,
Si tu manges de nous; de ces chairs de misère
Tu nous as revêtus; tu nous les reprendras. »

Je me calmai, de peur d'accroître leur souffrance.
Ce jour et le suivant nous gardions le silence.
Terre dure, ah ! pourquoi ne t'entr'ouvris-tu pas?

Au quatrième jour, sans force contre terre,
Gaddo tombe à mes pieds en murmurant : « Mon père,
Tu ne viendras donc pas au secours de ton fils? »

Il meurt, et, comme ici tu me vois, j'ai, de même,
Vu de mes yeux tomber, de ce jour au sixième,
Les trois l'un après l'autre et puis plus rien ne vis;

Sur leurs corps à tâtons je me traîne et chancelle,
Ils sont morts, et trois jours encor je les appelle :
La faim fut plus puissante alors que la douleur.... »

Quand il eut achevé, roulant un œil farouche,
Le forcené reprit le crâne dans sa bouche
Et fouilla jusqu'à l'os comme un chien en fureur....

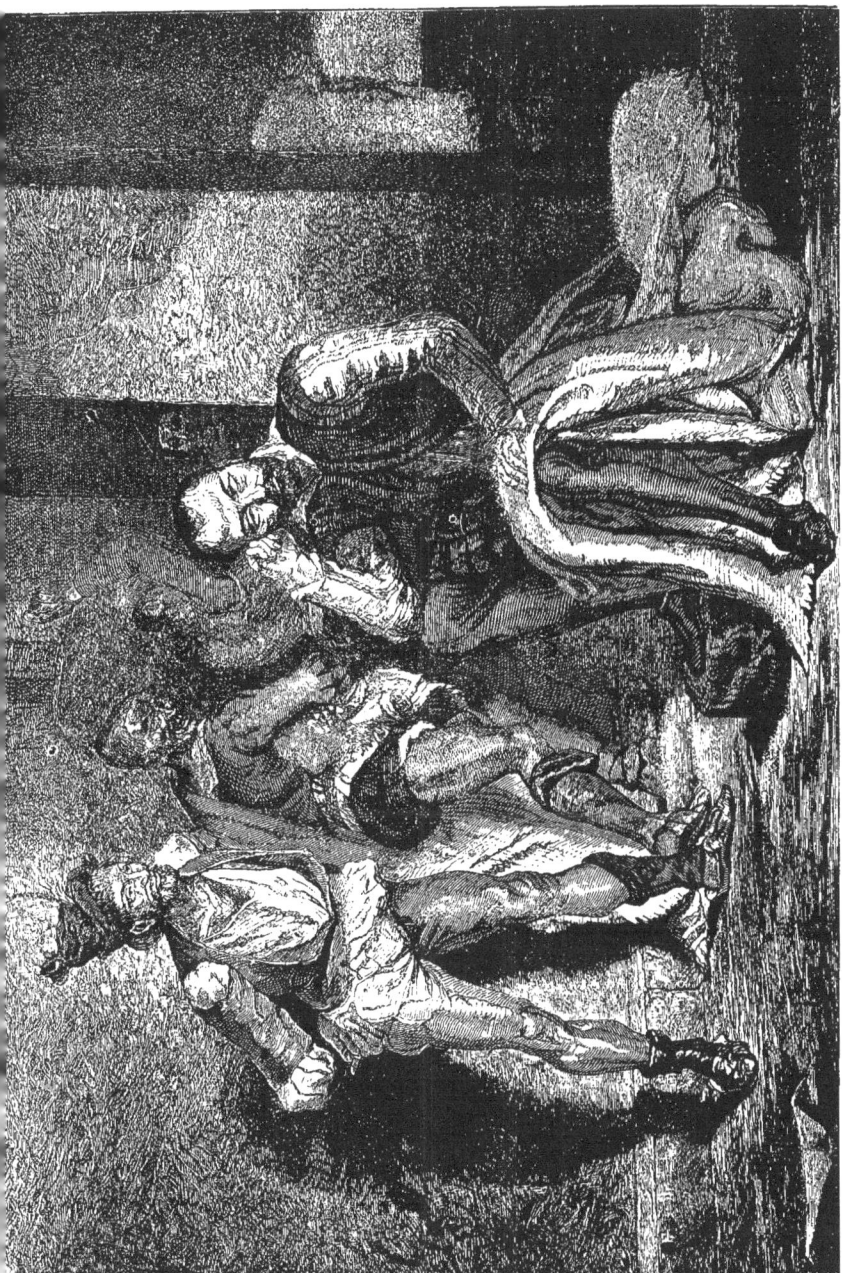
Le Tasse chez les Fous. (Tableau de Delacroix.)

***

La peinture et la sculpture ont souvent traité aussi ce terrifiant épisode, et Carpeaux, notamment, en a composé un groupe en bronze qui se trouve dans le jardin des Tuileries.

Le Tasse, dont le nom avec celui du Dante résume toute la gloire poétique de l'Italie, après des années de gloire et de prospérité devait passer la seconde moitié de sa vie dans les chagrins et les angoisses. Il naquit en 1544 à Sorrente ; un grand poète français a illustré plus tard cet endroit. Qui ne connaît les vers admirables où Lamartine parle de :

> ... La plage sonore où la mer de Sorrente
> Déroule ses flots bleus aux pieds de l'oranger.

Son père était poète lui-même. A dix ans, le Tasse comprenait et récitait les poètes grecs et latins. Lorsque son père fut exilé de Naples, ce fut sa mère qui continua son éducation, et Lamartine nous la montre conduisant elle-même avant le lever du jour, son fils au collège. A dix-sept ans, le Tasse avait fait un poème en douze chants, *Renaud*, qui commença sa réputation.

Nommé en 1565, à vingt et un ans, gentilhomme du cardinal Louis d'Este, à qui il avait dédié *Renaud*, le Tasse se rendit à la cour de Ferrare, où régnait Alphonse II, frère du cardinal. Cette cour, qui rivalisait de luxe et de magnificence avec celle des Médicis, était le rendez-vous des personnages les plus riches et les plus élégants. Montaigne dans sa visite à Ferrare s'extasie sur la splendeur des fêtes et sur le nombre et les costumes des courtisans ; le cardinal d'Este n'avait pas moins de cinq cents gentilshommes dans sa suite. C'est là que le Tasse connut les princesses Lucrezia et Leonora d'Este, sœurs du duc régnant, dont la beauté excita l'admiration du poète. La seconde surtout fut l'objet de ses hommages. Quand Louis d'Este fut chargé d'une mission pour Charles IX, le Tasse saisit cette occasion d'aller en France. Très bien accueilli par le roi auquel sa réputation était parvenue, il suivit la cour à Blois, Tours, Chenonceaux, travaillant par intervalles à l'achèvement de la *Jérusalem délivrée*. Mais s'étant permis de donner des conseils sur la politique à son protecteur, il lui déplut, perdit son traitement et dut revenir en Italie. Il fait allusion à son dénûment dans un sonnet où il prie sa chatte de lui prêter ses yeux qui percent les ténèbres pour pouvoir écrire pendant la nuit. Attaché par Alphonse II à son service personnel, il termina en 1575 la *Jérusalem délivrée*, source de tant de gloire et de tant d'infortunes.

En effet lorsque le moment vint de publier cette œuvre, elle fut accusée d'impiété. A partir de ce moment, tout se tourna contre le poète et contribua à le faire souffrir. A la cour de Ferrare, un parti s'était formé contre lui, fomenté par l'envie et par les vanités froissées. Un ami, qui avait trahi sa confiance en ouvrant une cassette où étaient renfermés ses secrets et ses vers, répond à sa provocation en duel en essayant de le faire assassiner par quelques bravi. Puis le Tasse apprend que son poème est publié sans son aveu dans plusieurs villes d'Italie, et il devient la proie d'une idée fixe; il se croit dénoncé à l'Inquisition.

Il tombe dans une mélancolie maladive, dans une sorte de folie de la persécution qui lui fait voir du poison dans les médicaments mêmes qu'on lui ordonne. Le reste de sa vie se passe en voyages, ou plutôt en fuites. Il obtient de revenir à la cour d'Alphonse II dont il avait encouru la disgrâce, mais bientôt le duc le fait emprisonner à la prison de Sainte-Anne qui touchait le palais.

Le poète y passa sept ans dans le désespoir. Malade, humilié dans sa fierté, méprisé après avoir rêvé la puissance et la gloire, enchaîné près du palais où il avait été si heureux et dont les bruits de fête parvenaient à ses oreilles et augmentaient sa colère et sa haine, il souffrit un véritable martyre. C'est à ce sujet que Lamartine a écrit ces admirables vers :

> Que l'on soit homme ou Dieu, tout génie est martyre.
> Du supplice plus tard on baise l'instrument;
> L'homme adore la croix où sa victime expire,
> Et du cachot du Tasse enchâsse le ciment.
>
> Grand parmi les petits, libre chez les serviles,
> Si le génie expire il l'a bien mérité,
> Car nous dressons partout aux portes de nos villes
> Ces gibets de la gloire et de la vérité.
>
> Loin de nous amollir, que ce sort nous retrempe;
> Sachons le prix du don, mais ouvrons notre main.
> Nos pleurs et notre sang sont l'huile de la lampe
> Que Dieu nous fait porter devant le genre humain.

Quand le Tasse fut enfin libre, le pape, qui l'admirait, voulut compenser ses longues infortunes en renouvelant pour lui la glorieuse cérémonie du Couronnement au Capitole, rare faveur accordée à Pétrarque deux siècles auparavant, mais il était trop tard. Le poète, usé par les angoisses, fut saisi d'une fièvre violente. Il se fit transporter au couvent de Santo Onofrio sur le mont Janicule et c'est là qu'il expira en 1595, après avoir accueilli avec joie de son médecin la nouvelle que l'heure suprême allait sonner.

La prise de Jérusalem par les croisés, tel est le sujet de l'épopée du Tasse. Suivant un principe qui ne choquait pas les idées de son époque, il emprunte le merveilleux qui règne en son œuvre tantôt à la toute-puissance de la religion chrétienne, tantôt à l'art fictif de la magie. La lutte des chrétiens et des infidèles dissimule celle de Dieu et de Satan, chacun servi par ses armes propres, et le triomphe des Croisés établit celui du christianisme. Certains personnages en sont classiques : le pieux Godefroy, chef de l'expédition, le valeureux Renaud, le brillant et généreux Tancrède, du côté des chrétiens; le célèbre Aladin, et surtout la belle et redoutable Armide, nièce et élève du magicien Hidraot, du côté des infidèles, sont des figures trop connues pour ne pas être citées quand on parle de leur chantre immortel.

*
* *

Il est difficile d'imaginer une vie plus aventureuse et plus tourmentée, une fin plus misérable que celles de Luiz de Camoëns. Longtemps éloigné de sa patrie, jouet d'une cruelle fatalité, exilé par la haine de ses ennemis en des régions encore barbares, jeté en prison dès son retour, et quand, grâce au dévouement d'amis dévoués, il approche enfin de la terre natale et voit se dessiner au loin la silhouette des collines familières, la mort de son meilleur ami vient jeter un deuil sur la joie du retour, trop juste présage des souffrances qu'il devait endurer sur le sol même de sa patrie.

Celui que l'on a appelé le prince des poètes de l'Espagne appartenait à une famille illustre. Un de ses aïeux, Vasco Perez de Camoëns, nommé gouverneur de province par la reine dona Lianor Tellez, avait obtenu, en récompense de ses services, des concessions de terres considérables, le droit de seigneurie dans plusieurs villes et une place au Conseil. Cette faveur dura peu; Vasco Perez, ayant pris parti pour l'Espagne, vit ses biens confisqués. Le père du poète était lui-même dans une situation de fortune très modeste. Camoëns naquit à Lisbonne en 1524, l'année même où Vasco de Gama, nommé vice-roi des Indes, partait pour la terre où il devait mourir quelques jours après son arrivée. Son père, qui avait su comprendre les aptitudes et le caractère de son jeune fils, sacrifia une grande partie de sa fortune à son éducation. Le jeune homme suivit les cours de l'université de Coïmbre ; d'illustres professeurs, appelés de l'étranger, en occupaient les diverses chaires. Au premier rang brillait Diego de Gouvea, ancien recteur de l'université de Paris. Camoëns ne revint à Lisbonne qu'après l'achèvement complet de ses études ; malgré la médiocrité de ses ressources, il se lia d'amitié avec des personnages considérables : l'un d'eux, D. Constantin de Bragance, qu'il retrouva beaucoup plus tard, et loin du sol portugais, devait lui être d'un puissant secours.

Mais, poussé par la pauvreté et désespérant d'en sortir jamais s'il restait à Lisbonne, Camoëns résolut de s'expatrier. A cette époque, la carrière des armes était le refuge de quiconque était désireux pour une raison quelconque de quitter sa patrie et d'aller chercher au loin la fortune ou l'oubli. Alors commença sa vie aventureuse. Il alla d'abord à Ceuta, sur la côte du Maroc, où il se signala dans de nombreux combats contre les Maures. Dans l'un d'eux il perdit même l'œil droit. Il ne rentra à Lisbonne que pour repartir pour Goa. Il passe deux ans dans la capitale des Indes, guerroyant contre les pirates, et parcourant en tous sens l'océan Indien. Mais en 1555, le nouveau gouverneur de la ville, se croyant offensé par une satire de Camoëns, le condamna à l'exil et l'envoya à Macao. Que l'on juge, par la distance et par la barbarie de cet endroit qui n'était encore qu'une simple factorerie, de la dureté de la peine qui frappa le poète. Il partit pour l'exil avec une profonde amertume, et après un long voyage, arriva enfin au lieu d'exil. Il y vécut solitaire, n'ayant d'autres plaisirs que de gravir chaque jour des rochers à quelque distance de la ville ; là se trouvait une grotte sauvage qui dominait la mer et d'où la vue s'étendait sans obstacle jusqu'à l'horizon où l'azur des flots se confondait avec l'azur du ciel. C'était là l'endroit favori du poète ; il y passait de longues heures, bercé par le bruit monotone des vagues, et suivant d'un œil mélancolique le soleil jusqu'à ce qu'il disparût pour aller éclairer d'autres mers, la mer qui ceint de son écharpe Lisbonne, la patrie aimée. C'est là que Camoëns termina son chef-d'œuvre, les *Lusiades*. Cet endroit existe encore à Macao ; il appartient à un riche Portugais qui a placé un buste en bronze du poète dans la grotte où vint si souvent se réfugier la mélancolie du grand exilé. Dans les derniers temps de son séjour cependant Camoëns avait pu amasser quelque argent ; on l'avait nommé curateur des successions, et bien que cet emploi répondît mal à son caractère d'artiste et de poète, le résultat pouvait lui faire espérer qu'il serait à l'abri du besoin pour le reste de sa vie

Camoens dans la grotte de Macao. (Tableau de Métrass.)

C'est alors que cessa son exil; le vice-roi de Goa était ce Constantin de Bragance avec qui Camoëns avait été très lié autrefois. Le poète s'embarqua donc sous les plus heureux auspices; il emportait toute sa fortune, il allait revoir des amis puissants et le sort allait enfin le récompenser de ses longues épreuves. Hélas! ses infortunes étaient loin de finir. En effet, le vaisseau qui le portait venait de doubler la Cochinchine quand une violente tempête se déchaîna; le bâtiment désemparé fut jeté à la côte et brisé, et Camoëns lui-même, échappant par miracle à la mort, ne put qu'à grand'peine gagner le rivage à la nage, ne sauvant, de tous ses biens, que son œuvre, les *Lusiades*. De sa fortune, rien ne restait! Ce n'est que quelques mois après qu'il put enfin regagner Goa; il y retrouva les ennemis qui l'en avaient chassé cinq ans auparavant, et sa triste odyssée se continua; jeté en prison sous un prétexte futile, quand il put en sortir, il s'embarqua pour la côte de Mozambique. Il n'y fut pas plus heureux; grâce au dévouement de ses amis, il put cependant partir, et, en 1569, il se trouvait en vue de sa ville natale. Mais avant que le vaisseau entrât dans le port, Camoëns vit mourir son ami le plus dévoué et le plus intime; ce deuil était d'un triste présage pour son retour.

Camoëns rentra enfin dans son pays après dix-sept ans d'absence. Il publia les *Lusiades* qui dès leur apparition furent accueillies avec une grande faveur. Mais la situation de leur auteur ne s'en améliora pas. Ses dernières années se passèrent dans une misère déplorable : le poète, dénué de toutes ressources, vivait dans une petite chambre, dans une rue obscure, près de l'église de Santa Anna. Aucun des gentilshommes qu'il avait connus ne vint à son aide; la famille même de Vasco de Gama, qu'il avait illustré dans ses vers, ne fit rien pour lui. « Il n'est pas un Portugais, dit M. de Souza-Botelho, qui, au souvenir des souffrances que ce grand homme endura pendant les sept dernières années de sa vie, n'en ait le cœur serré et n'en rougisse pour la nation. La misère où le réduisit l'ingratitude de ses concitoyens fut telle, qu'un Javanais, nommé Antonio, qu'il avait amené de l'Inde, plus humain et plus sensible qu'eux au mérite de Camoëns, parcourait le soir les rues de Lisbonne, implorant pour son illustre maître la charité des passants. » Au nom du vieux et fidèle Antonio, il faut joindre celui d'une pauvre marchande mulâtresse, appelée Barbara, qui souvent lui donnait gratuitement un plat de ce qu'elle vendait. Ce furent ses deux seuls protecteurs.

Son seul plaisir était d'aller, mêlé aux écoliers, écouter les leçons faits au couvent de Santo Domingo. Malgré sa misère, il n'avait pas cessé de travailler, mais, usé par les privations et les chagrins, il n'avait plus la même facilité. On raconte qu'un chevalier qui lui avait commandé une traduction des *Psaumes de la pénitence*, irrité du retard de Camoëns à lui donner les vers demandés, vint dans sa pauvre demeure et lui fit de cruels reproches. « Quand je faisais des vers, lui répondit le poète, j'étais jeune, bien portant, entouré d'amis, cela me donnait de la verve et de l'ardeur; aujourd'hui je n'ai plus d'esprit, je n'ai le cœur à rien. Voici mon Javanais qui me demande deux mœdas pour m'acheter un peu de charbon, et je ne puis les lui donner. »

Ces souffrances de toutes sortes devaient abréger son existence. Affaibli, on le voyait se traîner appuyé sur un bâton; bientôt même il ne put quitter son grabat. Pour comble de malheur, son fidèle Antonio mourut : Camoëns se trouva dans une détresse pire encore. « Vit-on jamais, dit-il, un pauvre grabat devenir le théâtre de si grandes infortunes? Et, loin d'accuser les rigueurs du sort, je prends son parti contre moi, je lui abandonne sa victime. Il y aurait trop d'orgueil à vouloir résister à tant de maux. »

Il obtint cependant d'être transporté à l'hôpital, réalisant ainsi la prédiction qui se trouve en un chant de son poème : « Plus d'une fois on verra encore les défenseurs du trône et de l'autel languir dans l'obscurité d'une vie dédaignée et mourir sur le lit de la misère ».

Une plus grande souffrance lui était encore réservée : celle d'assister à la ruine de sa patrie. Camoëns était mourant quand la fatale nouvelle du combat d'Alcaçar-Kébir lui parvint. Il eut un mot sublime : « Au moins, s'écria-t-il, je meurs avec ma patrie! » Et dans une lettre qu'il écrivait au même moment, il dit aussi : « Enfin, je vais cesser de vivre; on saura que j'ai tant aimé ma patrie que non seulement je me trouve heureux de mourir dans son sein, mais encore de mourir avec. »

Il expira à l'âge de cinquante-cinq ans. Un exemplaire des *Lusiades* porte ces tristes mots écrits de la main d'un témoin de cette fin misérable : « Quoi de plus déplorable que la manière dont fut récompensé un si grand génie! J'ai vu mourir Camoëns dans un hôpital de Lisbonne. Il n'avait pas un drap pour se couvrir, lui qui avait si vaillamment combattu dans l'Inde orientale et fait plus de cinq mille cinq cents lieues en mer! Quelle leçon pour ceux qui se fatiguent à travailler nuit et jour avec aussi peu de succès que l'araignée ourdissant une toile où ne s'arrêteront que des mouches! »

Camoëns fut enterré dans l'église de Santa Anna, mais sans épitaphe, sans monument, sans aucune marque distinctive. Ce n'est que seize ans après qu'ayant difficilement retrouvé la place où il avait été enseveli on la recouvrit d'une pierre qui porte cette trop juste inscription :

« CI-GIT LOUIS DE CAMOENS,

PRINCE DES POÈTES DE SON TEMPS.

IL VÉCUT PAUVRE ET MALHEUREUX ET MOURUT DE MÊME.

Mais comme si le mauvais sort voulait le poursuivre même après sa mort, le tremblement de terre qui détruisit une partie de Lisbonne en 1755 renversa l'église de Santa Anna et fit disparaître sous les décombres le tombeau du poète.

Le corps seul était mort; le nom de Camoëns passait à l'immortalité grâce à son œuvre. Jamais la gloire portugaise ne fut chantée en vers plus sublimes; aussi les *Lusiades* excitèrent-elles un enthousiasme indicible. Le plus bel éloge qu'on puisse en faire est de rappeler que, près d'un siècle après la mort de leur auteur, les soldats portugais combattaient sur la brèche, au siège de Colombo, en chantant les vers sonores de Camoëns.

.˙.

Presque en même temps que le génie de Camoëns illustrait le Portugal, l'Espagne produisait un écrivain dont les malheurs égalent la célébrité : Cervantes. L'auteur de *Don Quichotte* fut un véritable martyr pendant toute sa vie, et l'on se demande comment un homme en butte à d'incessants tourments, captif pendant des années, estropié, toujours pauvre et misérable, et n'ayant occupé que des emplois infimes, a su tirer de son cerveau angoissé la longue et gaie épopée de *Don Quichotte*. Il naquit dans la Nouvelle-Castille en 1547. Ses parents, de très modestes ressources, étaient de cette noblesse qui portait le titre d'hidalgo. Très jeune, il suivit à Rome le cardinal Aqua-Viva, mais il ne devait pas rester longtemps dans les fonctions qu'il remplissait auprès du prélat. Son esprit ardent ne pouvait s'accommoder d'une situation infime (il était valet de chambre du cardinal), et Cervantes commença sa vie aventureuse en se faisant soldat. Comme tel il prit part à la sanglante bataille de Lépante, en 1571. Il était malade le jour de l'action, mais, domptant la souffrance, Cervantes demanda le poste le plus dangereux. Il fut intrépide, mais il fut frappé de trois coups d'arquebuse dont l'un lui brisa la main gauche et l'estropia pour toute son existence.

Il a raconté dans *Don Quichotte*, dans le récit du capitaine captif, les détails de ses campagnes. Plus tard il entra à Tunis sous les ordres du marquis de Santa-Cruz. Revenu en Italie, il voulut rentrer en Espagne, espérant y trouver la récompense de ses durs services, car il n'était encore que simple soldat. Mais un cruel destin le poursuivait et devait l'empêcher d'atteindre jamais le bonheur. En effet, comme on approchait d'Espagne, une escadre algérienne assaillit le bâtiment qui le portait, et Cervantes fut amené à Alger comme esclave. Là encore, durant sa longue et cruelle captivité de dix ans, Cervantes fit preuve d'un courage remarquable. Il soutenait ses compagnons de chaîne avec un dévouement qui ne se démentit jamais.

A la suite d'une tentative d'évasion qui ne put réussir, arrêté avec ses compagnons de fuite, il comparut devant le dey. Celui-ci promit la vie sauve à qui dénoncerait le chef du complot. Comme tous se taisaient terrifiés, sachant quel châtiment était réservé au coupable, Cervantes éleva fièrement la voix et dit que c'était lui-même qui avait conseillé et préparé l'évasion, et qu'il était prêt à mourir si ses compagnons devaient être épargnés. Une telle réponse étonna le dey, et, loin d'écouter la prière du hardi captif, ce n'est qu'à lui qu'il fit grâce de la vie, se disant qu'un tel langage ne pouvait appartenir qu'à un homme supérieur dans sa patrie et qu'il pourrait en obtenir une rançon élevée. Il fut en effet difficile aux siens de réunir une somme assez forte pour délivrer Cervantes. Son père vendit ou engagea le patrimoine de ses fils, ses propres biens et même la dot de ses filles pour le racheter. Inutile sacrifice! la somme était insuffisante, et Cervantes la consacra tout entière à racheter son frère, captif comme lui, dont la rançon était moins élevée. Ce n'est qu'en 1580 qu'il put être racheté par les Frères Rédempteurs qui avaient dû emprunter à plusieurs marchands européens et même prendre une forte part sur les fonds communs. Cervantes mit enfin le pied sur la terre natale qu'il avait quittée douze ans auparavant et dont tant de circonstances pénibles l'avaient tenu éloigné. Il avait alors trente-trois ans.

Mais la fin de sa captivité ne marquait pas celle de ses infortunes, et bientôt la misère forçait Cervantes à reprendre du service dans les armées du roi. Malgré ses services précédents, c'est encore comme simple soldat qu'il fit la campagne de Portugal. Marié en 1584, il s'adonna alors au théâtre; il est l'auteur de trente pièces, et de plusieurs intermèdes comiques que l'on jouait dans les intervalles de pièces plus sérieuses. Mais cette ressource lui fut bientôt enlevée par Lope de Véga qui le supplanta, et, toujours pressé par le besoin, Cervantes reprend sa vie d'aventures. Il devient commis aux vivres, puis agent d'affaires. Accusé de malversations, il est emprisonné. Il dut l'être de nouveau après s'être disculpé, car le prologue de *Don Quichotte* fait allusion à un nouvel emprisonnement. Cependant son œuvre immortelle se publiait ; la première partie parut en 1604 et fut accueillie avec tant de faveur qu'elle fut réimprimée quatre fois dans le cours de l'année.

La seconde ne parut qu'en 1634, deux ans avant la mort de Cervantes. Cette œuvre est de beaucoup la plus considérable, et la plus connue de toutes celles qu'il a laissées. C'est lui-même, ou plutôt ce sont les deux individus qui étaient en lui-même que Cervantes a décrits, et ce qui a fait le succès de cette œuvre, ce qui lui assure un éternel succès, c'est qu'elle est profondément vraie et qu'elle intéresse toute l'humanité. Cette dualité est essentiellement humaine, a-t-on dit autrefois. L'homme est double, en effet : d'une part, généreux, fier, chevaleresque, ardent au bien et au beau, sans souci des conséquences matérielles que peut avoir l'enthousiasme ; son âme immortelle l'emporte ; il plane au-dessus des terrestres misères, et comme une flamme ardente, se subtilise et s'élance vers le ciel ; mais, d'une autre part, il est positif, sensuel, timoré, et il subit tous les instincts, tous les défauts d'un corps mortel. Tels don Quichotte et Sancho Pança.

Deux anecdotes montrent quelle admiration excita cet ouvrage dès son apparition. Nous transcrivons le récit de M. Viardot : « Un jour, Philippe III, étant au balcon de son palais, aperçut un étudiant qui se promenait un livre à la main au bord du Manzanarès. L'homme au manteau noir s'arrêtait à toute minute, gesticulait, se frappait le front avec le poing et laissait échapper de longs éclats de rire. « Ou cet étudiant est fou, s'écria Philippe III, ou il lit *Don Quichotte*. » Cette dernière conjecture était effectivement vraie.

Écoutons maintenant le chapelain de l'archevêque de Tolède. Le fait se passe le 25 février 1615, chez l'ambassadeur de France.

« A peine eurent-ils (les gentilshommes français) entendu prononcer le nom de Miguel de Cervantes qu'ils commencèrent à chuchoter entre eux, et vantèrent hautement l'estime qu'on faisait en France et dans les royaumes limitrophes, de ses divers ouvrages, la *Galatée*, que l'un d'eux savait presque par cœur, la première partie de *Don Quichotte* et les *Nouvelles*. Leurs éloges furent si grands que je m'offris à les mener voir l'auteur de ces œuvres, offre qu'ils reçurent avec mille démonstrations de vif désir. Ils me questionnèrent très en détail sur son âge, sa profession, sa qualité et sa fortune. Je fus obligé de répondre qu'il était vieux, soldat, gentilhomme et pauvre ; à cela l'un d'eux répliqua ces paroles formelles : « Eh quoi ! l'Espagne n'a pas fait riche un tel homme ; on ne « le nourrit pas aux frais du trésor public ! » Alors un de ces gentilshommes,

relevant cette pensée avec beaucoup de finesse : « Si c'est la nécessité qui l'oblige
« à écrire, Dieu veuille qu'il n'ait jamais l'abondance, afin que, par ses œuvres,
« lui restant pauvre, il fasse riche le monde entier. »

Ce vœu, plaisamment exprimé, ne se réalisa que trop, car c'est dans la pauvreté que mourut à soixante ans le plus grand génie de l'Espagne. S'ajoutant à tous ses chagrins, la haine d'un de ses ennemis empoisonna la fin de sa vie. Sous le pseudonyme du licencié Avellaneda, il attaqua l'œuvre de Cervantes avec autant de mauvaise foi que de grossièreté, reprochant au « Mutilé de Lépante » sa vieillesse, sa blessure et sa triste situation. Le passage par lequel Cervantes répond à ces lâches attaques dans le prologue de la deuxième partie de *Don Quichotte* est admirable d'indignation et de tristesse et suffirait à exciter la pitié pour une telle infortune, si l'on n'éprouvait déjà de l'admiration pour un tel génie.

∴

Dans la liste des écrivains ou poètes anglais, nombreux sont ceux dont la vie répond au titre de ce livre.

L'un des plus grands, sinon le plus grand, William Shakespeare, sans éprouver cependant de cruelles infortunes, connut bien des moments pénibles. De même que Molière plus tard, c'est comme acteur que Shakespeare commença sa glorieuse carrière théâtrale. La tradition le montre obligé de tenir les chevaux à la porte du théâtre pour gagner quelques sous. Il eut une vie assez aventureuse et l'amertume qui règne en plusieurs de ses ouvrages, *Othello, Beaucoup de bruit pour rien, Macbeth, le Roi Lear*, etc., a laissé supposer qu'elle venait d'un cœur aigri et souffrant. Il avait marié sa fille aînée en 1607 à un médecin de Stratfort. Il fut à cette époque copropriétaire des théâtres de Blackfriars et du Globe. Il mourut en 1616 en sa ville natale.

*
* *

Un an avant lui était né un autre grand poète, Edmond Spenser. Nommé secrétaire du lord-lieutenant d'Irlande, à l'époque où les Anglais traitaient cette île en pays conquis, il eut sa part dans les dépouilles d'un seigneur du pays; mais, trop pauvre pour cultiver tout le terrain qu'on lui avait concédé, il ne retira aucune fortune de cette possession. Il eut néanmoins des loisirs pendant lesquels il écrivit *la Reine des fées*, son chef-d'œuvre. Le poème devait se composer de douze livres, et chaque livre de douze chants. Malheureusement Spenser n'eut pas le temps de l'achever. Les Irlandais, soumis mais non résignés, essayaient fréquemment de se soulever contre la domination anglaise. Une troupe de révoltés assaillit une nuit la maison de Spenser, la pillèrent et y mirent le feu. Lui, sa femme et deux de ses enfants purent s'échapper, mais son troisième enfant périt dans les flammes. Le poète, dénué de tout, se réfugia à Londres, et après deux mois d'angoisses de toutes sortes, y mourut de faim, dit-on, dans une maison garnie.

*
* *

Quand le grand Shakespeare allait à Londres ou en revenait, il s'arrêtait à l'hôtel de la Couronne à Oxford. Le fils de l'hôtelier, Guillaume Davenant, se révéla lui-même poète et débuta dans la carrière littéraire par un poème sur la mort de Shakespeare. Plus tard il fut nommé poète lauréat. Quand la guerre éclata entre Charles Ier et le Parlement, Davenant prit parti pour le roi qui le récompensa de sa fidélité en le nommant lieutenant général d'artillerie. Cette nomination à des fonctions généralement peu compatibles avec le talent d'un poète excita la verve de ses ennemis. Lorsque la cause royale eut été perdue, Davenant ne renia pas ses maîtres, il suivit la reine en France et se convertit au catholicisme. Plongé dans la détresse, il voulut aller fonder une colonie en Virginie avec plusieurs de ses compagnons de malheur. Ils s'embarquèrent, mais leur vaisseau fut pris par une escadre du Parlement. Le poète ramené en Angleterre fut interné à l'île de Wight, puis transféré à la Tour de Londres; il n'en serait jamais sans doute sorti vivant si. Milton n'eût intercédé pour lui; il n'en resta pas moins en prison pendant deux ans encore. Libre, il fut réduit pour vivre à composer des « Divertissements ». L'entreprise n'était pas facile avec l'austérité outrée qui était de mise, et Davenant dut trouver des répondants pour garantir sur leur fortune que l'auteur ne sortirait pas des plus strictes limites de la décence. Quand la Restauration eut lieu, le poète vit sa situation s'améliorer, mais n'eut pas le temps d'en jouir beaucoup; il avait pu cependant rendre à Milton le service que celui-ci lui avait rendu autrefois, lorsque l'auteur du *Paradis perdu* fut en butte aux vengeances politiques.

.·.

Milton en effet avait été l'adversaire acharné de la royauté. Le rôle qu'il joua en son pays ne fut pas, hélas! seulement celui d'un poète; la politique s'empara de lui et il fut mêlé à des circonstances tragiques. Il faut déplorer la funeste passion qui ternit sa gloire littéraire. Son exemple, comme plus tard ceux d'autres grands génies poétiques en d'autres pays, montre que l'art est exclusif et que quiconque déserte les hautes cimes de la pensée pour se mêler aux luttes des foules, abdique en quelque sorte sa supériorité. On s'étonne à juste titre que les hommes placés sur le trône de l'art immortel aient ambitionné la gloire éphémère et souvent malsaine du tribun, et qu'ils aient voulu troquer la plus noble devise de l'homme : « Dieu et l'art », contre celles aussi vides que sonores, qui sont le mot de ralliement des révolutions et la formule de sanglantes utopies.

Milton naquit à Londres le 9 décembre 1608. Dès son enfance il manifesta une grande intelligence. C'était une époque de troubles civils, déjà apparaissaient les signes avant-coureurs de la catastrophe qui se préparait. L'étude des langues l'attirait vivement et la première cause de sa cécité est due au labeur excessif auquel il se soumit.

C'est par des vers latins que se révéla son goût poétique. Ses premiers vers anglais manquent de souplesse; Milton éprouvait une certaine difficulté à rimer ses vers. C'est pour cette raison que son chef-d'œuvre n'est pas rimé. « Savez-vous pourquoi, disait malicieusement Pope, il n'a pas rimé le *Paradis perdu*?

MILTON AVEUGLE ET SES FILLES. (Tableau de Munkacsy.)

C'est qu'il n'a pas pu. » Après la publication de l'*Allegro* et du *Penseroso*, qui commencèrent sa réputation, Milton voyagea beaucoup, poussé par son goût pour l'étude des langues. Il parcourut la France et l'Italie, partout accueilli avec faveur et perfectionnant partout ses connaissances linguistiques. Il apprit aussi l'hébreu et le syriaque, désireux de lire dans les textes mêmes et d'en tirer directement des inspirations bibliques.

Il fut assez heureux pendant ses voyages pour s'entretenir avec des savants; il sut profiter de leurs conversations. A Naples, il se lia avec le marquis de Villa qui avait été l'ami du Tasse; ses récits enthousiasmaient Milton. L'âme ardente du poète s'exaltait aux triomphes de l'auteur de la *Jérusalem*, et s'indignait à ses infortunes. Il put aussi voir Galilée et eut de longues conversations avec lui.

C'est, dit-on, en Italie qu'il avait eu la première idée de composer le *Paradis perdu*. Il rentra en Angleterre avec une ample moisson d'art et de littérature; l'esprit rempli des nobles idées émises devant lui, surexcité par l'exemple des grands artistes de l'antiquité et de son temps, il eût pu puiser largement à cette source puissante, mais il semble avoir tout oublié au spectacle des événements politiques qui se déroulaient alors en sa patrie; ses goûts pour la politique s'éveillèrent et le poète devint homme de parti. Il abaissa son intelligence et son talent à de misérables querelles de politique. Sa fortune, sinon son génie, s'en ressentit et il dut, poussé par la nécessité, ouvrir une classe pour les jeunes gens qui se destinaient aux lettres. A la même époque, il contracta un mariage qui devait être pour lui une cause de chagrins; sa femme le fit cruellement souffrir.

Cependant Cromwell, nommé dictateur, et très lié avec Milton, l'appela aux fonctions de secrétaire latin. Le latin était alors la langue diplomatique, et Milton rédigea la plupart des manifestes et des déclarations de guerre. Sur ces entrefaites il devint complètement aveugle. Un envoyé suédois, à qui l'on faisait attendre une réponse sous prétexte que Milton était aveugle, s'écria : « Il est étrange qu'en Angleterre il n'y ait qu'un homme qui sache le latin, et que cet homme précisément soit aveugle. »

Milton, devenu secrétaire intime de Cromwell, subit tout à fait l'ascendant de son terrible ami. C'est dans la domination qu'exerçait sur lui le dictateur qu'il faut chercher une excuse au rôle qu'il joua à cette époque. Il fut le jouet des calculs égoïstes de Cromwell, et il ne s'aperçut pas qu'après avoir protesté contre la tyrannie, il n'avait fait que changer de maître. Son patriotisme aveugle, l'ambition de gloire et de puissance qu'il ressentait pour son pays furent habilement exploités par le Protecteur. La mort de celui-ci faillit avoir des conséquences fatales pour le poète; en effet, le fils de Cromwell, ayant refusé la succession politique de son père, par sagesse ou peut-être par prudence, tout l'édifice de la révolution s'écroula, et le peuple, trop souvent inconstant et inconséquent avec lui-même, acclama le retour des Stuarts avec autant d'enthousiasme qu'il avait applaudi au meurtre de son roi. Milton du moins, fidèle à ses principes, attaqua violemment le nouveau prince. La plupart de ses amis payèrent de leur vie leurs convictions politiques. Comment lui-même fut-il épargné? On prétend que l'ordre de l'arrêter fut plusieurs fois donné, puis retiré. Peut-être dut-il sa grâce à son infirmité, à ses malheurs ou à sa réputation. Toutefois ce n'est qu'après la promulgation de l'Acte d'oubli par Charles II que le poète put se croire tout à fait en sûreté et reprendre ses travaux littéraires trop longtemps négligés. Mais la sécurité n'était pas le bonheur; la cécité et la pauvreté rendaient misérable la vie du poète. C'est alors que se manifesta l'admirable dévouement de ses deux filles; leur affection suppléa à l'infirmité de leur père. Elles apprirent les langues étrangères où Milton puisait ses inspirations. La nuit, quand la voix du poète s'élevait, penchées sous sa dictée, elles notaient les chants sublimes qui s'échappaient de ses lèvres. Et, luttant contre l'indigence, elles sacrifiaient aussi leur repos pour assurer l'existence matérielle de celui à qui elles cachaient même leur dévouement.

Privé de la vue extérieure, le poète acquit une puissance singulière de vision intérieure et tandis que les yeux du corps étaient morts, les yeux de l'âme voyaient se dérouler les sublimes spectacles évoqués par l'œuvre du poète.

> L'aveugle voit dans l'ombre un monde de clarté.
> Quand l'œil du corps s'éteint, l'œil de l'esprit s'allume.
> V. Hugo.

Il voit l'enfer, les cieux, l'infini. Il assiste aux combats des Puissances Éternelles. Rien d'humain ne le distrait de ses pensées divines; séparé à jamais du monde, il se réfugie dans le ciel, et comme l'harmonieux oiseau qu'un usage barbare prive de ses yeux, son chant s'élève plus pur et plus sacré. Le *Paradis perdu* est l'une des plus grandioses épopées qui soient sorties du cerveau d'un poète.

Et cependant une telle œuvre ne rencontra de faveur que longtemps après la mort de son auteur. Aux yeux de ses contemporains, l'homme politique primait le poète; en outre, les sujets bibliques étaient alors peu goûtés; on leur préférait les fictions mythologiques, plus gracieuses et plus accessibles. C'est à grand' peine que l'on obtint 5 livres sterling de l'éditeur qui imprima le *Paradis perdu*. Quelques années plus tard, une nouvelle édition ne trouva pas de débit.

Addison fut le premier à proclamer la valeur de cette œuvre. En France, elle trouva un avocat dans Voltaire, et un traducteur dans L. Racine, fils du grand Racine.

Il paraît que Milton, malgré le peu de faveur de son poème, ne perdit pas courage; il avait confiance dans le jugement de la postérité.

Après celui-là, il fit encore le *Paradis retrouvé*, mais cet ouvrage est bien inférieur au premier. Le poète semble avoir épuisé son génie. Il mourut en 1674, âgé de soixante-six ans, dans l'obscurité, ou plutôt dans l'oubli.

L'homme est un Dieu déchu qui se souvient des cieux,

a dit Lamartine.

C'est la chute de l'homme que Milton a chantée dans son chef-d'œuvre. Les douze chants qui le composent respirent cette grandeur divine, et parfois sauvage, qui se dégage du sujet même. C'est la lutte gigantesque de Satan contre Dieu, et le poète nous montre les phases de ce combat surhumain; il nous entraîne dans les enfers, dans le chaos, dans l'immensité où trône la Majesté du Créateur; il fait passer devant nos yeux d'un côté les cohortes infernales, de l'autre les légions sacrées qui sont aux prises. Et dans ce cadre grandiose, il incarne le genre humain en deux créatures, un homme et une femme, dont la noblesse et la pureté sont dignes du Paradis terrestre qui les entoure, mais un moment de faiblesse leur fait perdre le bonheur et l'immortalité, et l'humanité est condamnée à une longue suite d'épreuves et de malheurs. Cependant Dieu ne refusera pas son pardon aux hommes régénérés par la douleur et l'expiation, et le poème nous montre, en finissant, la créature remontant à sa primitive grandeur et reprenant sa place sublime aux côtés du Créateur.

Un souffle puissant anime toute cette magnifique épopée. Milton a trouvé des accents divins pour décrire ces scènes divines. Entre les nombreux passages qu'il faut admirer en son œuvre, un surtout, l'Invocation à la Lumière, est touchant dans la bouche d'un poète aveugle :

« Salut, lumière sacrée, fille du ciel née la première, du rayon éternel de l'Éternel! Ne puis-je te nommer ainsi? Puisque Dieu est Lumière, et que, de toute éternité, il n'habite jamais que dans une lumière inaccessible il habite donc en toi, brûlante effusion d'une brillante essence incréée.... Avant le soleil, avant les cieux, tu existais, et, à la voix de Dieu, tu couvris comme d'un manteau, le monde s'élevant des eaux ténébreuses et profondes...

« Mais toi, tu ne reviens pas visiter ces yeux qui roulent en vain pour rencontrer ton rayon perçant et ne trouvent point d'aurore.

« Cependant je ne cesse d'errer aux lieux fréquentés des Muses, claires fontaines, bocages ombreux, collines dorées du soleil, épris que je suis de l'amour des chants sacrés. Mais toi, surtout, ô Sion! toi et les ruisseaux fleuris qui baignent tes pieds saints et coulent en murmurant, je vous visite pendant la nuit. Ainsi, je me nourrris des pensées qui produisent d'elles-mêmes des nombres harmonieux comme l'oiseau qui veille chante dans l'obscurité : caché dans le plus épais couvert, il soupire ses nocturnes complaintes. Ainsi, avec l'année reviennent les saisons, mais le jour ne revient pas pour moi ; je ne vois plus les douces approches du matin et du soir, ni la fleur du printemps, ni la rose de l'été, ni les troupeaux, ni la face divine de l'homme. Des nuages et des ténèbres qui durent toujours m'environnent. Retranché des agréables voies des humains, le livre des belles connaissances ne me présente qu'un blanc universel où les ouvrages de la nature sont effacés et rayés pour moi.

« Brille donc d'autant plus intérieurement, ô céleste lumière! Que toutes les puissances de mon esprit soient pénétrées de ton rayon! Mets les yeux à mon âme, disperse et dissipe loin d'elle tous les brouillards, afin que je puisse voir et dire les choses invisibles à l'œil mortel! »

.·.

Dans l'histoire de la littérature anglaise, après les grands noms de Shakespeare, Milton et Spenser, vient celui de Dryden, né en 1631.

Le poète fut étudiant au collège de la Trinité de Cambridge et, dès qu'il eut obtenu le brevet de bachelier ès arts, se rendit à Londres, la ville qui, croyait-il, devait mettre la consécration à son talent. Il y avait du reste des parents, fort bien en cour près de Cromwell, qui pourraient aider ses débuts.

Mais à la chute du Protecteur, Dryden ayant eu l'imprudence de célébrer le retour du roi Charles par un poème, excita l'indignation de ses parents, puritains convaincus, et dut vivre de ses seules ressources. Il se logea alors chez un libraire, Herringham, où il eut l'occasion de faire la connaissance des gens célèbres de l'époque ; c'est là aussi qu'il se lia avec sir Robert Howard, assez connu dans les lettres, et dont il épousa plus tard la sœur : ce mariage fut d'ailleurs malheureux.

L'avènement des Stuarts marqua une sorte de Renaissance dans les arts et la littérature ; trop longtemps comprimé, l'esprit donna libre cours à sa fantaisie, les théâtres se rouvrirent, les auteurs publièrent leurs œuvres, et bientôt même la liberté dégénéra en licence. Dryden n'eut garde de négliger ces circonstances et profita de la faveur générale. Il publia un drame héroïque, *l'Empereur des Indes*, bientôt suivi d'une comédie, et sa réputation s'établit rapidement; un éditeur se l'attacha par traité et Dryden eut fort à faire pour satisfaire aux demandes qu'on lui faisait d'œuvres de lui. Il trouva cependant le temps d'écrire en 1667 son *Annus mirabilis* (Année mémorable); ce fut le premier acte de la révolution qui amena le règne de la poésie classique. A cette époque, la glorieuse place de poète-lauréat devint vacante. Entre autres candidats on citait Milton; mais l'âge, l'infirmité et surtout l'indépendance de caractère du grand poète n'en faisaient pas un rival dangereux et Dryden remporta la palme. La faveur royale s'ajouta à cet honneur et Dryden, nommé historiographe du roi, se trouva à l'apogée de la prospérité. Sa situation élevée suffit à lui créer de nombreux ennemis; une farce où se trouvaient ridiculisées les œuvres du poète et sa personne même fut publiée et jouée pendant tout l'hiver de 1671. Il est vrai que Dryden sut riposter, et se vengea cruellement de ses ennemis en les bafouant à son tour sur la scène et avec autant de succès. La même année, il se convertit au catholicisme et le premier fruit de sa conversion fut un poème allégorique, *la Biche et la Panthère*, où l'Église de Rome était représentée sous la figure de la biche, et l'Église anglicane sous celle de la bête féroce. Deux ans après, éclata la révolution de 1688 et ce fut un désastre pour Dryden.

Privé de tous ses emplois, chargé de famille, il dut demander à sa plume les ressources nécessaires, mais la fortune l'avait abandonné pour toujours. Son roi chassé, sa religion opprimée, Dryden connut toutes les angoisses physiques et morales. Ses ennemis le poursuivaient de pamphlets, un éditeur féroce le traitait en mercenaire et le gourmandait odieusement quand la page promise n'était pas terminée. La maladie vint s'ajouter à ses malheurs; la gravelle et la goutte l'assaillirent et le clouèrent sur son lit.

Dryden voulut cependant essayer de sortir un jour; il se foula le pied. La blessure dégénéra vite en gangrène: une opération l'aurait peut-être sauvé, mais découragé de tout, le poète se refusa à la laisser exécuter et mourut un mois après.

Terminons cette page lugubre par une anecdote qui fait également honneur à l'esprit des deux personnages qui en furent les héros. Dryden se trouvant un jour avec le duc de Buckingham, le comte de Rochester, lord Dorset et plusieurs autres grands personnages, la conversation tomba sur la littérature et sur ses différents mérites: style, sujet, harmonie de la phrase. Enfin il fut convenu

que chacun des assistants écrirait quelques lignes sur le sujet qui lui viendrait le premier à l'esprit, que les compositions seraient placées sous un chandelier et jugées en fin de compte. Dryden fut choisi comme juge. Chacun se mit donc à l'œuvre, tâchant d'imaginer quelque sujet intéressant : seul, lord Dorset, traçant quelques lignes d'une main négligente, les plaça avec insouciance à l'endroit convenu. Le moment arrivé de rendre son jugement, Dryden lut les différentes compositions, puis conclut ainsi : « Messieurs, tout ce que je viens de lire fait le plus grand éloge de l'esprit et de la plume de ceux qui l'ont écrit, et je serais fort embarrassé pour décerner le prix, si une composition ne me semblait plus digne encore que les autres de l'emporter. Je vais vous la lire au surplus, et vous me direz si mon jugement a lieu d'étonner quelqu'un. La voici : « Au premier mai
« prochain, je paierai à John Dryden, ou à son ordre, la somme de cinq cents
« livres sterling, valeur reçue. »

« Signé : Dorset. »

Daniel de Foe lui aussi, avant de faire le roman qui en fait l'auteur préféré de l'enfance, avait joué un rôle politique dans la révolution de 1688. Il avait publié des pamphlets extrêmement violents, remarquables comme œuvres de polémique. Condamné au pilori, emprisonné, par suite des vicissitudes politiques, il abandonna la vie politique à l'avènement de Georges Ier. Découragé par l'acharnement de ses ennemis, repoussé par ses anciens partisans, il se réfugia dans la littérature, la grande consolatrice, et se consacra à des œuvres d'imagination : *Robinson Crusoe* est la plus célèbre. Elle fut payée dix livres sterling par l'éditeur! Foe mourut dans une extrême misère, dépouillé et abandonné par son fils.

⁂

Un autre écrivain de brillante imagination, l'auteur des *Voyages de Gulliver*, naquit en 1667 à Dublin, dans les circonstances les plus tristes. Son père venait de mourir et sa mère se trouvait dans une misère profonde. Il donna dès sa jeunesse les preuves d'une intelligence remarquable; il savait lire à trois ans. Il entra dans les ordres à vingt-huit ans, il manifesta toute sa vie un esprit paradoxal et belliqueux qui cadrait peu avec les fonctions qu'il obtint plus tard de doyen de Saint-Patrick. En effet, en dehors de *Gulliver*, où il donne libre carrière à toute la fantaisie de son imagination, la plupart de ses écrits sont des pamphlets politiques, quelques-uns d'une violence singulière. Sur la fin de sa vie, il tomba dans le délire, puis dans la folie. Il y avait cependant des moments où la raison lui revenait; il disait alors en se regardant dans le miroir, et comme s'il parlait d'un autre : « Pauvre Swift! » Une fois, un de ses ouvrages lui tomba sous la main : « Grand Dieu, s'écria-t-il, quel génie j'avais quand j'ai écrit ceci! » Son épitaphe, qu'il avait composée lui-même, se termine ainsi : « Va, passant, et imite, si tu peux, celui qui s'est montré le courageux défenseur de la liberté civile. »

⁂

Fils d'une véritable marâtre, Savage, né en 1697 à Londres, supporta pendant une grande partie de sa vie les conséquences de la cruauté de sa mère. Abandonné par elle, puis placé en apprentissage chez un cordonnier, son talent se révéla cependant, et Savage, à dix-huit ans, fit jouer deux pièces qui eurent du succès. Il publia quelques œuvres, et la prospérité lui eût souri s'il n'avait été mêlé à une fâcheuse affaire. Dans un duel avec un gentilhomme, il blessa mortellement son adversaire. Il fut arrêté, jugé et condamné à mort, mais l'opinion publique murmura; on déclara l'arrêt injuste et l'on obtint de la reine Caroline la grâce du poète. Alors sa mère, dont la haine était toujours aussi ardente, essaya de faire revenir la reine sur son acte de clémence en prétendant que son fils avait voulu l'assassiner. Son infâme accusation se retourna contre elle et le poëte trouva de puissants protecteurs, mais au lieu de profiter de la fortune qui se présentait, Savage oublia sa misère passée. Il se fit des ennemis en prenant le parti de Pope dans une querelle littéraire, et sa situation empira aussi vite qu'elle s'était améliorée. Le reste de sa vie se passa en vains efforts pour regagner tout ce qu'il avait perdu, il obtint une petite pension de la reine Caroline, mais à la mort de sa protectrice, il se trouva dans un complet dénûment. Arrêté pour dettes à Bristol, il fut jeté en prison et y mourut.

* *

Sheridan eut une fin aussi malheureuse. Après une brillante carrière littéraire, l'auteur de *l'École du scandale* et du *Critique*, qui s'était à un moment distingué aussi en politique par son éloquence, se vit abandonné de tous ses amis quand il fut dans l'embarras. On l'avait autrefois recherché pour son esprit; quand la vieillesse, la gêne, la maladie lui eurent enlevé sa gaîté, il se trouva seul. Il essaya d'emprunter, mais son crédit était épuisé, la ruine approchait et c'est au milieu des recors qu'il expira en 1816, près de sa femme mourante. Aussitôt mort, il fut universellement regretté, on lui fit de magnifiques funérailles et on ensevelit à Westminster celui qu'on avait laissé mourir de misère.

TABLE DES MATIÈRES

A MM. P.-A. Changeur et A. Spont, auteurs des « Grandes Infortunes »................... v

PREMIÈRE PARTIE

HOMMES D'ACTION

CHAPITRE PREMIER. — **Souverains**.

Darius. — Porus. — Jugurtha. — Mithridate. — Zénobie. — Roland. — Charles VI. — Jeanne la Folle. — Louis XVI, Louis XVII. — Le duc de Reichstadt. — Harold. — Richard Ier. — Anne Boleyn. — Jeanne Grey. — Marie Stuart. — Charles Ier. — Montézuma et Cortez. — Antonio Pérez. — Zizim... 3

CHAPITRE II. — **Ministres et Favoris**.

Antiquité. — Pierre de Brosse. — La Balue. — Enguerrand de Marigny, Jacques Cœur, Samblançay, Fouquet. — Concini. — Malesherbes. — Thomas Becket. — Gaveston. — Hugues Spencer. — Wolsey. — Thomas Morus. — Bacon. — Griffenfeld. — Struensée. — Luna. — Mentschikoff. — John Law... 57

CHAPITRE III. — **Patriotes**.

Les Juifs. — La Pologne. — Harmodius et Aristogiton. — Aristide. — Démosthène. — Philopœmen. — Les Gracques. — Caton. — Vercingétorix. — Éponine et Sabinus. — Arminius. — Witikind. — Abd-el-Kader. — Jeanne d'Arc. — Le prisonnier de Chillon............. 101

TABLE DES MATIÈRES

CHAPITRE IV. — Soldats.

Miltiade. — Thémistocle. — Épaminondas. — Annibal. — Caïus Marcius. — Marius. — Quintus Sertorius. — Wallenstein. — Dupleix. — Lally-Tollendal. — Hoche et Marceau. — Napoléon Ier. — Joséphine. — Ney. — Moreau. — Jean-Pierre Ramel. — Bélisaire............ 13

CHAPITRE V. — Marins et voyageurs.

Naufrage de la *Méduse*. — Victor Jacquemont. — Christophe Colomb. — Camille Douls. — Magellan. — La Pérouse, Dumont d'Urville. — Robinsons. — Missions Franklin, Bellot, la Jeannette.. 163

DEUXIÈME PARTIE

HOMMES DE PENSÉE

CHAPITRE VI. — Inventeurs et Médecins.

Archimède. — Gutenberg. — Manuce. — Estienne. — Denis Papin. — John Fitch. — Fulton. — Dallery. — Sauvage. — Cugnot. — Jacquart. — Philippe de Girard. — Thimonnier. — Lavoisier. — Priestley. — Nicolas Le Blanc. — Philippe Lebon. — Chappe. — Choron. — André Vésale. — Harvey. — Wels... 197

CHAPITRE VII. — Savants et Philosophes.

Socrate. — Platon, Xénophon, Aristote, Zénon, Diogène, Cicéron. — Sénèque. — Boèce. — Alcuin. — Roger Bacon. — Savonarole. — Ramus. — Giordano Bruno. — Thomas Campanella. — Galilée. — Képler. — Saunderson. — Bailly................. 241

CHAPITRE VIII. — Artistes.

Phidias. — Apelle. — Vanucchi, dit Andrea del Sarto. — Le Corrège. — Albert Dürer. — Mazzola, dit le Parmesan. — Barocci, dit le Baroche. — Les Carrache. — Le Guide. — Salvator Rosa. — Rembrandt. — Nicolas Poussin, Le Brun, Le Sueur, David. — Goya. — Bernard Palissy. — Beethoven. — Berlioz................................. 275

CHAPITRE IX. — Poètes et Écrivains.

Homère. — Eschyle, Sophocle. — Plaute. — Térence. — Lucrèce. — Ovide. — Lucain. — Le Dante. — Le Tasse. — Camoëns. — Cervantes. — Shakespeare. — Spenser. — Davenant. — Milton. — Dryden. — Daniel de Foe. — Swift. — Sheridan............ 311

Coulommiers. — Imp. P. BRODARD.

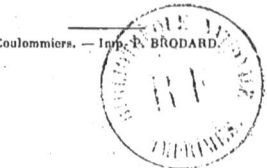

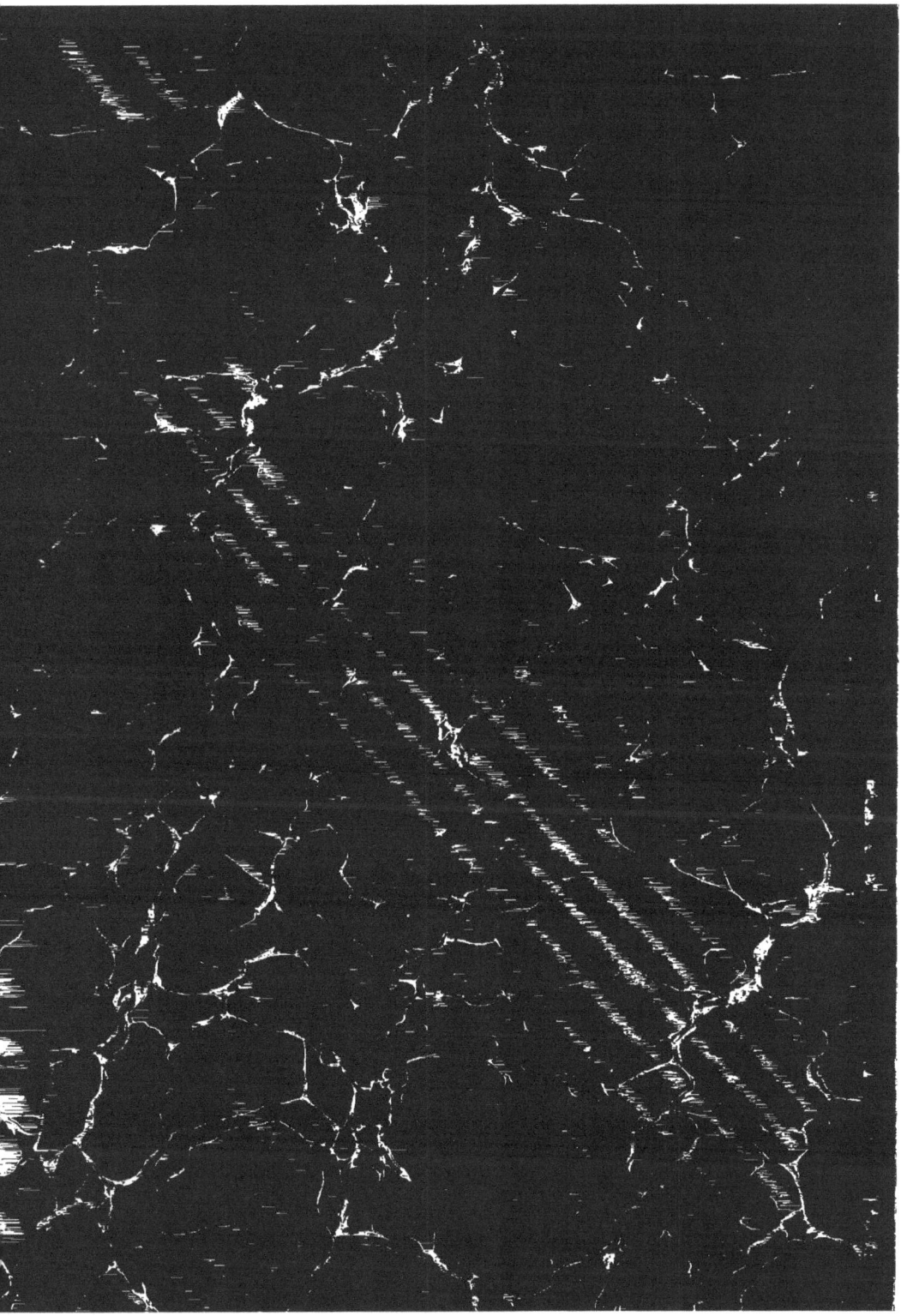

www.ingramcontent.com/pod-product-compliance
Lightning Source LLC
Chambersburg PA
CBHW070447170426
43201CB00010B/1244